全国高等职业院校名师名家精品教材
高职高专汽车专业"十三五"规划教材

汽车自动变速器原理与检修

第 3 版

主　编　龙志军　徐家顺
副主编　黄如君　招伯杰　张燕杰

机械工业出版社

本书详细介绍了辛普森及辛普森改进型、拉维娜式、复合式自动变速器、CVT、DSG 和平行轴式自动变速器的结构、工作原理、拆装检修及故障排除方法。书中结合实际维修案例，强调职业导向与动手能力培养，体现"学中做、做中学"的理念。

本书根据汽车维修企业实际操作流程及要求，以自动变速器维修案例为主线，将汽车维修技术人员必须掌握的自动变速器结构与检修的理论知识融合在各个项目、任务和案例中，破解了理论知识与实践操作脱节、以及没兴趣、学不懂、用不上等难题，增强了学习的目的性和成就感，能够大大提高读者的学习兴趣。本书配有动画视频和教学课件。

本书是高职及应用型本科院校汽车类专业项目一体化示范教材，也可供汽车维修技术人员学习参考。

图书在版编目（CIP）数据

汽车自动变速器原理与检修／龙志军，徐家顺主编 . —3 版 . —北京：机械工业出版社，2019.7（2021.7 重印）

高职高专汽车专业"十三五"规划教材

ISBN 978-7-111-62836-1

Ⅰ. ①汽⋯ Ⅱ. ①龙⋯ ②徐⋯ Ⅲ. ①汽车 – 自动变速装置 – 理论 – 高等职业教育 – 教材②汽车 – 自动变速装置 – 车辆检修 – 高等职业教育 – 教材　Ⅳ. ①U463.212②U472.41

中国版本图书馆 CIP 数据核字（2019）第 097700 号

机械工业出版社（北京市百万庄大街 22 号　邮政编码 100037）
策划编辑：齐福江　　责任编辑：齐福江
责任校对：郑　婕　　封面设计：陈　沛
责任印制：常天培
北京机工印刷厂印刷
2021 年 7 月第 3 版第 2 次印刷
184mm×260mm · 18.5 印张 · 2 插页 · 460 千字
1901—2900 册
标准书号：ISBN 978-7-111-62836-1
定价：49.00 元

电话服务　　　　　　　网络服务
客服电话：010-88361066　机　工　官　网：www.cmpbook.com
　　　　　010-88379833　机　工　官　博：weibo.com/cmp1952
　　　　　010-68326294　金　书　网：www.golden-book.com
封底无防伪标均为盗版　机工教育服务网：www.cmpedu.com

前 言

近年来，我国的汽车保有量急剧增加，配置自动变速器的汽车越来越多。自动变速器是集机电液一体化的关键传动装置，对整车性能的提升至关重要。目前，自动变速器类型多，结构复杂，维修难度大，掌握自动变速器的结构和检修技术已经成为汽车维修技术人员的重要课程。

本书以新型汽车自动变速器为对象，以自动变速器维修典型工作任务为主线，结合具体车型将自动变速器的理论与维修操作有机融合，并且通过笔者多年工厂维修实践总结及自动变速器维修案例，以及实拍视频和实物照片对教学过程中的重点、难点进行展现，使利用本书的学习过程如同维修车间实操再现，真实易懂。本书详细介绍了辛普森式、拉维娜式、复合式自动变速器及CVT、DSG和平行轴式自动变速器的结构、工作原理、拆装检修及故障排除方法。书中结合实际维修案例，强调职业导向与动手能力培养，体现"学中做、做中学"的理念。

本书以实际维修案例为牵引，将自动变速器的结构与检修知识融合在各个项目、任务和案例中，破解了理论知识与实践操作脱节，以及没兴趣、学不懂、用不上等难题，增强了学习的目的性和成就感，能够大大提高学生的学习兴趣。书中重要知识点既介绍到位又避免重复，并设有"知识拓展""综合练习"，供自学及实训使用。我们为采用本书作为教材的老师配备了精彩的教学课件，课件内容包括自动变速器故障判断、检测和维修过程的实拍视频和图片，将一些难以理解的原理采用彩色图片做成二维或三维动画进行呈现，以帮助读者理解。

本书是机械工业出版社高职高专汽车专业"十三五"规划教材，是职业学校汽车类专业任务驱动式项目一体化示范教材，也可供汽车维修企业的维修技术人员学习参考。

本书由佛山职业技术学院汽车工程学院龙志军、徐家顺任主编，佛山职业技术学院汽车工程学院黄如君、招伯杰及长安福特张燕杰任副主编，参编人员有嘉众公司宋国华、连顺公司易发坤。此外，还有很多同志对本书编写提供方便和大力支持，在此表示衷心的感谢！

由于编者水平有限，书中难免有遗漏、错误和不妥之处，诚望读者批评指正！

编　者

读者建议及课件、视频申请可发送邮件至编辑邮箱502135950@qq.com；也可登录机械工业出版社教育服务网www.cmpedu.com，注册后下载相关课件。

目 录
Contents

前　言

项目一　汽车自动变速器维护与重点小修 ········ 1

任务一　维修接待与自动变速器概述 ········ 1
案例链接（一）　某汽车修理厂招聘接车员 ········ 1
案例链接（二）　小孔购买自动变速器配件 ········ 4
一、维修接待表 ········ 5
二、自动变速器概述 ········ 5

任务二　自动变速器保养与重点小修 ········ 13
一、自动变速器维护与检查 ········ 13
二、故障码的结构和含义 ········ 22
三、自动变速器拆卸及检修 ········ 25
案例链接（三）　奥迪 A4 行驶无力、进档缓慢 ········ 25
四、液力变矩器检修 ········ 32
案例链接（四）　汉兰达 RX270 起步无力 ········ 32
案例链接（五）　自动变速器前部漏油 ········ 45
案例链接（六）　卡罗拉 2ZR-FE 更换变速器后发动机曲轴不能转动 ········ 45
五、离合器、制动器、单向离合器检修 ········ 47
综合练习 ········ 51

项目二　辛普森及辛普森改进型自动变速器检修 ········ 54
案例链接（一）　某自动变速器专修厂大工走过的弯路 ········ 54
案例链接（二）　雷克萨斯 1 档不能起步 ········ 56

任务一　丰田 A341E 自动变速器概述 ········ 57
一、A341E 自动变速器行星齿轮变速机构与检修 ········ 57
二、A341E 自动变速器的结构 ········ 59

任务二　丰田 A341E 自动变速器档位分析与传动原理画图技巧 ········ 63
一、根据实物画传动原理图 ········ 63
二、根据传动原理图进行档位分析 ········ 67
三、根据分析出的档位查找故障根源 ········ 68

四、大众 01M/01N 各档油路分析 ………………………………………………… 260
五、自动变速器阀体的真空测试法 ………………………………………………… 263
任务二　ZF6HP××变速器 D 制动器设计原理、典型故障诊断与排除 ………… 267
一、ZF6HP××变速器 D 制动器设计原理 ………………………………………… 267
二、自动变速器典型故障诊断与排除 ……………………………………………… 276
案例链接（二）　车辆行驶无力，热车时尤其明显 ……………………………… 282
案例链接（三）　雷克萨斯 300，AT 维修后不能行驶，熄火几分钟后又可
　　　　　　　　行驶 …………………………………………………………… 283
案例链接（四）　雪佛兰景程 2.0（1 档升 2 档提速缓慢，并且 3 档升不上
　　　　　　　　4 档） ………………………………………………………… 283
综合练习 ………………………………………………………………………………… 284

参考文献 ………………………………………………………………………………… 286

项目一
汽车自动变速器维护与重点小修

任务一　维修接待与自动变速器概述

📖 案例链接（一）　某汽车修理厂招聘接车员

[经过] 广州某汽车修理厂招聘一名接车员。上午9时许，一名姓张的先生前来应聘。张先生是某知名大学汽车专业毕业生，工作经验不足（但有驾驶证）。正巧有一辆奥迪车开来要维修自动变速器，于是厂长问："张先生能否试车帮助看一下是什么故障？"张先生满口答应并去试车。张先生与车主说明来意，车主回应张先生说："钥匙就在车上，你去试吧。"（当时发动机处于熄火状态）张先生打开点火开关并起动发动机，结果发动机一点动静都没有。于是，张先生透过车窗问车主："你的起动机是否有故障？"车主一听气不打一处来，刚才还是好的，怎么现在起动机就有故障呢？车主当然心知肚明，说："你出来，我再看看？"车主上车将发动机起动，掉头猛踩加速踏板扬长而去了。这一幕被厂长看得一清二楚，当即叫来张先生说："你留下电话回去等通知吧。"接下来，张先生等的通知犹如石沉大海般杳无音信。

[反思] 你读到这里知道其中原因吗？如果你是一名汽车销售员，你的客户来买搭载自动变速器的车，你该怎样向客户介绍自动档车辆操作要领呢？请看下面介绍。

[案例小结]
① 根据图1-1-1可以看出，张先生试车失败的原因是，车主将车开进来时，发动机熄火后，并没有把变速杆置于N位或P位。
② 对于一名汽车销售或维修专业人员来说，很多时候碰到的客户对自动档汽车的操作要领并不是十分了解，那么，就应该耐心地向客户解释清楚。

有的车主对自动变速器认识不足，沿用操作手动变速器的方法驾驶自动档汽车，造成车辆受损、性能下降、寿命缩短。那么自动变速器有哪些使用诀窍呢？下面我们来了解一下：

1）P位（驻车档）使用。发动机运转时只要变速杆在行驶位置上，自动变速器汽车就很容易行走。而停放时（特别是在坡道上），变速杆必须换入P位，从而通过变速器内部的停车制动装置将输出轴锁住，并拉紧驻车制动器，防止汽车移动。

"在P位或N位以外档位，误起动发动机"。有些驾驶人在P位或N位以外档位起动发动机，虽然发动机不能运转（因为连锁机构保护，只能在P位和N位才能起动），但有可能烧坏变速器的空档起动开关。自动变速器上装有空档起动开关，使变速器只能在P位或N位才能起动发动机，避免在其他档位误起动时使汽车立刻起步往前窜。因此，起动发动机前一定要确认变速杆是否在P位或N位，如图1-1-1所示。

图1-1-2是上海大众帕萨特01V自动变速器变速杆各个档位的作用和使用方法。

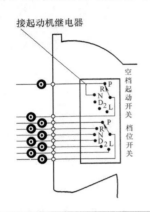

图1-1-1　P位、N位起动电路

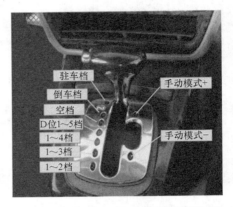

图1-1-2　上海大众帕萨特01V变速器

2）R位（倒档）使用。R位为倒档，使用中要切记，自动档汽车不像手动档汽车那样能够使用半联动，故在倒车时要特别注意加速踏板的控制，防止变速器内部齿轮"打架"。

3）N位（空档）使用。N位即空档，可在起动时或拖车时使用。在等待信号或堵车时也常常将变速杆保持在D位，同时踩下制动踏板。若时间很短，这样做是允许的，若停止时间长时最好换入N位，并拉紧驻车制动踏板。防止自动变速器在运行时会有微弱的行驶趋势，而长时间踩住制动等于强行制止这种趋势，使变速器油温升高，油液容易变质，在空调器工作、发动机怠速较高的情况下更为不利。

有些驾驶人为了节油，在高速行驶或下坡时将变速杆换到N位滑行，这很容易烧坏变速器，因为这时变速器输出轴转速很高，而发动机却在怠速运转，油泵供油不足，润滑状况恶化，易烧坏变速器。对变速器内部的多片离合器来说，虽然动力已经切断，但从动片在车轮带动下高速运转，容易引起共振和打滑现象，产生不良后果。当下长坡确需滑行时，可将变速杆保持在D位滑行，但不可使发动机熄火。

4）D位（前进档）使用。正常行驶时将变速杆放在D位，汽车可在1档和高档（或直接档）之间自动换档。D位是最常用的行驶位置。需要掌握的是，自动变速器是根据节气门大小与车速高低来确定车速与档位的，所以加速踏板操作方法不同，换档时的车速也不相同。如果起步时迅速将加速踏板踩下，升档晚，加速能力强，到一定车速后，再将加速踏板很快松开，汽车就能立即升档，这样发动机噪声小，舒适性也好。

D位的另一个特性是强制降档，便于高速时超车。在D位行驶时迅速将加速踏板踩到底（节气门开度超过95%），就会触动强制降档开关使其自动减档（汽车短暂积蓄力量很快加速），超车之后松开加速踏板又可自动升档。

有些驾驶人认为只要D位起步，一直深踏加速踏板就可以换到高速档，殊不知这种做法是错误的。因为换档操作应是"松加速踏板提前升档,踩加速踏板提前降档"。也就是在D位起步后,保持节气门开度5%,加速到40km/h,快松加速踏板,能提高到一个档位,再加速到75km/h,松加速踏板又能提高一个档位。降低时按行车速度,稍踩加速踏板,即回到低档。但必须注意,加速踏板不能踩到底。否则,会强行换入低速档,可能造成变速器损坏。

5) S位、L位、1位低档使用。陡坡档:自动变速器在S位或L位上,处于低档范围,可以在坡道等情况下使用。下坡时换入S位或L位能充分利用发动机制动,避免车轮制动器过热,导致制动效能下降。但是从D位换入S位或L位时,车速不能高于相应的升档车速,否则发动机会强烈振动,使变速器油温急剧上升,甚至会损坏变速器(大众车只有一个2位,根据节气门与车速自动切换1-2档)。在上下非常陡峭的坡路时选用此档,换入2档后,汽车总处于1档行驶状态,而不会换入其他4个前进档位。这样,一方面可以保证在爬坡时有足够的动力;另一方面在下陡坡又急转弯的情况下可最大限度地利用发动机的制动效果,并且有利于导向轮转弯(俗称安全档)。自动变速器变速杆位置解释如图1-1-3所示。

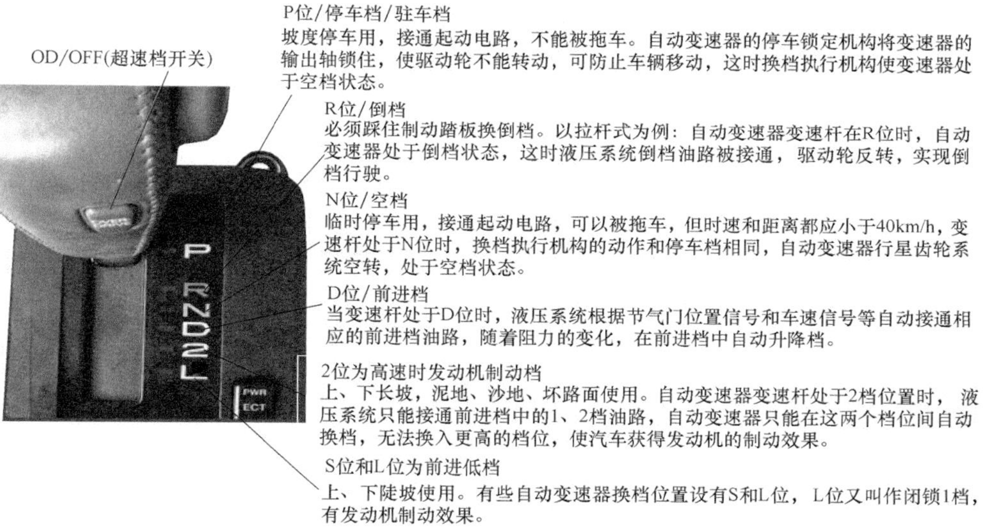

OD/OFF(超速档开关)

P位/停车档/驻车档
坡度停车用,接通起动电路,不能被拖车。自动变速器的停车锁定机构将变速器的输出轴锁住,使驱动轮不能转动,可防止车辆移动,这时换档执行机构使变速器处于空档状态。

R位/倒档
必须踩住制动踏板换倒档。以拉杆式为例:自动变速器变速杆在R位时,自动变速器处于倒档状态,这时液压系统倒档油路被接通,驱动轮反转,实现倒档行驶。

N位/空档
临时停车用,接通起动电路,可以被拖车,但时速和距离都应小于40km/h,变速杆处于N位时,换档执行机构的动作和停车档相同,自动变速器行星齿轮系统空转,处于空档状态。

D位/前进档
当变速杆处于D位时,液压系统根据节气门位置信号和车速信号等自动接通相应的前进档油路,随着阻力的变化,在前进档中自动升降档。

2位为高速时发动机制动档
上、下长坡,泥地、沙地、坏路面使用。自动变速器变速杆处于2档位置时,液压系统只能接通前进档中的1、2档油路,自动变速器只能在这两个档位间自动换档,无法换入更高的档位,使汽车获得发动机的制动效果。

S位和L位为前进低档
上、下陡坡使用。有些自动变速器换档位置设有S和L位,L位又叫闭锁1档,有发动机制动效果。

图1-1-3 自动变速器变速杆位置解释
S—有些厂家生产的汽车用S键来代替手动2或手动3档键。也就是说,有S键的车辆就包括2或3键。

另外,在雨雾天气时,若路面附着条件差,可以换入S位或L位,固定在某一低速档行驶,不要使用能自动换档的位置,以免汽车打滑。同时必须牢记,打滑时可将变速杆推入N位,切断发动机的动力,以保证行车安全。

知识扩展(一) 使用自动变速器的六大误区

误区一:长时间停车时,变速杆仍保持在D位。
在等待通过信号或堵车时,有些驾驶人喜欢将变速杆保持在D位,同时踩下制动踏板,若时间很短,这样做是允许的。但若停车时间长,最好换入N位(空档),并拉紧驻车制动。

误区二:高速行驶或下坡时,把变速杆拨在N位滑行。
当下长坡确需滑行时,变速杆保持在D位滑行也可以,但不可使发动机熄火(因下长坡滑行将发动机熄火会减少车轮制动助力)。

误区三：在P位或N位以外档位来起动发动机。

自动变速器只能在P或N位才能起动发动机，在其他档位误起动时，会使汽车立刻起步往前、后窜动。因此，起动发动机前，一定要确认变速杆是否在P位或N位。

误区四：用外力来推动车辆来起动发动机。

搭载自动变速器和三元催化转换器的汽车因发动机在熄火状态下，在任何档位是不能将车轮滚动惯性力反传给发动机的，因而采用人推或其他车辆拖拽的方法起动，是非常错误的。因为，采用上述方法不但不能把动力传递到发动机上，反而会损坏三元催化转换器。

误区五：坡道停车时不使用驻车制动。

装有自动变速器的汽车在坡上停车时，有些驾驶人只是使用P位，而不使用驻车制动，这样做极容易引发事故。虽然装有自动变速器的汽车在P位设有停车锁止机构，一般很少失效，但一旦失效就会造成意外事故。因此，在坡道停车时，还是应该同时使用驻车制动器，务必"双管齐下"。

误区六：在D位可以起步，一直踩加速踏板就可以换到高速档。

正确的换档操作应是"松加速踏板提前升档，急踩加速踏板提前降档"。也就是说，在D位起步后，保持节气门开度5%，加速到40km/h，快松加速踏板，能使汽车提高到一个档位，再加速到75km/h，再松加速踏板又能提高一个档位。但必须注意，加速踏板不能踩到底。否则，会强行挂入低速档，长期如此有可能造成变速器损坏。

总之，自动档汽车相对于手动档汽车而言，省去了离合器踏板，不必频繁地踩踏板，使汽车驾驶变得简单、轻松。但若操作不当，也会人为地加大自动变速器故障发生的概率，降低其使用寿命。正确使用自动变速器，不仅可以避免或减少故障的发生，还会降低油耗，减少污染。

案例链接（二）小孔购买自动变速器配件

[经过] 小孔是汽车修理学徒工，一天带着一大包拆散的自动变速器旧零件去买新配件，到了配件公司将一大包旧件抖了出来，并说他要购买宝马和奔驰两个车的这一堆自动变速器配件，这些都是样品，请销售人员给他拿货。销售人员不但不给小孔拿货反而慢条斯理地说他们无法给你配货，请他把这些旧件拿到别的地方去配货。接下来小孔又找了几家配件公司大多如出一辙。

[反思] 请问小孔在哪个环节出了问题呢？配件公司为什么不给小孔配货？请寻找答案。

[案例小结] 看来小孔买自动变速器配件到处碰壁是事出有因，因为小孔根本就不知道有报给配件公司自动变速器型号这事！人家配货也无从下手。后来小孔买了一本汽车自动变速器型号的书（图1-1-4）在书上找到了相应车款搭载的自动变速器型号。

原来小孔要买的配件型号是宝马3系 SERIES 05-11 DEU ZAF 6档后驱/四驱 63.0L ZF6HP26，奔驰 CL 03-11 DEU 7档后驱/四驱 V85.0L5.5L6.3L W7A700 722.9。再

图1-1-4 自动变速器型号速查手册

去配件公司，人家一五一十给他配齐了货。

一、维修接待表

在现实维修工作中，每一次接车后都必须填写维修接待表（本书以后的任务中不再重复填写内容基本相同的维修接待表，只在这里举例填写），见表1-1-1。

表1-1-1　维修接待表

维修接待，准确填写维修接待表
1. 通过向客户询问，了解汽车自动变速器发生故障情况，填写维修接待表。
2. 在车间检测，初步确认结果及主要故障零部件。

维修接待表

车牌号：×××××××　　车架号：LSUV C×××　　自动变速器型号：×××　　行驶里程：该车已行驶×××(km)

用户名：×××　　　　电话：×××××××　　　　　　　　　　　　　　　来店时间：201×年×月×日

用户陈述及故障发生的状况：该车在D位行驶，不能升上超速档行驶，出现故障后过了几天有空才来修理厂进行维修

故障发生状况提示：行驶速度、发动机状态、发生频率、发生时间、部位、天气、路面状况、声音描述

接车员检测确认建议：需进行拆解修理

车间检测确认结果及主要故障零部件：需进行拆解修理

车间检查确认者：＿＿＿＿＿＿

外观确认：

汽车外部是否有剐伤和汽车轮胎的磨损度，检查主油路的油压，检查油位，检查变速器油的状况，检查空档开关，检查制动开关，检查强制档开关等

功能确认：（工作正常√　不正常×）
□D位起步　□1档　□2档　□R档故障灯
□信号灯　□变速器噪声　□主油压
□发动机能否发动　□变速器有无漏油

物品确认：（有√　无×）

燃油存量记录：1/2

贵重物品提示：
□皮具与现金　□笔记本电脑与手机
□工具　□备胎　□灭火器
□其他（旅游用品若干）
旧件是否交还用户　是□　否□
用户是否需要洗车　是□　否□

● 检测费说明：本次检测的故障如用户在本店维修，检测费包含在修理费用内；如用户不在本店维修，请您支付检测费。本次检测费：￥＿＿＿＿＿＿元。
● 贵重物品：在将车辆交给我店检查修理前，已提示将车内贵重物品自行收起并保存好，如有遗失，恕不负责。

接车员：＿＿＿＿＿＿＿＿＿　　用户确认：＿＿＿＿＿＿

二、自动变速器概述

1. 变速器分类

本书介绍行星齿轮、平行轴、CVT（无级变速器）、DCT/DSG（双离合器/直接换档变速器）等变速机构。目前乘用车仍然广泛采用行星齿轮变速机构自动变速器。自动变速器

形式分类见表1-1-2。

表1-1-2 自动变速器形式分类

项目				特点/说明
根据变速方式分类	1	行星齿轮变速机构	1 典型辛普森式	辛普森式行星齿轮机构的每一个行星排都是单行星齿轮式行星齿轮机构
			2 辛普森改进型	主要是将辛普森行星齿轮机构中之带式制动器用片式制动器代替，并增加一个单向超速离合器（自由轮机构），使得从2档换到3档时，换档平稳性得以改善
			3 典型拉维娜式	拉维娜行星齿轮机构是由一个单行星齿轮式行星排和一个双行星齿轮式行星排组合而成
			4 拉维娜改进型	主要是在拉维娜行星齿轮机构基础上增加换档自由轮机构，使得从低档换到2档时，换档平稳性得以改善
			5 复合式	前、后行星排是由两排行星齿轮机构共用一个太阳轮组成的复合式行星齿轮机构。也就是说，两排或多排行星齿轮机构连接在一起用以满足汽车行驶及各种工况下所需要的多种传动比
	2	DCT（DSG）		直接换档器定轴斜齿轮变速机构
	3	定轴斜齿轮变速机构（平行轴式）		
	4	CVT		
	5	环形无级变速器		
根据液力变矩器类型分类	1	普通液力变矩器式		
	2	综合液力变矩器式		
	3	带锁止离合器的液力变矩器		

2. 自动变速器型号

下面将几个主要公司的自动变速器（辛普森、辛普森改进型、拉维娜、复合式）具体型号含义举例说明如下：

1）德国采埃孚（ZF）公司，世界著名汽车自动变速器专业生产厂家之一，专门为世界各大汽车厂家生产配套自动变速器，只要是汽车自动变速器型号标识为"××HP××—××"的均为德国ZF公司生产，如图1-1-5所示。

图1-1-5 德国采埃孚（ZF）公司

例如：宝马ZF5HP19—EH。德国ZF公司生产，前进档个数为5，控制类型"H"表示液压控制，齿轮类型"P"表示行星齿轮，额定转矩19N·m。末尾的"EH"表示电液控制类型。又例如 ZF6HP22、8HP30/45/70/90、9HP28/48 等。ZF 还将推出 10HP。

宝马汽车自动变速器型号有 5HP18、5HP19、5HP22/24、5HP30、6HP19、6HP26、A4S310R（GM 4L30E）、A5S360R（GM 5L40E 和 GM 6LA0E）宝马 M5 AMT、捷豹 8HP70、宝马 7 系 9HP28、9HP48 等。

2）通用公司自动变速器型号。该公司自动变速器的型号主要有 4T60E、4L60E、5L40/45E、6L45E 通用/福特 6F35、10R80 等。第一位阿拉伯数字表示前进档个数，"4"表示有 4 个前进档。第二位字母表示驱动方式，"T"表示自动变速器横置（横向的）；"L"表示纵置后驱动。第三、四位数字表示自动变速器的额定驱动转矩。第五位字母表示控制类型，"E"表示电子控制。

3）丰田公司自动变速器型号。丰田自动变速器大部分为日本爱信公司生产的，型号分为 A 系列和 U 系列：

型号中有 2～3 位阿拉伯数字的自动变速器，比较早期的有 A43DL、A46E、A340E、A340H、A341E 等，左起第一位阿拉伯数字分别为"1""2""5"，则表示该自动变速器为前驱动车辆用，即自动变速器内含主减速器与差速器。若左起第一位阿拉伯数字分别为"3""4""6""7""9"则表示该自动变速器为后驱动车辆用。左起第二位阿拉伯数字表示生产序号。数字后附字母的含义"H"或"F"表示该自动变速器用于四轮驱动车辆；"D"表示该自动变速器有超速档；早期"L"表示该自动变速器在液力变矩器内有锁止离合器；后来锁止离合器都装备化了，所以也不再标字母"L"。

"E"表示该自动变速器为电控式自动变速器（液控换档自动变速器已淘汰）。型号中有三位阿拉伯数字的自动变速器。A 系列如 A340E、A340H、A341E、A340F、A341F、A140E、A141E、A240E、A241E、A540E、A540H、A650E 等。左起第一个字母"A"表示自动变速器，左起第一位阿拉伯数字以及后附字母的解释同上。左起第二位阿拉伯数字表示该自动变速器前进档的个数。左起第三位阿拉伯数字表示生产序号。还需说明的是，上述各型自动变速器中，A340H、A340F、A540H 型自动变速器，其后面均省略了"E"。

丰田公司近年来升级版本的自动变速器型号有 A750E、A760/761E、A960 和 AA80E 等。U 系列有 U151、U241、U250、U340/341E、U540、U660、U760/761E 等型号。

2007 款雷克萨斯 LS460（世界第一款搭载 8AT 车型），虽然现在一提到 8AT 几乎所有人想到的都是采埃孚，但实际上最先推出 8AT 的厂家是爱信，代号为 AA80E。而第一款搭载 8AT 的车型则是 2007 款雷克萨斯 LS460。然而赢在起跑线，并不意味着能一直领先，这位强势逆袭的后来者便是 ZF。截至 2013 年底，全世界几乎 90% 的 8AT 变速器均来自 ZF 供应商，而这其中的 90% 均提供给了宝马。

特别说明：

在当今的 6 档自动变速器市场上，爱信公司产品占有很大的市场份额，其中国内最常见的就是爱信的 TF-60SN，大众将它安装于多种车型中，将它称为 09G、09M 以及 09K。而用于奥迪、途锐及保时捷卡宴的 09D 也是爱信的 6 速后驱变速器，爱信的名称为 TR-6SN。此外，还有爱信的 TF-80SC，整车厂叫它 AF40，在欧系车中，比如沃尔沃、萨博、欧宝、路虎、标致等车型使用广泛，而上海通用公司生产的新款君威 2.0T 用的也是这款 AF40 爱信 6 档变速器。而爱信的 TF-81SC 变速器被福特称为 AWF21，被用于新款

> **特别说明：**
> 福特蒙迪欧等车型上，这些爱信6档的自动变速器在今后几年中将在维修市场越来越常见，尤其是大众09G，此变速器已被用来完全取代早先的大众01M和01N的4速变速器而使用于各种国产的大众车型中，比如大众途安、波罗，新宝来、朗逸、速腾、迈腾和斯柯达等，其今后的维修保养量可见一斑。然而爱信公司对于维修市场采取了一贯的技术资料和零配件的封锁，维修人员除了一些基础的整车厂培训资料外，缺乏深入的技术资料以及需要更换的零配件，维修市场除了能出高价更换变速器总成或小总成外，要想以低成本来维修这些爱信6档变速器似乎困难重重。

4) 德国奔驰公司自动变速器型号为722.4、（4个前进档）722.5、722.6（5个前进档）722.7（5档平行轴式）、722.9（7个前进档两个倒档）等。

5) 德国大众公司自动变速器型号分为两大系列即09系列和01系列。

09系列有096、097、098、099、09G、09E、09L、09D（09G系列由爱信公司生产）等。

01系列有01M、01N、001、01V（是大众服务号，实为ZF公司生产的ZF5HP19）01J（无级系列）。

DCT/DSG系列有02E为6档湿式离合器、0AM为7档干式离合器、0B5为7档湿式离合器。

3. 自动变速器的优点

尽管自动变速器结构复杂、价格昂贵、低速行驶时传动效率低及维修难等，但它的优点远远多于它的不足，而且随着科学技术的发展，自动变速器电控系统的技术含量日益增加，这在一定程度上弥补了它的不足，自动变速器的优势更加突出地表现出来。自动变速器具备手动变速器不可替代的优点如下：

1) 摆脱了驾驶人操作离合器和频繁的手动换档，减轻了驾驶人的劳动负担，提高了汽车行驶的安全性。

2) 由于适时升降档，延长了发动机及传动系统的使用寿命，减少了传动过程的冲击，既改善了乘坐的舒适性，又可大约延长传动零部件寿命的两倍以上。

3) 能根据道路状况和发动机的负荷状况，在一定的范围内恰到好处地升降档，从而提高了汽车的动力性和燃油经济性。当汽车在公路上行驶时，自动档汽车一般可比手动档车型节油5%~20%。

4) 汽车起步加速平稳，通过液力变矩器又可吸收和衰减升降档过程中的振抖和冲击，提高了汽车行驶的平稳性。

5) 通过ECU控制，可与发动机工况恰当配合，降低排放污染。

6) 能够适应汽车智能化的需要，如图1-1-6所示。

4. 自动变速器的基本组成

自动变速器的厂牌型号很多，外部形状和内部结构也有所不同，但它们的组成基本相同，都是由液力变矩器和齿轮式自动变速器组合起来，前驱动自动变速器结构、与发动机连接如图1-1-7、图1-1-8所示。常见的组成部分有液力变矩器、行星齿轮变速机构、离合器、制动器、油泵、滤清器、管道、控制阀体、速度调压器等，按照这些部件的功能，可将它们分成液力变矩器、变速齿轮机构、供油系统、自动换档控制系统和换档操纵机构等部分。

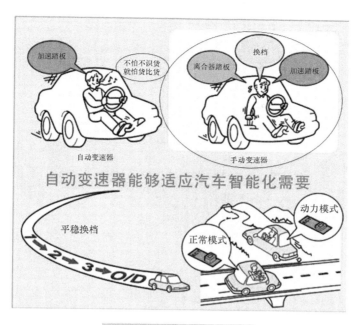

图 1-1-6　自动变速器优点

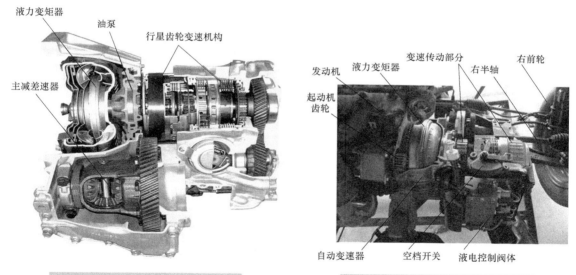

图 1-1-7　前驱动自动变速器结构　　　　图 1-1-8　自动变速器与发动机连接

(1) 液力变矩器

液力变矩器位于自动变速器的最前端，安装在发动机的挠性板上，采用液力传递动力。液力变矩器实物剖视图与组成如图 1-1-9 所示，自动变速器油在流动过程中动能的变化将发动机的动力传递给自动变速器的输入轴，并能根据汽车行驶阻力的变化，在一定范围内自动、无级地改变传动比和转矩比，具有减速增矩功能。

(2) 齿轮变速机构

自动变速器中的齿轮变速机构所采用的形式有普通齿轮式和行星齿轮式。采用普通齿轮式的变速器，由于尺寸较大，最大传动比较小，只有少数车型采用。目前，绝大多数乘用车自动变速器中的齿轮变速器采用的是行星齿轮式。

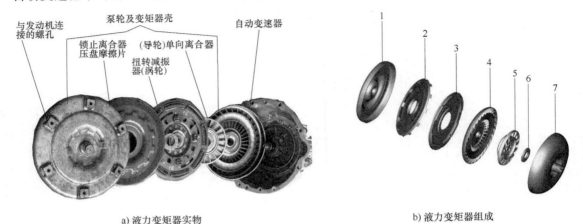

图1-1-9 液力变矩器实物与组成
1—前盖 2—锁止离合器片 3—减振器 4—涡轮 5—导轮 6—推力轴承 7—泵轮

行星齿轮式变速机构主要包括行星齿轮机构和换档执行机构两部分。

1）行星齿轮机构是自动变速器的重要组成部分之一，主要由太阳轮（也称中心轮）、内齿圈（也称环齿圈）、行星架和行星齿轮等元件组成。行星齿轮机构是一种实现变速功能的机构，速比的改变是通过以不同的元件作主动件和限制不同元件的运动而实现的。在速比改变的过程中，整个行星齿轮组还存在运动，动力传递没有中断，因而实现了动力换档。

2）换档执行机构主要是用来改变行星齿轮中的主动元件或限制某个元件的运动，改变动力传递的方向和速比，主要由多片式离合器、制动器和单向离合器（只在起步1档起作用）等组成。

(3) 供油系统

自动变速器的供油系统主要由油泵、油箱、滤清器、调压阀及管道组成。

(4) 自动换档控制系统

自动换档控制系统能根据发动机的负荷（节气门开度）和汽车的行驶速度，按照设定的换档规律，自动地接通或切断某些换档离合器和制动器的供油油路，使离合器接合或分离、制动器制动或释放，以改变自动变速器的传动比，从而实现自动换档。

自动变速器的自动换档控制系统由电液压（电磁阀）控制。

(5) 换档操纵机构

自动变速器换档操纵机构包括手动阀的操纵机构和节气门阀的操纵机构等。驾驶人通过自动变速器的变速杆改变阀板内的手动阀位置，控制系统根据手动阀的位置及节气门开度信号电压、车速信号电压、控制开关信号的状态等因素，利用电子自动控制原理，按照一定的规律控制自动变速器中的换档执行机构的工作，实现自动换档。

5. 自动变速器控制开关的使用

自动变速器除了操纵变速杆，选择不同的档位对它进行控制以外，还可以通过操纵安装在变速杆上或仪表板上的一些控制开关来对它进行其他控制，不同厂家生产的自动变速器控制开关名称和作用不完全一样。几种常见的变速杆和控制开关如图1-1-10所示。

a)奥迪A8驾驶室和变速杆

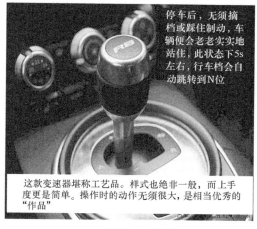

b)宝马R8变速杆

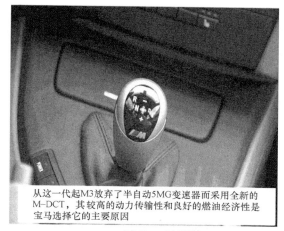

c)宝马M3变速杆

图 1-1-10　奥迪 A8 和宝马 R8、M3 自动变速器变速杆

（1）超速档开关

超速档开关用来控制自动变速器的超速档，它一般安装在变速杆或仪表板上。以4档变速器为例：4档通常是传动比小于1的超速档。当把超速档开关打开后，如果变速杆在D位，自动变速器随车速的提高而升档时，最高可升4档，即超速档；当超速档开关处于关闭位置时，自动变速器最高也只能升到3档。超速开关关闭，超速档断开，仪表板上的OD/OFF指示灯随之亮起，表示已经限制超速档的使用。当变速杆在D位时，自动变速器能否升入4档，除了超速控制开关外，还与发动机冷却液温度、节气门开度、车速等因素有关。在坡道上行驶时，应注意根据情况关闭超速档开关。

宝马新7系采用了目前宝马的主流配置——电子变速杆，即便是6档手自一体的变速器，实际的驾驶感受也绝对超过老款组合。这些改变都让我们看到了宝马7系既考虑乘坐舒适性，同时又偏向驾驶人的操控感受，如图1-1-11所示。

图 1-1-11　宝马的主流配置——电子变速杆

（2）换档模式选择开关

为了适应不同的行驶道路条件，发挥车辆本身的动力性、燃油经济性，电控自动变速器都装有换档模式选择开关。这些开关安装在变速杆上或地板上。自动变速器换档模式选择开关一般有以下4种：

1）ECONOMY（经济）模式。车辆在城市道路行驶，接通经济模式时，可以降低油耗，这时自动变速器的换档规律能使发动机在汽车行驶过程中经常运转在经济转速范围内，因此燃油经济性好。在使用经济模式时，若具有相同的节气门开度，升档车速较高，液力变矩器锁定离合器工作范围宽，在较低档位上也可实现接合。由于液力变矩器锁定离合器的接合，使液力变矩器的涡轮和泵轮接合起来直接传动，减少了液力损失，提高了传动效率，发动机的燃油经济性也得到了提高。

2）POWER（动力）模式。当车辆在上坡时或在山路上行驶或希望发动机在高转速下工作时，可选择动力模式。这时自动变速器的换档规律能使发动机在车辆运行过程中经常处在大功率范围运转，可大大发挥它的动力性和爬坡能力，汽车在动力模式下行驶，它的加速能力很强。

3）NORMAL（标准）模式。标准模式的换档规律介于经济模式和动力模式之间。当选择标准模式时，既可兼顾车辆的动力性和经济性，又可保证一定的动力性，但又有较好的燃油经济性。

4）手动换档模式。现在很多车辆设置有手动换档模式，当变速杆置于手动换档位置时，自动变速器不再自动换档。也可以利用手动换档来起步，因为模拟手动变速器换档功能，行驶中只能逐个加减档位，如果节气门开度、路面阻力与所选档位不匹配，发动机也会熄火。手动换档的优点在于提供了驾驶乐趣和高速公路上行驶防止驾驶疲劳。

（3）CC（巡航控制）开关

巡航控制开关安装在转向柱上或仪表板上，在行驶时，当加速到规定车速以上时接通此开关，汽车会以稳定车速持续行驶，使驾驶操作方便，节省燃油。当按下巡航控制取消开关或踩制动等操作时，可自动解除巡航控制功能。

（4）保持开关

保持开关安装在变速杆锁定按钮的下方。HOLD保持开关实际上是一个定档行驶控制开关，当开关接通时，D位高速时自动变速器会固定在3档行驶，低速时也固定在3档行驶；S位时固定在2档；L位固定在1档，当车辆在冰雪路面起步、行驶或在山区行驶就很便利。例如，D位4档下坡时，如果需要发动机制动，可接通保持开关，则变速器由4档自动降到3档；如果再把变速杆从D位换至S位，可使自动变速器在2档行驶，可得到强有力的发动机制动效果，当车速降到预定车速后，解除保持开关，汽车又能换至3档正常行驶。

（5）强制降档开关

对电子节气门发动机，强制降档电路与节气门开关连为一体，位于加速踏板位置传感器内，若驾驶人触发此开关，自动变速器会降低一个档位，提升汽车的加速性能。

（6）制动灯开关

制动灯开关的作用是，当车辆停止时踩下制动踏板，变速杆锁定被打开。如果踩下制动踏板并且汽车正在下坡，自动变速器会自动换入低速档，即强制降低一个档位。

任务二 自动变速器保养与重点小修

一、自动变速器维护与检查

自动档汽车因为开起来轻便、省事,现在越来越多地受到车主的青睐。由于自动变速器维修、保养、装配的精度要求都非常高,包括动态检测设备、阀体检测设备、零件加工设备等,这就需要非常专业的技术人员和技术设备,因此自动变速器对大多数修理工来说是很大的挑战。

对于自动变速器的拆卸和安装、拆解和装配操作,应在充分了解正确的维修程序和报修故障、对故障进行诊断之后。在拆卸零件之前,检查总成的总体状况以确认是否有变形和损坏。对于比较复杂的总成,要做记录。例如,记录拆下的电气连接、螺栓或软管的总数,还要加上装配标记,以确保将各部件重新装配到其原来位置上。需要时,可对软管及其接头作临时标记。如有必要,清洗拆下的零件,彻底检查后,再装配这些零件(自动变速器打开后,不能用纤维丝头纱布清洁,因为丝头会阻碍阀芯运动)。

1. 自动变速器油(ATF)的分类与质量鉴别

(1)自动变速器油的分类

自动变速器的型号较多,对应各型号的自动变速器油的规格也较多,就算是同一厂家同一车型,如果自动变速器型号不同,生产年代不同,自动变速器油的规格也会不一样。这是一个需要认真对待的问题,哪怕只有一点点疏忽大意都会带来不可想象的严重后果。自动变速器油分类如下:

国际通用推荐用油采用美国通用和福特公司规定的 DEXRON、DEXRON-Ⅱ、DEXRON-Ⅲ、DEXRON-Ⅳ型。欧洲代用油(ATF)为 DEXRON-B(GMC)、ESW-M2C-33E/F(Ford)。原厂要求的自动变速器油则是按照配件号。例如:桑塔纳 2000、卡罗拉、威驰、凯越等车型自动变速器油选择,见表 1-2-1。

表 1-2-1 桑塔纳 2000、卡罗拉、威驰、凯越自动变速器油选择

车 型	变速器型号	原厂要求用油配件号及(代用品)	自动变速器油加注量/L
卡罗拉	U340	原厂:ATF WS(ATFJWS3324 或 NWS9638) 代用:ATF-A/ATF-D/ATF-DEXRON Ⅵ	3.1
新花冠 1.5L、威驰	U340	原厂:ATF WS(ATFJWS3324 或 NWS9638) 代用:ATF-A/ATF-D/ATF-DEXRON Ⅵ	6.8
桑塔纳 2000	01N	原厂:G 052 162 A2 代用:ATF-A	5.5
凯越 1.6L	AW81-40LE	T—Ⅳ[SHGM93730314(4L) 93730313(1L)] 代用:ATF-A/ATF-D/ATF-DEXRON-Ⅲ(H)	5.6
凯越 1.8L	ZF4HP16	ESSO LT 71141 或 TOTAL ATF H50235 代用:ATF-A/ATF-E	6.9

维修人员应当首选原厂用油。只有在原厂油买不到的情况下才考虑代用油,如图 1-2-1 所示。

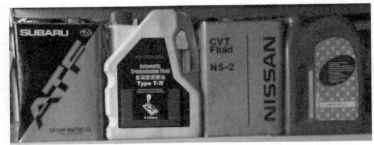

a) 原厂自动变速器油

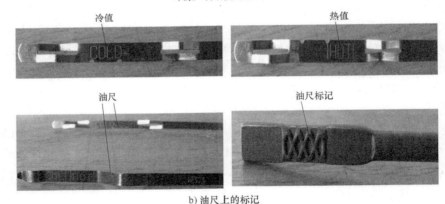

b) 油尺上的标记

图1-2-1 自动变速器油和油尺上的标记

2. 对机油的环境保护和安全措施

（1）环境保护

1）自动变速器油会对水体形成污染，不允许排入地表水域和下水道，作业只能在防渗的地面上进行。

2）废弃的机油要单独存放，并妥善保管和回收利用。沾上机油的抹布或物品，不得作为生活垃圾处理。

（2）安全措施

1）自动变速器油对人皮肤有损害，务必身着清洁的工作服。必须戴好帽子，穿好安全鞋。作业时，应戴上防护手套。沾上机油的衣服或鞋子，必须立即更换。

2）不能用铁锤、普通工具、金属零件直接敲打自动变速器的任何部位。

3）开始操作前，准备好工作台、SST、仪表、机油和更换零件。

（3）自动变速器油质量鉴别

大部分自动变速器油为樱红色的，像红葡萄酒的颜色。自动变速器油必须耐高温，流动性好。2年或4万km更换一次。变质后的自动变速器油颜色为茶色。新鲜和超过使用期限或高温故障的自动变速器油对比如图1-2-2所示。

图1-2-2　新鲜和超过使用期限或高温故障的自动变速器油对比

3. 检修与维护作业需要的条件

检修与维护作业需要的条件见表1-2-2。

表1-2-2　自动变速器检修与维护作业需要的条件

序号	说　　明		实物对照示意图
1	人身安全防护、车辆安全防护、环境卫生防护	1）穿防护工作服、工作鞋、戴工作帽，防护硅胶手套 2）车辆防范安全：车凳、卧式千斤顶、三角木 3）地面防护措施，油水不落地，工具、零件不落地	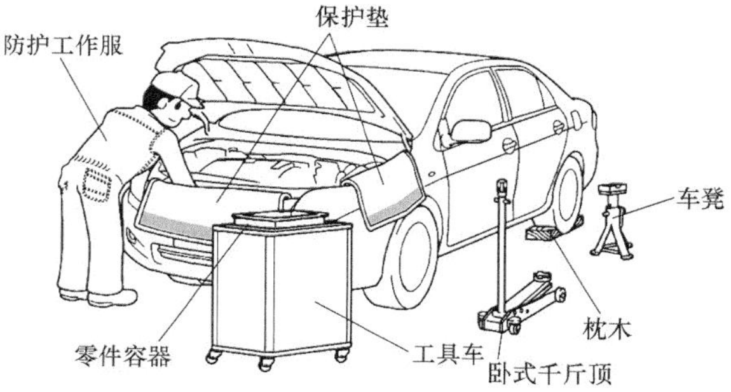
2		在汽车的中网和两边翼子板两边垫上防护垫	

(续)

序号	说明		实物对照示意图
3	人身安全防护、车辆安全防护、环境卫生防护	举升机托架,安全支撑车辆,先放自动变速器油并注意回收	
4	干净整洁的工作环境让人心情愉悦以保证服务质量		
5	拆下来的零部件要放在超声波清洗机内清洗干净,并用压缩空气吹干		
6	a图为常用工具、专用工具。工具要摆放整齐,拿取方便。避免随手用、随手丢,工具不可成堆摆放 要闲时准备,急时用。避免有时工作一半,为找一个小小的工具到处翻箱倒柜浪费时间 b图为专用工具花角。花角又分T型号和M型号。T型号为内6花角,有10个规格(T10、T15、T20、T25、T27、T30、T40、T45、T50、T55) M型号为内12花角,有9个规格(M10、M15、M20、M25、M30、M40、M45、M50、M55)		a) b)

（续）

序号	说　　明	实物对照示意图
7	自动变速器行驶一定里程后需要做维护换油，对大多数自动变速器而言，换油时间一般为4万km或2年、5万~8万km或3~4年。但也有少数自动变速器是不用换油的（故障车除外），这应根据维修手册规定。最好是用机器更换自动变速器油，机器换油是循环式的，可以更换得比较彻底。采用人工换油在液力变矩器内的油就换不到，就算把自动变速器拆下来也很难放干净	自动变速器换油清洗机1 　　自动变速器换油清洗机2 
8	传统的汽车自动变速器维修故障判断方法已经不太奏效了，现在越来越离不开电子检测仪器。为了准确而有效地判断故障，这些仪器成了"克敌制胜"的法宝	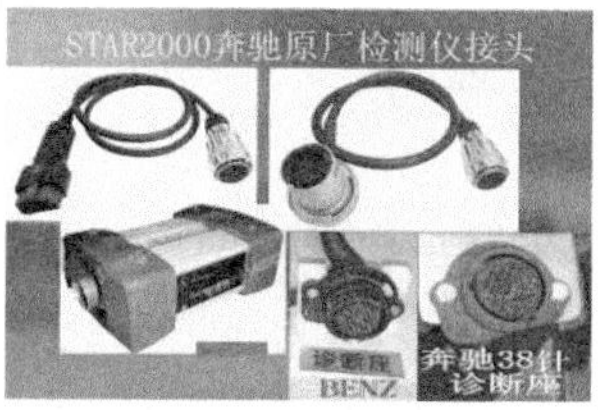 奔驰原厂检测仪 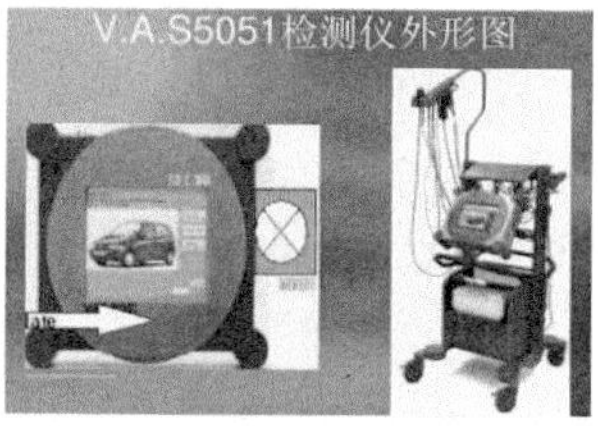　　大众原厂检测仪  宝马原厂检测仪 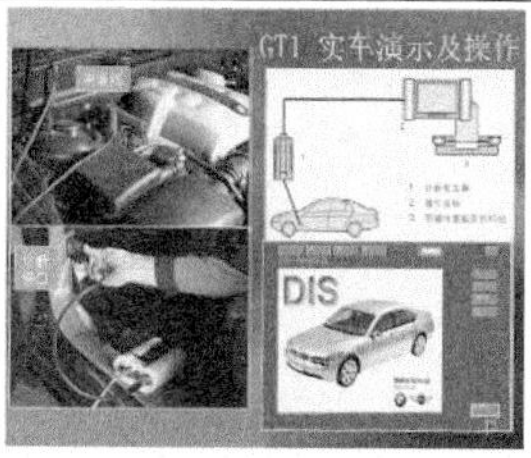　　实车诊断连接（一）  实车诊断连接（二）

4. 自动变速器溢流孔油平面的换油方法

现在有很多新车自动变速器没有油尺，可通过专门的加油口或通风口加注，如通用6T40E自动变速器和大众09G自动变速器；也有通过油底壳的加注口加注，如大众奥迪01V和01J自动变速器。前一种方式比较简单，下面介绍通过油底壳加注方式。

1）拧下放油螺栓，放掉ATF。
2）用40N·m的转矩拧紧新的ATF放油螺栓。
3）拧下检查螺栓，将专用工具V.A.G1924用油管导入屏蔽罩的开口。

注意：

不要将屏蔽罩向上顶入。

18 汽车自动变速器原理与检修

4)加注自动变速器油,直到油从观察孔中溢出,见表 1-2-3。
5)将变速杆置于 P 位,起动发动机。
6)将变速杆换入各个档位并停留 10s。
7)执行自动变速器油位检查程序。

表 1-2-3　自动变速器的维护

维 护 方 法	维 护 图 例
1)自动变速器的维修保养最好在四柱举升机上进行,可避免空气悬架气囊爆炸。另外,四柱举升机有利于自动变速器的千斤顶在地面上移动。而两柱举升机地面通常有个横挡条,千斤顶在地面上移动时很不方便 2)调整好举升机高度后一定要拉保险栓	
ZF5HP19(01V)自动变速器 1—放油螺栓 2—检查螺栓	
ZF5HP19 自动变速器 1—放油螺栓 2—检查螺栓 3—ATF 4—屏蔽的开口	
丰田 A760/A761E 自动变速器。拆卸自动传动桥油底壳分总成步骤: 1)先回收自动变速器油。 2)拆下 19 个螺栓、油底壳和油底壳衬垫	

（续）

维 护 方 法	维 护 图 例
油品加注和检测的位置	
变速器油集滤器可选用质量较轻的毛毡型变速器油集滤器，能极好地清除污垢，其性能更加可靠	
以丰田 A760/A761E 自动变速器为例： 1）举升车辆，先放净油底内的 ATF 2）拆下注液塞和溢流塞 3）从注液孔处注入 ATF，直到液从溢流塞流出 4）按规定加注 ATF 5）装上并紧固溢流塞 6）装上注液塞 7）放下车辆	
警告：当变速器使用 ATF WS 时，不要在使用 ATF WS 的自动变速器上使用 ATF T-IV 注意：如果不遵循以上要求，可能导致无法充分发挥其性能。具体操作见项目五任务一	
1）从油底壳上拆下两个机油滤清器磁铁，检查油底壳中的微粒及油质 2）用拆下的磁铁收集所有钢屑，仔细查看油底壳内及磁铁上的异物和微粒，判断传动桥中可能存在的磨损类型 　钢（磁性）：轴承、齿轮和离合器片磨损 　铜（非磁性）：轴承磨损	

(续)

维护方法	维护图例
处理好废机油,进行集中管理并与回收公司联系	

宝马、奥迪自动变速器养护见表1-2-4。

表 1-2-4　宝马、奥迪自动变速器养护

适用车型:
　　宝马 F18/F10/E70/F07 底盘。
　　华晨宝马 X12.0T（20120）/320Li 2.0T/328Li 2.0T/335Li 3.0T/520Li 2.5L/523Li 2.5L/528Li 3.0L/530Li 3.0L/535Li 3.0T
　　变速器油（ATF）总容量:8.5~10L。
　　油底壳拆卸-换置:约6L
　　宝马 OE 油品零件号:83222152426/ATF L 12108
　　采埃孚 OE 油品零件号:S671 090 312
　　路虎 OE 油品零件号:02328/LR 023289
　　奥迪 OE 油品零件号:G 060 162/G 060162A2/G 060 162 A2/G060162A6
　　捷豹 OE 油品零件号:02JDE 26444
　　克莱斯勒 OE 油品零件号:68157995A
　　售后油品零件标准:ATF-Ⅷ
　　换油流程须知:
　　换油前检查步骤（必须进行路试）。试车没有换档品质不良（打滑、冲击），可以进入保养操作,否则须进入检查维修程序。读取变速器是否有故障码,如有故障码请停止换油操作。如长时间（5 年或 10 万 km 以上）从未进行变速器养护的车辆进行保养可能会有故障隐患,请谨慎操作

8HP45/55A 自动变速器

(续)

进入换油程序（操作步骤）：
发动机处于关闭状态，先用专用检测工具读取变速器油温度，如果变速器油温度高于50°C，则需要冷却变速器。
将车辆升至适当高度，拆下护板（某些车型），在变速器下放置旧油回收容器。车辆水平举起后，可见油底壳箭头位置为变速器放油孔

宝马自动变速器

拧开位于油底壳上的放油螺栓，将旧油排净，再装回变速器放油螺栓
拆下油底壳，检查油底壳内部有无大量金属颗粒或过多杂质，如确认正常，更换油底壳，最后将油底壳装回
8HP45/70：宝马车型用塑料油底壳，与滤清器是连体的，应整体更换
8HP55A/0BK：奥迪车型用铁制油底壳，保养时需要清洗油底壳并更换滤清器和油底壳垫

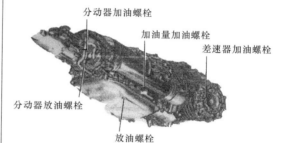
奥迪自动变速器

更换保养须知：
自动变速器滤清器，是自动变速器润滑系统中负责清洁油液、分离与储存污染物的一个零部件，为变速器工作提供经过过滤的变速器油，保证变速器的正常工作，提高变速器使用寿命（建议每次变速器保养时更换）

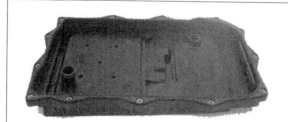
宝马 8HP45 油底壳与滤清器

拧开加油孔螺栓，用变速器专用加油设备加注新油，重力换油约为变速器总油液容量的2/5，循环换油约为总油液容量的1.2倍，根据换油设备不同略有差异
检查ATF是否加满，检查油尺油位是否显示正常（没有油尺的，请打开油位检查螺栓检查）

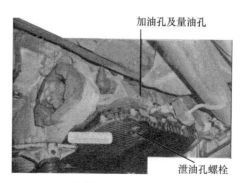
宝马 8HP45 油量检查

测量 ATF 油面高度：

起动发动机踩住制动踏板，依序换入每个档位停留 5～10s，回到 P 位

热车，变速器温度达到 35～45℃时，拆下量油孔螺丝，测量 ATF 油面高度。如流出油量过多，待 ATF 流出流量变细小时，锁上油量孔螺栓。流出油量过少，从加油孔继续加入 ATF，直到量油孔有油液流出时，锁上量油孔

建议：在检查油位正常的情况下，也要加多 0.5L 进去，因为设备内部，油管等有一定的存油量

避免车辆发动时间过长，引起油温过高造成 ATF 油面高度发生改变，影响加注准确性

换油完成后，确保所有拆卸的零件完全装回。检查变速器有无油液渗漏，进行路试（3～5km），对车辆进行复检

奥迪 8HP55A/0B 油位检查

二、故障码的结构和含义

1. 故障码第一位字符

故障码包含了五位字符，第一位是字母，后边四位是数字。表 1-2-5 为故障码第一位字符含义。

表 1-2-5　故障码第一位字符含义

字　符	含　义	举　例	
P	动力系统 DTC	P0300	气缸点火缺失，造成三元催化转换器损坏
C	底盘 DTC	C1492	左后轮速传感器故障
B	车身 DTC	B1018	左前转向灯损坏或信号线短路或断路，故障当前存在
U	通信网络 DTC	U1113	接收的错误数值导致功能受限

2. 故障码第二位字符

（1）故障码 P0×××

故障码中，以"0"开头的"P"为由 ISO 标准控制的代码（例如 P0099），所有汽车制造商都相同，由 ISO/ASE 预先确定。

1）P0100 系列代码与燃油和空气计量有关。

2）P0200 系列代码也与燃油和空气计量有关。

3）P0300 系列代码与点火系统和缺火状态有关。

4）P0400 系列代码与辅助排放控制系统有关。

5）P0500 系列代码与车速、怠速控制系统和辅助输入有关。

6）P0600 系列代码与控制单元内部故障或在多路通信系统内连接控制单元和其他控制模块的专用电路有关。

7）P0700 系列代码与变速器控制功能有关。

8）P0800 系列代码也与变速器控制功能有关。

9）代码最后两位数字指有各自诊断程序的特定子系统。例如，P0115 特指发动机冷却液温度传感器。

10）一些 P0200 和 P0300 系列代码的最后两位数字用于识别检测到故障的特定发动机气缸。例如，P0300 表示多个气缸缺火；P0301 表示 1 缸缺火；P0302 表示 2 缸缺火等。

再例如，P0200 表示喷油器电路断路；P0201 表示 1 缸喷油器电路断路；P0202 表示 2 缸喷油器电路断路；P0203 表示 3 缸喷油器电路断路；P0206 表示 6 缸喷油器电路断路；P0211 表示 11 缸喷油器电路断路；P0212 表示 12 缸喷油器电路断路等。

（2）故障码 P1×××

故障码中，以"1"开头的"P"为由汽车制造商控制的代码（例如 P11××，汽车厂家控制燃油和空气流量），是由汽车制造商预先确定好的，也有可能是制造商特有的，但也属于标准代码。

（3）故障码 P2×××

故障码 P2×××也属于标准故障码，是标准化代码（SAE/ISO）分出的区域，以及特定制造商代码。有些是 ISO、SAE 预留的，有些是已经发布的。

例如，故障码 P2099 表示后催化转换器燃油调节系统太浓，2 列；故障码 P2199 表示进气温度传感器故障；故障码 P28××是 ISO/SAE 预留的。

（4）故障码 P3×××

故障码 P3×××也属于标准故障码。有些是 ISO、SAE 预留的，有些是已经发布的。P30××、P31××、P32××都表示燃油和空气计量，以及辅助排放控制装置；P33××表示点火系统失火；P35××、P36××、P37××、P38××、P39××都是 ISO/SAE 预留的标准代码。例如，P3401 表示 1 缸断缸/进气门控制电路断路；P3411 表示 2 缸断缸/进气门控制电路低；P3477 表示 10 缸排气门控制电路断路；P3488 表示 11 缸排气门控制电路高。

3. 故障码第三位字符

故障码 P0×00 中第三位字符确认故障码发生的系统或子系统。每个故障码的范围按照它们有关的功能组织。故障码第三位字符含义见表 1-2-6。

表 1-2-6　故障码第三位字符含义

字符	含义	举例	
0	空燃比计量和辅助放控制装置	P001	燃油量调节器控制电路断路
		P0099	进气温度 2 号传感器电路间歇性故障/不稳定
1	燃油和空气供应的测量	P0100	表示质量或体积空气流量传感器电路故障
		P0199	机油温度传感器电路间歇性故障
2	燃油和空气供应的测量（喷油器电路）	P0216	喷油器/喷油点火正时控制电路
		P0209	9 缸喷油器电路断路
3	点火系统/失火	P0300	多缸失火
		P0312	发现 12 缸失火
4	辅助尾气排放控制设备	P0400	废气再循环流量
		P0410	二次空气喷射系统

(续)

字符	含义	举例	
5	车速/怠速设置和其他输入	P0500	车速传感器 A
		P0505	怠速空气控制系统
6	计算机和其他输出电路	P0600	串行通信输出
		P0654	发动机转速输出电路
7	变速器	P0702	变速器控制系统电气
		P0777	压力控制电磁阀 C 卡滞
8		P0801	倒档禁止控制电路
		P0899	变速器油控制系统 MIL 需求电路高
9		P0900	离合器执行器电路断路
		P0999	换档电磁阀 F 控制电路高
A	混合动力	P0A00	电动机电子装置冷却液温度传感器电路
		P0A10	DC/DC 变换器电路输入高

4. 故障码第四、五位字符

故障码后两位字符表示触发故障码的条件，具体地表示了实际部件或特定的故障名称。故障码编号是从 00~99，不同的传感器、执行器和电路分配了不同区段的数字编号。这些数字提供了比较具体的信息，如电压低或高、响应慢、信号超出范围等。

例如，P0033 表示涡轮增压器旁通阀控制电路；P0088 表示燃油管/系统压力太高；P0165 表示氧传感器电路反应慢（2 列 3 号传感器），P0997 表示换档电磁阀 F 控制电路范围/性能故障等。

5. 非标准故障码

有些车厂家会自己设置和增加一些故障码，这些故障码分两个类型。

同一诊断监控和故障描述既有 SAE/ISO 的标准故障码，也有厂家自己设置的故障码，这里我们暂称为"双码"。例如，"后氧传感器信号对地短路（监控三元催化转换器后氧传感器的电压和电阻）"这个故障在 SAE/ISO 标准故障码中为 P0137，在宝马自己厂家设置的故障码中为 12A902。"双码"举例见表 1-2-7。

表 1-2-7 "双码"举例

SAE 标准故障码	非标准故障码	故障解释
P0171	118401	混合气调节：混合气过稀，偏差过大
P0171	118401	混合气调节：混合气过稀，偏差大
P2742	420E25	储油腔温度传感器 2：对地短路
P2742	421901	变速器油温度传感器 2：对地短路

除了上述"双码"，另一类是汽车厂家自己独有的故障码，而这些故障码在 SAE/ISO 标准中是不存在的，这里暂称为"独码"。例如，故障码 258700，它表示柴油颗粒过滤器前的废气压力传感器信号过低（系统诊断监控到微粒过滤器上的排气背压低于下部极限值时，

识别为故障），而这个故障码 258700 在此是唯一的，在标准故障码中没有。"独码"举例见表 1-2-8。

表 1-2-8 "独码"举例

SAE 标准故障码	非标故障码	故 障 解 释
无	002742	局域互联网总线：故障，IBS 或冷却液泵
无	002742	局域互联网总线，通信：缺少
无	002781	紧急运行系统：高压蓄电池。请求打开快速接触器
无	002781	电动风扇：PWM 故障

三、自动变速器拆卸及检修

案例链接（三） 奥迪 A4 行驶无力、进档缓慢

2014 年 8 月 18 日，一辆奥迪 A4（搭载 01J 自动变速器）进厂维修，如图 1-2-3 所示。客户反映，此车故障现象为行驶无力、进档发抖且缓慢。经路试果然如此。通过失速试验发现失速转速比标准转速高 1000r/min 左右，有发动机空转的感觉，偶尔有发动机冷却液温度指示灯闪烁一下又马上消失的现象。这里仅介绍从车上拆下自动变速器和外表清洁、解体为止，至于故障排除结果，会在以后的项目任务里解答。

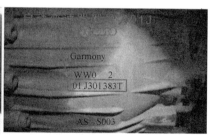

图 1-2-3 奥迪 A4 及其 01J 自动变速器

1. 维修前的工作

1) 检测该自动变速器，进行故障分析，确定维修部件和重点，包括油的质量、油面高度、目视检查。

打开发动机舱，打开冷却液补偿罐后，发现黑乎乎的液体漫出来了，发动机后部外表也有很多脏油/水，如图 1-2-4 所示。

图 1-2-4 黑乎乎的液体漫出来了

2) 制订维修方案和维修步骤，原则是先易后难。

3) 根据车型、VIN 和变速器型号准备好配件，遵循"配件不落实则不维修"的原则。

4) 准备好工具和检测仪器。

5) 准备好清洁的场地和工作台。

6）准备好相关技术资料，如图 1-2-5 所示。

7）准备好记录用品和标签、彩色油漆笔、白色胶带（纸）或胶布等，用于记录重要事项，如零件的拆装顺序、特殊零件的安装特点（方向、位置等）、做记号并区别类似零件等。

图 1-2-5　相关技术资料举例

8）检查蓄电池电压，标准电压为 11～14V。如果电压低于 11V，在继续操作前，对蓄电池充电或更换蓄电池。实际测得电压为 12.07V，将智能检测仪 VAS 5054 连接到连接器上，如图 1-2-6 所示。

图 1-2-6　实际测得电压为 12.07V 并将 VAS5054 连接到连接器上

9）有节气门拉线的，应做间隙和怠速检查。

10）噪声检查，发动机工况检测，底盘传动、驱动力及阻力检测，轮胎气压检查。

11）检查漏油。检查壳配合面、轴和拉索伸出区、油封、排放塞和加注口、管件和软管连接处。

12）检查并调出或清除故障码和定格数据，结果没有存在故障码，如图 1-2-7 所示。

13）设置检测模式诊断故障症状确认（维护车不用）。

14）症状模拟（维护车不用）。

15）机械系统测试。

16）手动换档测试。

17）电路检查。

18）液压测试。

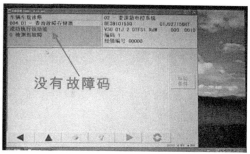

图 1-2-7 智能检测仪 VAS 5054 并没有检出故障码

19）零件检查。

20）故障识别。

21）测试确认。

2. 从车上拆下自动变速器

（1）前驱式

1）在两柱举升机上作业时，应注意托架脚的安全支撑，如图 1-2-8 所示。

图 1-2-8 注意托架脚的安全支撑

2）拆除蓄电池。

3）拆除空气滤清器、进气管。

4）拆除左、右轮和左、右半轴。

5）拆除起动机、操纵手柄拉杆、连接螺栓。

6）拆除变速器支架和护板。

7）用专用支架将发动机吊住。

8）用变速器托架将变速器托住，松开变速器和发动机的连接螺栓，将变速器和变矩器一同拆下，降低托架，将托架移出车下。

9）适量降下变速器托架，沿轴向向后将变速器整体（带变矩器）与发动机分离，托稳后再下降，将变速器从车身下移出。注意，将变速器与发动机分离时，防止变矩器滑落伤人。

从车上拆下自动变速器确认被举升的车辆可靠稳定并拉好保险栓。举升前，应确认各方面安全到位并扣好防护垫，防护垫可以防止钥匙、钮扣、零件、随身工具等划伤油漆，还可以防止油污、制动液等污染油漆造成不必要的经济损失。

(2) 自动变速器总成外表清洁

1) 当变速器总成从车上拆下后，应先做外表清洁，避免油泥、沙、灰尘进入下一道工序。

2) 用胶带包扎好空档开关、插座电气端子等，防止进水长霉。

3) 用高压水枪先将变速器外表喷湿，然后喷洒上泡沫清洁剂并保持30min左右，再用高压水枪冲净，并用压缩空气吹干，如图1-2-9所示。将变速器移至翻转架上或工作台上进入解体工序。

图1-2-9　自动变速器总成外表清洁

3. 拆检注意事项

1) 维修手册中提供的维修方法对于维修汽车自动变速器非常有效。遵循维修手册中的步骤进行维修操作时，必须使用指定和推荐的工具。若使用非指定或推荐的工具和维修方法，在开始操作前必须确保维修技术人员的安全，并确定不会造成人员伤害或客户车辆损坏。

2) 如果需要更换零件，则必须换上具有相同零件号的零件或相当的零件，切不可采用劣质零件。为了有效避免在维修或维护期间可能造成的人身伤害，以及由于操作不当而造成的车辆损坏或导致车辆不安全等隐患，必须认真遵守维修手册中各种"注意"和"小心"事项。维修手册中的"注意"和"小心"部分的内容并非夸张，不按这些说明进行操作将导致危险的后果。

3) 自动变速器由表面经过高精度加工的零件构成，在重新装配前，必须对这些零件进行仔细检查。即使是轻微划伤也可能导致漏油或影响性能。一些操作说明是按维修人员每次只操作一个零件组来编排的。这有助于避免因外观相似但属于不同分总成的零件同时出现在维修工作台上而引起混淆，应从变矩器壳一侧对这些零部件组进行检查和维修，尽可能在对下一组零部件进行操作之前完成检查、维修和重新装配。在重新装配过程中，如果发现某个零部件组有缺陷，应立即检查和维修此零部件组。如果由于某些零件尚在订购中而无法装配某个零部件组，应在继续拆解、检查、维修和重新装配其他零部件组时将该零部件组的所有零件存放在单独的容器中并严格保管。

① 拆解下来的所有零件均应使用压缩空气吹通。

② 用压缩空气吹干所有零件，不要使用棉丝抹布或其他布来擦干它们。

③ 使用压缩空气时，一定不要将气枪对准自己或他人，以防ATF或煤油意外喷到脸上。另外，高压气体也会伤人。

④ 工作场所禁止打闹和追逐嬉戏。

⑤ 清洗时，只能使用推荐的ATF或煤油（禁止使用汽油）。

4) 变速器解体的一般原则。

① 先外后内。拆下外部机件、油管、线缆、插座和连接件。

② 先两头后中间。先拆前壳、后壳，再拆中间。

③ 先电液后机械。先拆电液元件，再拆机械元件。

④ 先部件后零件。先将部件整体取出，例如阀板总成、离合器总成、制动器总成、油泵总成等，再各自分解。图 1-2-10 是 01J 自动变速器解体后的摆放。

图 1-2-10　01J 自动变速器解体后的摆放

5）注意事项。

① 解体过程中涉及的所有密封件（油封、密封垫、O 形密封圈、密封环等）一般都应更新。

② 严禁用利器剥、刮密封基面或密封槽，不得伤及密封座或密封面。

③ 严禁用螺钉旋具等硬器撬接合面。

④ 严禁用利器在配合零件上凿印装配记号。

⑤ 严禁用手钳、螺钉旋具等抽取阀芯和阀套。

⑥ 在对不熟悉的自动变速器进行解体时，应做好记录。特别注意以下 5 点：

a. 各运转元件间的塑料或钢质止推垫的位置和方向。

b. 平面推力轴承、滚针轴承及滚道的位置和方向。

c. 离合器的装配位置和方向。

d. 各离合器和片式制动器的压紧弹簧及弹簧座不要相互混淆。

e. 分解阀体的注意事项另列。

4. 部件分解及检查

（1）油泵（变量叶片泵别克自动变速器）的分解与检查

1）按顺序松开螺栓分离泵盖和泵体。

2）在转子和偏心环上做记号后取下转子和叶片。

3）用软布条包住螺钉旋具头部，稳住偏心环并取下支承销。

4）取出偏心环和弹簧。

5）检查。

① 油泵壳体后轴头密封环槽与环的侧隙，标准值 0.10～0.15mm，最大允许 0.15～0.20mm。环在自由状态开口端隙为 2～4mm。叶片在转子槽内应滑动自如。

② 检查偏心环、叶片与转子端面与泵盖间隙，标准值 0.03～0.04mm，最大允许 0.05mm。

（2）片式离合器和制动器的分解与检查

片式离合器和制动器分解前应先用塞尺检查挡板与卡环之间的间隙（按原车各自标准

检查),测量前应压紧主从动片,排出片间残油。

1)取出卡环。
2)依次取出护板、摩擦片、钢片和碟片,按顺序放好。
3)用专用工具压下弹簧座,取出卡环。
4)取下弹簧和座。
5)用压缩空气(0.04MPa)吹出活塞(当摩擦片被确认为不可用时进行)。
6)检查。
① 摩擦片是否翘曲变形、烧蚀或过度磨损,增磨槽是否清晰可见。
② 钢片是否平整无翘曲变形,有无烧蚀拉伤。
③ 活塞内外的O形密封圈及工作表面有无积胶及拉痕,检查止回阀功能是否正常。

(3)带式制动器的分解与检查

1)分解前,应检查顶杆行程是否符合要求。
2)松开锁帽,退出定位螺杆,取出制动带及支销。
3)松开螺栓,取下制动带伺服机构的盖及垫。
4)依次取出促动活塞、密封环、活塞及托座、回位弹簧及弹簧座、伺服活塞、活塞杆、伺服弹簧及座等。
5)检查。
① 弹簧的自由长度。
② 更换所有密封圈。
③ 顶杆行程不够应更换顶杆。
④ 检查制动带内表面,如有烧焦、裂纹、表层脱落、过度磨损应更换。

(4)单向离合器的检查

1)注意单向离合器的安装方向。
2)检查单向离合器楔块或滚柱是否磨损,内外滚道是否磨损。
3)按正确的方向安装单向离合器,检查是否按规定方向锁止可靠,另一方向运转自如。

(5)阀体的分解与检查

1)拆下机油滤清器。
2)拆下电磁阀等的接线器。
3)取下油管(做好标记)。
4)松开上下阀板连接螺栓,从阀板上方向下轻轻敲打,使单向球阀钢珠落到下阀板底部,将上阀板连同隔板和上下密封垫一同拿下。
5)检查油道内钢珠位置,然后从油道中取出(不要丢失),用拓印法记下钢珠的大小和位置。
6)将上阀板连同隔板一同翻过来,再向下敲打,使钢珠落到上阀板底部,拿下隔板及密封垫(防止油道内阀球或其他小零件掉出)。
7)检查油道内钢珠位置,然后从油道中取出(不要丢失),用拓印法记下钢珠位置。
8)上下阀板的分解。用旋具取出卡板或锁销(用手堵住阀孔端部),防止零件弹出。再让柱塞、滑阀及回位弹簧等自由落出(不能自由落出时,可用橡胶锤敲击阀板,将其震出,不要损坏阀孔内径及阀芯),将其按顺序摆放在折叠好的瓦楞形薄钢板槽内。大众

6HP/爱信09G变速器油路板拆开示意图如图1-2-11所示。

a) 09G变速器油路板总成

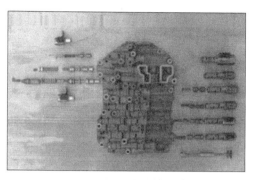
b) 09G变速器油路板拆开摆放

图1-2-11　大众6HP/爱信09G变速器油路板拆开示意图

9) 阀板清洁及检查。将阀板、零件用清洁煤油清洗并用压缩空气吹干净，组装前应浸油处理。检查滑阀各段轴颈表面是否磨损，对轻微擦伤或胶垢，可在车床上套上衬套防止夹伤滑阀，用1200号砂纸轻微旋转抛光。滑阀与座孔的正常配合间隙为0.010～0.012mm，间隙大于0.012mm必须更换，否则会无穷无尽地返工。关于具体修理方法，后面还会讨论。检查弹簧的自由长度，如图1-2-12所示。更换上下密封垫及塑胶阀球，如控制阀卡死，应更换阀板总成。

5. 自动变速器总成组装及维修要点

做好自动变速器的基础检查和性能测试，解体过程中对元件的进一步检查和测试，必要的换件，仔细的清洁及严格的装配和调整是确保维修质量的关键。

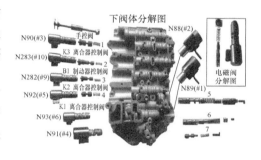

图1-2-12　大众09G变速器油路板下阀板、电磁阀、滑阀和弹簧识别

序号	长度/mm	长度/mm	长度/mm	圈数	颜色
1	21.5	8.3	1.06	10.4	绿色
2	20	6.4	0.99	10.4	红色
3	19.9	6.6	0.99	11.4	白色
4	20.5	8.3	0.99	9.9	粉色

(1) 自动变速器装合的"八字方针"

1) 位置。各零部件安装要到位（离合器与制动器的毂与摩擦片、钢片的装合等），位置与方向要正确（各止推垫、推力轴承及轴承滚道、卡环、单向离合器等），有些配对零件应按拆时所作记号对应装合。

2) 清洁。组装前，应用煤油清洗所有零部件和机体（不耐油橡胶件和线缆除外），吹通壳体、输入、输出轴上的油道，煤油挥发后及时涂上ATF。不许用抹布擦拭机件。

3) 润滑。组装前，所有机件运动表面应再次涂以ATF或润滑脂，非运动机件的密封面应均匀涂以密封胶。

4) 紧固。按规定（按顺序、分3次、按力矩）紧固所有连接螺栓。

(2) 换件原则

1) 自动变速器的必换件。拆卸过程中所涉及的所有密封件（油封、密封圈、密封环、密封垫等）都属于必换件。在备件缺乏时，可对技术状况较好的密封件再使用一次。

2）自动变速器的易损件。离合器和制动器的摩擦片、钢片、各种卡环、轴承及止推环、制动带、油泵齿轮或转子、各种线缆插接件等都属于易损件。对于卡环变形，止推环磨损、翘曲，轴承运转发卡，噪声，松旷，制动带磨损过量、裂纹，摩擦片、钢片磨损过量、碟片变形等，均应成组更换。有两个以上组件中的摩擦片、钢片需要更换时，应更换全部组件的摩擦片和钢片。齿轮应成对更换。

3）装合顺序。按与解体相反顺序进行，先拆后装，后拆先装。以组件形式拆下来又解体成零件的，应先装合成组件再进行总装。

4）浸油处理。新换的离合器、制动器摩擦片、制动带，至少应在 ATF 中浸泡 30min 以上。油泵工作腔、轴承、单向离合器、行星齿轮架、小齿轮、旧摩擦片钢片、阀板及控制阀等均应浸入 ATF。新换的液力变矩器应加注一半 ATF。

5）关于敲击。严禁使用铁锤或硬工具直接敲打零件和壳体，需要敲击时应使用塑料棒、木棒、橡胶锤。

6）检查与调整。组装过程中和结束前，应对重要部位进行检查和调整。

① 油泵的装配间隙。齿轮的啮合间隙、齿顶间隙、齿轮（转子、叶片）与壳体端面间隙、油泵轴头密封环的侧隙等。

② 片式离合器和片式制动器工作间隙（卡环与法兰之间的间隙）的检查和调整。

③ 活塞运动情况的检查。

④ 带式制动器活塞顶杆行程的检查和调节。

⑤ 总轴向端隙的检查和调整。

四、液力变矩器检修

案例链接（四） 汉兰达 RX270 起步无力

汉兰达 RX270 搭载的是 U760 自动变速器。该车起步无力，高速行驶正常。通过失速试验发现失速转速比标准转速低 700r/min。查找维修手册，故障原因为液力变矩器单向离合器打滑。将液力变矩器从车上拆下，检查单向离合器，发现单向离合器在锁止方向打滑。由于当地没有维修条件，更换一台新的液力变矩器，故障排除。

1. 在自动变速器前安装液力变矩器

液力变矩器由泵轮、导轮、涡轮和锁止离合器组成。工作时内部充满了油液，发动机带动泵轮旋转液体沿内壁扭曲叶片提供的通道向外圆甩出油冲击涡轮，涡轮与泵轮相对安装内壁也由反扭曲叶片组成的通道承受了泵轮传来的液体冲击力也于相同方向旋转起来，如图 1-2-13 所示。

由于涡轮中心与变速器输入轴是花键连接并将动力输出给变速器。从动力转换过程来看，发动机产生了机械力，泵轮将机械力转换为液体冲击力，俗称"软传动"。液体的冲击力将动力传给涡轮，涡轮再将液动力变成机械力向变速器输出。涡轮的转速永远也不可能达到泵轮的转速，也就是说，在某个区间泵轮不能将动力全部传给涡轮。如此说来，还不如在自动变速器的前端安装一个机械离合器省事，因为机械离合器可以百分百传递动力，省掉那一来二去的动力转换过程岂不是更好？汽车是一个载质量变化大，行驶路况复杂的交通工

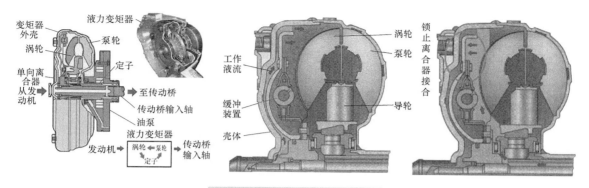

图 1-2-13　液力变矩器剖面结构

具，一旦遇到上陡坡、超重、障碍等情况，机械离合器不能给车轮增力，此时的液力变矩器则不同，它可以向车轮提供 2～3 倍的驱动力，正是因为液力变矩器可以变矩，所以液力变矩器和自动变速器早期是在大型工程机械上使用。当一台推土机的钢铲前方碰到了超过自己几倍驱动阻力时，驾驶人只有使劲加速踏板，换最低档位会怎样呢？如果是装备了液力变矩器的车辆当然是"轻松拿下了"，这也就是在自动变速器前安装液力变矩器的原因之一。

液力变矩器的作用是传递来自发动机的转矩，并且将转矩成倍增大后传给变速器。它安装在变速器行星齿轮传动系统的输入端，壳体用螺栓固定在发动机的飞轮上。

通过图 1-2-14 可以看出液力变矩器的优缺点：

（1）优点

1）起到飞轮的作用，使发动机运转平稳（自动变速器大多没有飞轮，利用变矩器代替飞轮）。

2）起到自动离合器的作用，传送或不传送发动机转矩至变速器当中（车辆在原地静止状态下制动时换入前进档，发动机不会熄火，也称无级变速）。

3）在某种程度上能够使发动机产生的转矩成倍增长并传递至自动变速器行星齿轮机构中。

4）缓冲和吸收因发动机传输载荷及传动系统在承载载荷时引起的扭转振动，保护发动机及传动系统的某些部件（俗称防止传动系统过载）。

5）驱动液压控制的油泵为自动变速器提供压力源。

6）锁止离合器能够将发动机输出功率 100% 传递给变速器，从而提高发动机燃油经济性，促进环保，降低排放，降低变速器温度，提供良好的发动机制动功能。

（2）缺点

1）液力变矩器是个密封件，若出现故障看不见，摸不着，易对其他部件进行误判。

2）液力变矩器主要用于起步和大负荷增力。其实汽车大部分时间是不需要增力的，如果低速时间长（传动效率只有 80%～95%），会造成发动机燃油浪费。

3）现在有些车辆智能化控制锁止离合器（当锁止离合器处于半接合状态时），解决了发动机燃油浪费问题，但同时也减少了液力变矩器使用寿命。

锁止离合器的发明是自动变速器重大的科技进步。在 20 世纪 90 年代前，液力变矩器内是没有设计锁止离合器的，车速在 80km/h 以上很难再提升，而且伴随着发动机加速发闷，有力使不出甚至浪费大量燃油。

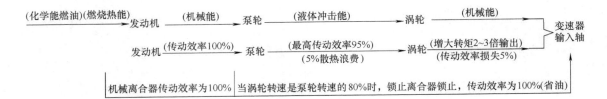

图 1-2-14 液力变矩器工作效率

2. 液力变矩器连接关系

发动机与液力变矩器连接总体结构示意图如图 1-2-15 所示，它由"三轮二器"组成。"三轮"是指泵轮、导轮和涡轮；"二器"是指单向离合器和锁止离合器。变矩器内充满油泵提供的自动变速器油。变速器油被泵轮甩出，成为一股强大的油流，推动变矩器的涡轮转动。

 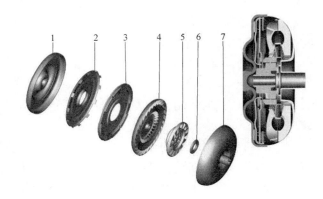

图 1-2-15 发动机与液力变矩器连接总体结构示意图
1—前盖 2—锁止离合器片 3—减振器 4—涡轮 5—导轮与单向离合器 6—推力轴承 7—泵轮

液力变矩器与发动机、自动变速器之间的安装位置与结构见表 1-2-9。

表 1-2-9 液力变矩器的安装位置与结构

序号	说明	实物对照示意图
1	1）液力变矩器的前端与发动机的曲轴相连，与手动变速器的离合器飞轮安装位置相似 2）液力变矩器内装满自动变速器油（ATF），它的标准质量应等于手动变速器飞轮加离合器的质量	

(续)

序号	说　　明	实物对照示意图
2	1）液力变矩器内涡轮中心的内花键与后端变速器的输入轴相连。外套筒上缺口用来驱动安装在变速器上的油泵 2）在液力变矩器内还有一个单向离合器的内花键与油泵壳体上的固定外花键相连（导轮中心固定不动）	

液力变矩器结构如图 1-2-13 所示。

液力变矩器内充满具有一定压力的变速器油，当泵轮旋转时，液体的实际流动是由涡流和环流叠加而成的。

涡流就是泵轮泵出的液流通过涡轮和导轮，然后再回到泵轮的液流。车辆起动时，泵轮和涡轮的转速差越大，涡流就越大。

环流就是变矩器内与变矩器转动方向相同的液流。当泵轮与涡轮转速差较小时，环流就大，车辆以恒速行驶时就是如此。环流随泵轮与涡轮转速差增大而成比例地变小。

液力变矩器内部实际的液流方向是涡流与环流合成的螺旋状，如图 1-2-16 所示。

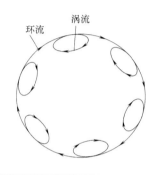

图 1-2-16　液力变矩器的液流

3. 锁止离合器工作状态

在耦合区（即没有转矩成倍放大的情况），变矩器以接近 1∶1 的比例将来自发动机的输入转矩传递至变速器。但在泵轮与涡轮之间存在着至少 4%～5% 的转速差。所以，变矩器并不是将发动机的动力 100% 地传递至变速器，而是有一定的能量损失。为了防止这种现象发生，也为了降低油耗，当车速在大于 60km/h 时，锁止离合器会通过机械摩擦将泵轮与涡轮相连接。这样，使发动机产生的动力几乎全部传递至变速器。

液控自动变速器液力变矩器内的锁止离合器的控制阀控制油路与电控自动变速器内的锁止离合器的控制阀控制油路有所不同，但锁止离合器的工作过程是一样的。

如图 1-2-15 所示，锁止离合器装在涡轮转轮毂上，位于涡轮转轮前端。减振弹簧在离合器接合时，吸收扭力，防止产生振动。在变矩器壳体或变矩器锁止活塞上粘有一种摩擦材料，用以防止离合器接合时打滑。

锁止离合器的接合和分离由变矩器中的液压油的流向改变来决定，其工作过程如下：

（1）锁止离合器分离状态

液力变矩器锁止离合器的分离状态，其实就是发动机至自动变速器之间是以液压方式连接为主的。在传统型电控自动变速器中只有最高档位才能实现发动机与自动变速器之间刚性连接，其他档位均为液力传动，同时液力与机械传动的改变是 ECU 通过指令一个开关电磁阀来完成的。而在新款车型上，变矩器锁止离合器的控制明显提前了（低速档也可实现刚性连接），同时为了保证液力传动与机械传动交替转换过程当中的平稳过渡性能在锁止离合器的控制形式也改变了，由原来的开关电磁阀控制油路变为可调节线性电磁阀控制油路，如图 1-2-17 所示，这样更进一步增加了使用自动变速器时的舒适性。

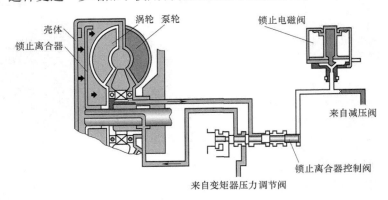

图 1-2-17　变矩器锁止离合器分离状态

根据图 1-2-17 不难看出，当液力变矩器锁止离合器处于分离状态时，变矩器工作油路的走向。由主油路过来的油液经过压力调节阀调节后经变矩器锁止离合器控制阀左侧进油道流入（该阀门右侧无控制压力，因此在左侧弹簧力的作用下保持在最右端，阀门右端的进油道由 ECU 通过指令锁止离合器电磁阀来进行调节控制，电磁阀处作用的是来自减压阀送过来的衡压，由于 ECU 没有控制电磁阀工作，来自减压阀的油压被电磁阀截止或释放掉，此时锁止离合器控制阀门不会动作），经自动变速器输入轴前端又经锁止离合器活塞的前端进入（相当于将锁止离合器活塞向后推开），经变矩器做功后从变矩器锁止离合器活塞后端流出去往散热器进行散热，此时的工作过程便是锁止离合器处于分离状态时的油路。

（2）锁止离合器接合状态

为了满足发动机输出功率尽可能不受损失，同时，为使自动变速器温度不再进一步升高，ECU 在满足锁止离合器接合条件时便向锁止离合器电磁阀发出工作指令，如图 1-2-18 所示。电磁阀工作后，逐渐将来自减压阀的衡压接通到锁止离合器控制阀没有弹簧侧（右侧），当阀芯右侧的减压压力大于左侧弹簧压力时，阀芯便克服弹簧压力向左侧移动，此时

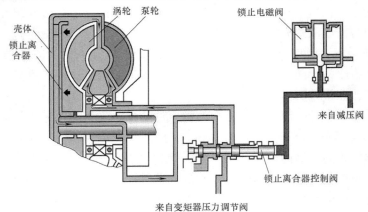

图 1-2-18　变矩器锁止离合器接合状态

变矩器的进油油道发生改变，同时锁止离合器活塞两端的压差也发生改变，来自液力变矩器压力调节阀的 ATF 不再从输入轴前端进入而是通过输入轴和导轮轴中间的油道进入，也就相当于从变矩器锁止离合器活塞的后端进入，从锁止离合器活塞前端流回。这样锁止离合器（活塞）压盘端面便紧紧地压在变矩器壳体端面上，锁止离合器压盘端面上的摩擦片便与变矩器壳体之间形成一个足以使泵轮与涡轮达到同步转速的摩擦力矩，此时变矩器泵轮与涡轮转速相等（无转速差），发动机输出功率 100% 地传递到自动变速器中，同时变速器工作温度也随之降低。

4. 液力变矩器常见故障

液力变矩器是连接发动机和自动变速器输入轴的重要元件之一，主要以"液压传递""机械传递"以及"半液压半机械"3 种方式来完成发动机动力的传输功能，特别是在"半液压半机械"状态时出现的故障比例较大。因此，当其发生故障时发动机和变速机构的性能都会受到严重的影响，所以理解和分析变矩器所引起的各种故障是我们学习和掌握自动变速器常见故障中的一项重要内容。

变矩器的作用及工作原理大家都已经有所了解，但是在维修中我们对它的使用寿命似乎不太关注，同时在判断其故障时往往都是靠无根据的怀疑，因为我们一般往往无法直观地观察到里面的好与坏。在早期的传统变速器中由于其控制方式（开关油路）及控制过程（只有一个最高档位具有锁止控制功能）的因素，在某些变速器的故障概率中变矩器的原因造成的故障还是远远要小于其他故障原因的，因此就会延长变矩器的使用寿命。在早期的维修过程中，大家对变矩器的检查或维修不怎么重视，认为只要解决其内部清洁问题就足够了，一般不会形成因变矩器问题导致的返修。

但是现在绝大部分变矩器的控制过程及控制类型改变了，低速档即可实现锁止控制而且还是靠占空比形式来控制的，这样在半锁止（半液压、半机械）过程中就有了一定程度的微量打滑时间，因此对变矩器的使用要求就更高了，在原材料耐磨程度和散热形式以及摩擦系数上有了较高的技术要求。现代新款乘用车对变矩器在锁止控制方面越来越讲究闭锁时的舒适性，因此就提高闭锁控制的频率，而舒适性能的改善只能以牺牲其使用寿命为代价。其实通过一些维修信息可知，德国采埃孚公司早在 1998 年的一次技术通报中就建议，车辆行驶 8 万 km 应更换 01V 的变矩器，随之数月后又建议改为 10 万 km 更换。当然在实际的维修中并没有这么过早地提前更换或修理，但大众奥迪 01V 型自动变速器的变矩器确确实实一般在 15 万 km 以后会出现不同程度的问题，有些车型因使用原因故障还会提前出现。这些原因导致了近几年维修或更换变矩器的数量逐年攀升，加之在国内对自动变速器的维护及材料的选用上没有形成规范化标准，也因此导致一些变矩器的使用寿命持续在下降，故障提前出现，这些问题不是出现在个别车型上，在其他车型也陆续出现。

近几年在维修自动变速器各种故障中发现变矩器故障而引发的各种各样的故障越来越明显，数量越来越多。越来越多的车辆造成自动变速器提前进入维修的一大部分原因都跟变矩器有关。同时在维修的统计数据上看，欧洲车型的变矩器故障率相对比美国和日本车型要高，比如大众、奥迪的 01M、01N 和 01V 等变速器。这主要跟车辆自重和发动机排量以及发动机与变速器的匹配等因素有关。所以当进行自动变速器大修时一定检查或修理变矩器，无修理条件的则需委托有能力维修变矩器的厂家进行修理，以提高维修质量。液力变矩器工作特性如图 1-2-19 所示。

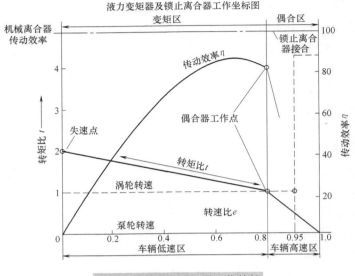

图 1-2-19　液力变矩器工作特性

　　占空比——在维修资料上关于电磁阀的说法有很多个版本，例如占空比、线性、赫尔式、比例阀、步进电动机等，工作原理是一样的。大部分控制油压为 0～35% 或 5%～50%，油压从 5%～50% 缓慢上升然后又缓慢下降。详细见配套课件内的电磁阀检测视频介绍。

　　重点提示：1992—2005 年还有部分自动变速器采用（老式）继动阀控制油路，自 2006 年后生产的自动变速器改为电磁阀控制锁止离合器接合与分离，电磁阀控制锁止离合器油路又分为开关和占空比两种，不再采用继动阀控制油路。

5. 液力变矩器的检修

（1）导轮单向离合器的故障诊断

　　汽车在低速行驶时的加速性能差，即汽车起步困难，没有爬行，同时低速加速无力。任何一款自动变速器在起步 1 档时都会有一个爬行过程，这是因为变矩器具有发动机增矩功能。当然遇到这种问题时，一定要看该变速器在起步时是否以 1 档行驶，同时还要检查发动机在车辆低速时的加速动力性能。这种情况极有可能是变矩器导轮单向离合器打滑造成的，对于一般未带有电子节气门的早期车型，可以通过作变速器的"失速试验"来验证变矩器导轮单向离合器是否存在打滑。损坏的导轮单向离合器如图 1-2-20 所示。

　　单向离合器如果在锁止方向上出现打滑，

图 1-2-20　损坏的导轮单向离合器

则使导轮变矩增矩作用消失,这样,会在汽车起步或低速时加速性能变坏,即在低速区域发动机发闷,车速迟钝。如果单向离合器卡住,在汽车进入耦合区,即涡轮转速接近泵轮转速,汽车进入中高速行驶时,由于导轮卡住不转,从涡轮流出的涡流在导轮上受阻,使汽车中、高速时动力性能变差。如果单向离合器在非锁止方向上出现半卡滞故障,则不仅影响发动机动力输出,而且会因半卡滞摩擦生热使变矩器油温升高。

另外,汽车中、高速加速无力,导轮单向离合器打滑的概率要少于卡死的概率。当导轮单向离合器卡死时,不会影响汽车的低速增矩功能,但会影响中、高速。中、高速行驶时,导轮外圈受紊流影响不能自由滑转,从而对泵轮又施加一个反作用液压力,最终影响发动机的加速。

判断单向离合器是否卡滞,在未剖开时还可以用以下方法检查:

1) 用手指沿单向离合器旋转方向旋转导轮花键应畅通无阻,反方向旋转应卡住,但本田自动档汽车的单向离合器与此相反。

2) 使用专用工具检查导轮单向离合器,如图 1-2-21 所示。

使单向离合器内座圈不动,在外座圈上施加可变转矩,在单向离合器旋转方向上的转矩应小于 2.5N·m,否则说明单向离合器有卡滞现象,应更换变矩器总成。

(2) 测量液力变矩器轴套的径向圆跳动

变矩器漏油是比较常见的问题,虽然此类问题看似简单但往往有些时候操作起来还是有一定难度的。在检查变速器漏油部位时发现,ATF 是从发动机和变速器连接部位漏出的,很多人在这种情况下就会直接更换变矩器油封。有些时候更换油封是能够解决问题的。但有些时候反复更换多个油封也不能解决漏油问题,那么就要检查变矩器轴外套(脖颈)是否有拉伤,油封的回油道是否堵塞,变矩器轴外套与油泵接合处的定位铜套或铝套是否有严重磨损现象,包括铜套或铝套松旷现象,同时最重要的还要检查变矩器与曲轴相连接的接合盘的摆动偏差是否过大超出差值。比较常见的有大众奥迪 01V 型变速器,当严重漏油时,油泵上的铜套会粘在变矩器脖颈上了,如图 1-2-22 所示,出现这种故障一定要查出其真正的原因。

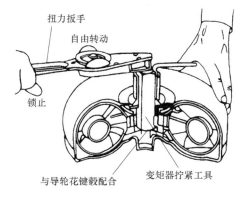

图 1-2-21 使用专用工具检查导轮单向离合器

图 1-2-22 油泵铜套粘在变矩器脖颈后导致严重漏油

将百分表架固定在发动机后壳体上,在液力变矩器所在位置做标记,暂时装到飞轮上,先测曲轴和变矩器的连接装置挠性板的端面圆跳动。如果挠性板的端面圆跳动大于 0.20mm,必须更换挠性板;如挠性板合格,将变矩器在挠性板上固定好,再检测变矩器驱动毂端面圆跳动。驱动毂端面圆跳动大于 0.30mm,必须更换变矩器。现在有许多维修厂家修理变矩器时，采用车床分解变矩器清洗或换件，部分厂家重新焊接时缺乏焊胎定位，导致驱动毂端面圆跳动过大，如图1-2-23所示。

（3）锁止离合器的故障诊断

锁止离合器发生故障时，会引起超速档时车速超速不明显，或锁止离合器振动、有噪声；锁止离合器打滑时，又易造成液力变矩器高温；液力变矩器锁止离合器锁止不分离，造成紧急制动时发动机熄火等故障。

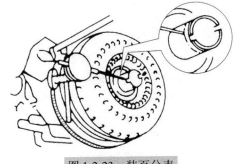

图1-2-23　装百分表

1）紧急制动发动机熄火故障的诊断方法。

① 汽车高速行驶，紧急制动时锁止离合器应分离，以使泵轮和涡轮脱离硬性连接，避免紧急制动时熄火，在全液压式自动变速器中，当紧急制动车速降低时，调速器油压的降低会使锁止离合器的继动阀动作，使锁止离合器解锁，若锁止继动阀或其控制油压等出问题，会使锁止离合器不能及时打开。对电控液压式自动变速器，在紧急制动时，与制动踏板连动的制动开关向电控系统提供制动信号，电控系统接到制动信号后便向锁止电磁阀发出指令，电磁阀的动作又驱动锁止阀动作，使锁止离合器解锁。

② 对电控液压自动变速器，检查时可将点火开关接通，当踩下制动踏板时，变速器壳体处应听到电磁阀"咔"的一声，如果听不到响声，应检查电路，电控系统及电磁阀是否损坏或卡住。

2）液力变矩器杂音（变矩器异响）诊断方法。

① 液力变矩器杂音可用踏下和放松制动踏板的办法判断，当轻踩制动踏板后，杂音立刻消失，放松踏板后，杂音又立刻出现，反复测试，现象依旧，则可断定锁止离合器有故障，造成杂音的原因有变矩器泄油，锁止压力不足，噪声是由打滑引起；锁止离合器锁止压盘与变矩器壳体因变形接触不良造成打滑，或变矩器壳体端面摆动或失去动平衡造成旋转时共振引起噪声，检查变矩器壳体是否偏摆时，可先将变速器拆下，然后将千分表架固定在发动机上，而表针指在变矩器壳体外端面上，转动变矩器壳体一周，观察千分表的摆动量，摆动量若大于0.20mm时，应更换新变矩器总成。

② 对电控锁止电磁阀控制锁止离合器的，若锁止电磁阀回位弹簧因使用时间过长而疲劳，也会因锁止油压不良而产生噪声。

③ 异响一定来源于发动机与变速器的连接部位。同时要分清响声是液体声音还是金属声音。如果响声是液体的声音，大多是由变矩器供油压力偏低造成的，比如美国道奇捷龙41TE自动变速器这种问题就比较多，一般情况下，通过改变变矩器供油控制滑阀弹簧硬度或更换液压控制阀体即可。如果是金属声音，它有两种可能：一是内部元件相互干涉引起，只能通过更换变矩器来解决此问题；二是在变矩器锁止离合器在实现刚性连接时发出的摩擦声音，这主要是锁止离合器摩擦片磨损所致，严重时摩擦片完全磨光，直接就是金属之间的摩擦，如图1-2-24所示。因此，当变矩器锁止离合器刚性连接时会发出响声。目前，如果这种情况不是很严重，可以到专业自动变速器维修厂作变矩器的翻新即可。严重时只能更换变矩器总成，但同时要找到损坏变矩器的真正原因。

3）锁止离合器是否工作的判断。

① 锁止离合器出现故障，不仅会产生噪声，而且会影响锁止离合器的锁止和解锁，若

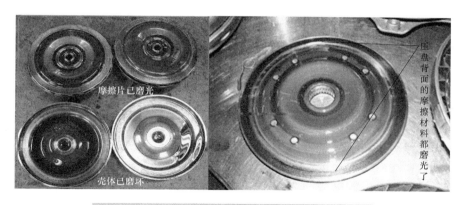

图 1-2-24 变矩器锁止离合器摩擦片磨光后带来异响

判断闭锁离合器是否解锁时，可将车速稳定在 80km/h，在保持车速稳定的同时，轻踩制动踏板，使踏板臂和制动开关刚刚脱离接触，此时应解除锁止，即发动机转速和进气管真空度都有所增加，如果无任何变化，则锁止离合器没有正常工作，可能根本就没锁止，也可能根本就不解除锁止。

② 若汽车保持稳定的 80km/h 车速，突然紧急制动，发动机熄火，说明锁止离合器不能解除锁止。

③ 换档品质故障与变矩器锁止控制故障的关系。目前在一些新型变速器中，变矩器锁止离合器的故障比例是比较高的，同时会影响换档品质。诸如类似发动机断油或断火以及耸车现象的出现，更多来源于变矩器锁止控制方面的半液压半机械控制阶段即半锁止状态。例如大众奥迪 01V 型变速器，在轻踩加速踏板驾驶车辆负载较大时，这种现象最为明显，这就需要通过更换全新变矩器来解决。但最主要是遇到此类故障时如何进行科学的故障诊断。此类故障在诊断中一定要通过观察变矩器锁止离合器工作时的动态数据来锁定故障点，因为发动机转速是泵轮转速而输入轴转速则是涡轮转速，这样，当锁止离合器工作后（锁止离合器完全锁死）可以精确地读到它们之间的转速差即锁止滑移率，如图 1-2-25 所示。在该数据中有变速器油温度信息（如锁止离合器工作良好，则工作温度会在正常范围内）、锁止离合器电磁阀的工作电流（ECU 对执行器的指令）、变矩器的工作状态（液压、半液压半机械、机械连接）及锁止滑差转速（利用发动机转速减去输入轴转速的结果），通过电流的变化来观察锁止滑差转速的变化，最后确定故障原因。如有变矩器锁止离合器压力检测孔的，可以借助压力测试功能来确定故障原因。

Read measured value block			007
85℃	0.736A	CLOSED	0r/min

图 1-2-25 变矩器锁止离合器工作动态数据

4）换档熄火或紧急制动熄火。我们知道变矩器具有自动离合器的功能也就是软连接功能，因此在换档或紧急制动时发动机是不应出现熄火现象的，这种故障现象在大众 01M/01N 变速器表现尤为明显（其实是液压锁止阀导致的）。当然这种故障不能排除发动机问题，所以在正常情况下（除发动机问题外）如果发动机与自动变速器之间实现的是液体连接，发动机就不会熄火，因此只有变矩器锁止离合器在接合时（机械连接）才会有此结果。一旦出现这种问题，首先要检查变矩器锁止离合器控制系统，包括 ECU 指令、线路、TCC 锁止控制电磁阀、液压控制阀体、液压锁止控制油路，最后再考虑变矩器锁止离合器是否不能分离。

42　汽车自动变速器原理与检修

5）汽车在行驶中突然没有任何动力档。一些1993—1997年的三菱太空车系和韩国现代车系，使用的自动变速器型号分别是F4A232或KM175系列等。使用这些型号变速器的车辆，通常会出现在行驶过程中停车后再次起步时发现没有任何动力档（D、R位）的现象。当车辆牵引至修理厂进行检修时发现，油面高度和油质正常、油压正常，而且分解变速器后所有机械元件良好。这是变矩器涡轮轴花键磨损所致，如图1-2-26所示，更换变矩器或重新修复即可解决问题。

图1-2-26　磨光的变矩器涡轮花键

6）其他人为故障。在日常维修中，经常会出现一些人为因素的故障，比如说大众奥迪的01V型液力变矩器固定螺栓在拆卸时有一定的难度（原因是螺栓结构及专用工具使用情况），在拆卸过程中易导致螺栓损坏。当再次安装时替换的螺栓与原来的长度不同，由于螺栓太长将变矩器壳体端面向内顶出一个高的凸点，最终导致锁止离合器在工作中影响换档品质，如图1-2-27所示。还有在维修时由于没有专用变矩器清洗设备，在清洗过程中选用了错误的清洗剂，结果导致锁止离合器上的摩擦片脱落，最终影响变矩器锁止离合器正常工作，如图1-2-28所示。

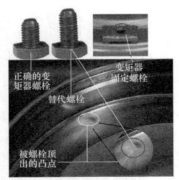

图1-2-27　错用变矩器螺栓带来的结果

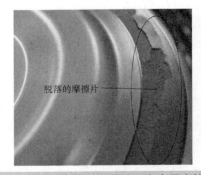

图1-2-28　脱落的变矩器锁止离合器摩擦片

（4）液力变矩器解剖大修

液力变矩器解剖大修需要专用设备，即液力变矩器翻新机（又叫大力鼓翻新机）。下面对液力变矩器解剖大修作一些简单介绍，见表1-2-10。

表1-2-10　液力变矩器解剖大修

序号	说　明	实物示范
1	右图是剖、压、焊、装一体机。先将液力变矩器安装在机器上，并用百分表调校好中心定位。在外壳上、下盖处打上标记。从外壳中间焊缝处用车刀切成两半，注意切刀宽度3mm左右，刀刃两边各留0.10mm退刀余量。转速不要太快，要用手动进刀，自动走刀（危险）这种机加工（安全技术）只有通过专业培训人员才能进行	将液力变矩器安装在机器上

(续)

序号	说　明	实物示范
2	将切开后的液力变矩器放到工作台上，仔细检查每一个零件，将损坏的零件做好记录，重点要检查锁止离合器摩擦衬片、轴承、轴承滚道、单向离合器等 正常间隙：轴承之间的配合间隙，装合后为0.2~0.4mm。泵轮与涡轮叶片之间，装合后为3~4mm间隙	将切开后的液力变矩器放到工作台上仔细检查每一个零件
3	如果发现锁止离合器摩擦衬片有磨损、烧蚀、脱落等现象，必须重新换新片热焊压（新摩擦衬片上涂有胶，必须将底板处理干净才能热焊压）	这是新压盘衬片　这是旧压盘烧蚀衬片
4	宝马有几款液力变矩器需要将中间的台阶切开才能更换摩擦衬片。 重新固定涡轮上的叶片。早期车辆的液力变矩器泵轮及涡轮叶片也容易松动（叶片是铆压上的）继而出现"异响"。主要原因可能是在过去排量较大的车型中其增矩效果非常好，当车辆陷在泥泞路面中时驾驶人会强行加速（由于泵轮与涡轮转速差较大，此时变矩器输出转矩较大），导致泵轮或涡轮叶片松动。还有就是当车辆出现故障时，修理人员在判断故障时往往用做"失速试验"的方法来判断故障所在，频繁地操作此项试验时，由于涡轮不转，泵轮又达到最高转速，同时发动机达到最大的输出转矩，因此很容易导致涡轮叶片的松动。在这种情况下，不必更换变矩器总成，完全可以切开重新修复即可	将中间的台阶重新切开调整后再焊接 固定泵轮叶片

(续)

序号	说 明	实物示范
5	更换变矩器驱动油泵的脖颈。变矩器驱动油泵的脖颈通常容易磨损或出现拉痕而导致变速器前油封处漏油。如果只是简单的漏油而其内部元件并没有任何问题的情况，更换变矩器总成不划算，此时可以通过专用设备来更换新的变矩器脖颈	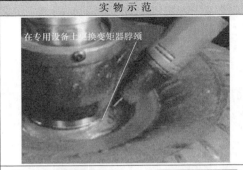 在专用设备上更换变矩器脖颈
6	组装摩擦衬片之前，先用专用工具将弹簧压平，再用扭力扳手检查扭转减振器预紧角度符合要求，开始在中间台阶上3个点定位焊固定，然后松开专用工具焊一圈 更换推力轴承或导轮单向离合器 在维修变矩器过程中，其内部推力轴承的损坏也很常见，一般情况下出现这种问题时，变矩器首先表现出的就是"异响"，因为一旦这些轴承损坏会形成内部元件的运动干涉，继而会出现"异响"等故障。还有就是导轮单向离合器的故障。通常情况下，导轮单向离合器容易卡死，但不容易出现打滑，当变速器内部机械元件磨损下来的金属屑经ATF流到导轮上时就很容易使导轮单向离合器卡死，既不能顺转又不能逆转，此时不会影响低速的增矩功能，但会影响汽车的中、高速行驶，因为汽车在中、高速行驶时，变矩器内泵轮与涡轮速度逐渐拉近。根据其工作原理可知，此时变矩器将失去增矩功能（导轮单向离合器开始滑转），相当于偶合器功能，但如果导轮单向离合器卡死不能滑转，导轮则又把涡轮回来的液流施加在泵轮叶片的正方向，阻碍了泵轮的旋转，又相当于阻碍了发动机旋转，因此出现这类故障时，其故障现象表现为车辆在中、高速行驶时会出现加速无力的现象	 用扭力扳手检查扭转减振器预紧  更换导轮及推力轴承等部件
7	更换锁止离合器活塞上的密封圈和油封。切开变矩器则必须更换变矩器锁止离合器中的密封圈和油封，无论摩擦片是否烧损都要更换。变矩器内部的油封及密封圈是变速器内部质量最可靠，耐高温程度最高的密封元件，如果其密封性能下降就会直接导致变矩器在机械传递过程当中出现较大的滑移，从而导致其烧损	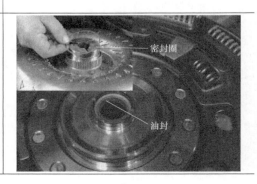 密封圈 油封

序号	说　明	实物示范
8	将所有零件清洗干净，组装、调整。找到原先在外壳上、下盖上打的标记，对齐标记，先在切口上6个点定位焊固定，然后焊一圈，焊接过程都是机器自动进行，当然焊枪和焊丝的角度、与焊缝的距离要正确，否则会形成蜂窝，漏油、破坏动平衡	用焊枪将切口重新缝合

（5）液力变矩器安装到变速器上

案例链接（五）自动变速器前部漏油

[**车型**] 日产 Q45，发动机 V84.5/4.1L 搭载 RE4R01A/JR404E 型变速器。

[**故障现象**] 据驾驶人介绍，这辆车的变速器前部漏油，换过几次油封，但行驶不久又漏油了。举升检查，发现漏油比较严重，而且都是变速器油。

[**诊断与排除**] 拆下变速器检查，油封无明显损坏。换一个新油封装回，该车出厂两天后，又因变速器漏油回厂返修。

拆下变速器后检查，油封完好，但发现变矩器后端与油封接触的轴颈磨损不均匀（一侧磨痕迹较宽）。于是怀疑是与轴颈偏摆有关，使用千分表接触轴颈部位检查，偏摆量达到0.55mm，超过了允许最大值（0.30mm）。

于是采取在变矩器与飞轮接合的螺孔间增减垫片（薄铜皮）的方法，调整轴颈的偏摆量，最后达到只有0.20mm的偏摆量，然后记好垫片的位置和数量。安装好后，解决了漏油问题，故障排除。

案例链接（六）卡罗拉 2ZR-FE 更换变速器后发动机曲轴不能转动

[**车型**] 丰田卡罗拉，装用 U340E 型自动变速器。

[**故障现象**] 更换自动变速器后，发动机曲轴不能转动。

[**诊断与排除**] 该车为某修理厂接修车辆，故障是自动变速器损坏。该厂过去没修过自动变速器，解体后零件弄乱，安装不上。于是将变速器单独送他厂修理。第二家修理厂将变速器修好后，将变速器装到车上。几天后这辆车的发动机曲轴不能转动，遂将整车拖入第二家修理厂检修。驾驶人反映，先是发动机无力，变速器温度太高，最后因发动机曲轴被卡住而不能转动。

先在曲轴前部转动曲轴，根本无法转动。决定拆下变速器，进一步检查发动机和变速器。拆下变速器后，发动机能转动了。再仔细检查变速器，油泵壳体已过热变色。解体变速器，油泵外壳胶圈因过热而与壳体胶合在一起，以至于拆出油泵非常困难。再解体检查油泵，内齿轮与泵壳已烧结在一起无法拆开，变速器壳体也变形。

原因是，原修理厂将变速器往车上安装时（应该先将变矩器拆下，将变矩器的轴套上的两缺口与油泵内齿轮的两个凸键对好，将变矩器安装到位后再与变速器一起装上飞轮壳，最后再将变矩器与发动机飞轮紧固在一起），未将变矩器轴套的两个缺口与油泵内齿轮的凸键对好，这样就造成变速器外壳不能与发动机飞轮壳对合，造成变矩器与油泵之间产生巨大压力，而使油泵齿轮与油泵壳烧在一起。因变速器外壳已变形，只好更换一台新变速器总成。正确安装好后试车，故障排除。

1) 在安装液力变矩器之前，将清洁的 ATF 倒进液力变矩器内，油量在 1/2 左右，目的是试车时防止油底壳内无油而烧坏变速器内部元件，如图 1-2-29 所示。

检修液力变矩器注意事项：

只要拆下自动变速器，油就会从液力变矩器内跑出来！若因变速器离合器或制动器片磨损而需更换或检修变速器时，应特别注意变矩器内残留杂质。若不清洗干净，总装后杂质从变矩器内流出后有可能堵塞滤网，造成变速器再次损坏。为此应注意对旧变矩器的清洗，为清洗彻底，应在对称方向上钻两个直径为 8mm 的孔，用清洗剂彻底冲出内部杂质，然后再用两块铁皮焊封，但千万注意变矩器的动平衡，尽量不要破坏原有的动平衡。

图 1-2-29　向液力变矩器内倒油

2) 用卡尺和直尺测量从液力变矩器的安装面到变速器前表面的距离。以雷克萨斯搭载的 A340E 和 760/761E 自动变速器为例，其安装距离如下：

① 雷克萨斯 ES300 为 13.7mm。
② 雷克萨斯 GS300 为 0.1mm。
③ 雷克萨斯 SC300 为 26.4mm。
④ 雷克萨斯 SC400 为 17.1mm。

还有一种安装方法更快捷简单，雷克萨斯自动变速器出厂时自带的安装板，安装到位后，检查 4 个点无间隙，如图 1-2-30 所示。拆卸变矩器时，最好打上装配相互位置记号，装复时按原位装回，以免影响动平衡。

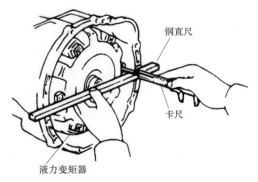

a) 检查安装尺寸

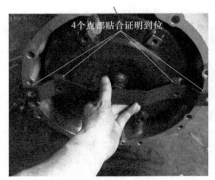

b) 检查 4 个点贴合

图 1-2-30　检查安装尺寸和 4 个点

更换新液力变矩器时,其型号一定要相同。将变速器总成与变矩器组合时,要注意油泵驱动轴与油泵主动轮之间的配合键槽应确实对齐、插好,否则在紧固固定螺栓时,势必造成变矩器或油泵的损坏。

五、离合器、制动器、单向离合器检修

1. 离合器结构与检修

（1）离合器的结构

在自动变速器内安装有多片湿式离合器,其结构如图1-2-31所示。

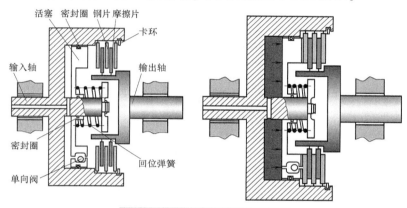

图1-2-31 离合器结构图

从图1-2-31可知,多片湿式离合器由离合器壳、离合器毂及与毂鼓键配合的钢片、摩擦片、离合器液压活塞、液压活塞的回位弹簧等组成。离合器摩擦片两面涂有摩擦材料,摩擦片的内花键与离合器毂的外花键槽键配合,摩擦片可在毂的键槽内轴向移动,但不能相对转动。离合器钢片外圆上的键与离合器壳上的键槽键配合,钢片在壳上可轴向移动,但不能相对运动。

离合器的钢片与摩擦片相间排列,钢片与摩擦片的接合或分离,完全受离合器的液压活塞控制。离合器液压活塞装在离合器鼓内,由橡胶密封圈将液压油密封在离合器壳的腔内。

（2）离合器的工作原理

1）离合器接合。当控制油液流至活塞缸时,推动单向阀钢球,使其关闭单向阀。活塞克服回位弹簧力的作用将摩擦片与钢片压紧,产生摩擦力,动力从输入轴传递到输出轴。

2）离合器分离。当控制油压减小时,活塞缸内的液压就下降,使单向阀钢球在离心力的作用下离开阀座,活塞缸外缘的油液经单向阀流出。这样,由于回位弹簧的作用,活塞返回到原来的位置,离合器分离。离合器的接合与分离如图1-2-32所示。离合器分离单向阀的动作如图1-2-33所示。

综上可知,多片湿式离合器的作用是起将变速器内的两个元件连接起来,它可以把转矩由一个元件传递给另一个元件,也可以使行星齿轮机构的三元件进行不同的组合,即将行星齿轮机构中的某两个元件连接或脱开连结。

离合器活塞的回位弹簧有4种不同的形式,即圆周均布螺旋弹簧、中央螺旋弹簧、波形弹簧和膜片弹簧,示意图如图1-2-34所示,其中螺旋弹簧应用较多。

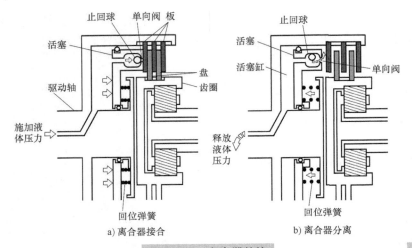

图 1-2-32　离合器的接合与分离

图 1-2-33　离合器分离单向阀的动作

有些离合器或制动器的液压缸内装有内外两个活塞,即内活塞和外活塞。两个活塞可对同一个离合器或制动器加压,但两个活塞腔互不相通,分别与各自的油道相通。因此两活塞可以分别动作,也可以同时动作。带有两个活塞的制动器或离合器,工作示意如图 1-2-32 所示。图 1-2-35a 是液压油作用在内活塞,由于内活塞与液压油接触面积较大,因此传递的转矩较大。当液压油作用在外活塞上时,如图 1-2-35b 所示,活塞与液压油接触面积较小,传递的转矩较小。在内活塞工作后,外活塞再工作,如图 1-2-35c 所示。传递的转矩继续增大,这样可减轻离合器或制动器接合时的冲击,使换档柔和。

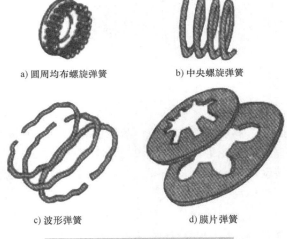

图 1-2-34　离合器回位弹簧示意图

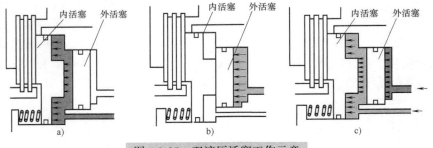

图 1-2-35　双液压活塞工作示意

(3) 离合器检修

离合器常易出现的故障有摩擦片烧蚀或磨损严重,液压活塞密封泄漏。离合器片可通过观察检查摩擦片的摩擦材料是否有烧焦或剥落，如有应更换。检查离合器片是否磨损严重，检查时可测量装配后的总自由间隙，各型自动变速器因摩擦片的数量不同，因此总自由间隙也不相同，一般应留有 0.3~0.5mm 的自由间隙。离合器装配卡簧后的总间隙可用塞尺检测，如不符合标准，有的用压盘调换，有的用卡环调整如图 1-2-36 所示。

检修时，还应细心检查液压活塞及活塞缸壁的表面是否有划伤和拉毛，如有应小心修复或更换，检查液压活塞上的密封胶圈是否老化变形或拉伤，如有应更换。

检查离合器回位弹簧是否有变形、扭曲、弹力是否减弱。

离合器摩擦片在装配前，新片应在变速器油内浸泡 2h 以上，旧片应使其浸泡 30min，使其充分膨胀和含油。

图 1-2-36　检查离合器总间隙

2. 制动器检修

制动器是将变速器中行星排中的太阳轮、行星架或齿圈三者之一制动、以便和离合器或单向离合器配合，完成行星齿轮机构中不同元件的连接，制动组合，实现变速器不同档位的输出。目前常用的制动器有多片湿式制动器和带式制动器。多片湿式制动器的结构与离合器的结构基本相同，但它与离合器不同点是制动器的鼓是变速器的壳体，因此它不是把两个元件联结起来使两个元件一起旋转，而是把某一元件制动在变速器的壳体上。除此之外，其构造、组装及检修均与离合器相同，这里不再重复讲述。

（1）多片湿式制动器的检修

多片湿式制动器的构造与多片湿式离合器的构造完全相同，如图 1-2-37 所示，只不过制动器的鼓与变速器的壳体相连。因此其检修与离合器相同，这里不再重复讲述。

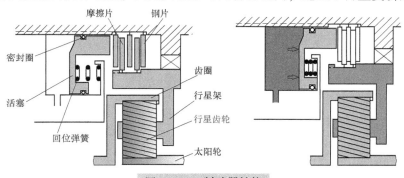

图 1-2-37　制动器结构

1）制动器制动。当活塞受到控制油压的作用时，活塞在活塞缸内运动，使摩擦片与钢片相互接触，结果在每个摩擦片与钢片之间产生很大的摩擦力，使行星齿轮机构某一元件或单向离合器锁定在变速器壳体上。

2）制动器解除。当控制油压降低时，由于回位弹簧的作用，活塞回至原位，使制动解除。

（2）带式制动器

1）带式制动器的结构。许多自动变速器内除安装多片湿式离合器外，还装有带式制动器，带式制动器结构如图 1-2-38 所示。

带式制动器由制动鼓、制动带和伺服缸等组成。伺服缸内装有液压活塞，密封圈、回位弹簧和推杆等。

2）带式制动器的工作原理。

① 制动时。当控制油压加在活塞上时，活塞向左移，压缩回位弹簧，推杆推动制动带的一端，由于制动带的另一端固定在变速器壳体上，制动带直径变小，箍紧在转鼓上，在制动带与转鼓之间产生很大的摩擦力，使转鼓无法转动。

② 解除制动时。当活塞缸中没有控制油压时，活塞和推杆在回位弹簧的作用下被推回，制动带松开，转鼓解除制动。

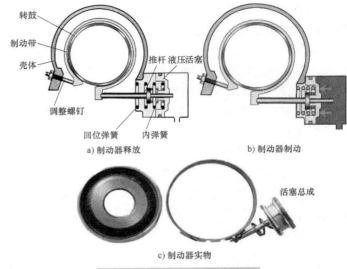

图1-2-38　带式制动器结构

注意：

更换新制动带时，要先将新制动带在自动变速器油中浸泡1h以上。

③ 内弹簧的功能。一个是吸收转鼓的反作用力；另一个是减少制动带箍紧转鼓时所产生的振动。

3）带式制动器的检修。

① 外观检查。检查制动带摩擦片表面是否有剥落、烧蚀等缺陷，检查制动带磨损是否均匀，检查摩擦材料上印刷的数字是否磨掉，如有上述现象之一，应更换制动带。

② 检查制动带摩擦表面含油能力。擦净制动带摩擦片上的油，然后用手指轻压制动带摩擦面，应有油渗出。如轻压后无油汪出，说明制动带摩擦表面含油能力下降，应更换，否则易烧蚀和造成制动鼓干磨。拆检修理带式制动器时，不要将制动带随意展平或叠压，以免造成摩擦表面的裂纹剥落等，不要将制动带随意弯曲或扭转，以免造成制动带变形，安装时不能复位，使配合间隙发生变化，造成制动器工作不良。

③ 制动鼓的检查。检查制动鼓表面是否磨损严重，是否有烧蚀，如磨损严重或有烧蚀，应更换制动鼓。

④ 安装制动带时，一定要检查自由间隙。间隙过小会造成换档冲击及摩擦片和制动鼓之间分离不彻底，间隙过大易造成制动带打滑，因此间隙调整在检修制动器重新安装时是十分必要的，调整时可将调整螺钉松开，先使制动带完全抱死，然后将调整螺钉退回1.5～2.5圈锁死。对倒档的制动带，因油压较高，制动带与制动鼓的间隙应稍大些，一般是拧紧后将调整螺钉退回5圈锁死。

⑤ 带式制动器组装后检查。可用400～800kPa的气压向伺服缸内施压，此时制动带应抱紧制动鼓。

3. 单向离合器的结构、原理

为实现自动变速器的自动升降档和改善自动变速器的换档质量及延长自动变速器的使用寿命，自动变速器内安装有单向离合器。目前，自动变速器内安装的单向离合器常见有楔块式和滚柱式。

（1）楔块式单向离合器

楔块式单向离合器是在内环与外环间夹着一个形状不规则的楔块，如图 1-2-39 所示。单向离合器的内外环间距为 l，不规则的楔块的最小跨度为 l_1，l_1 小于内外环的间距 l，楔块的最大跨度为 l_2，l_2 大于内外环的间距，因此，当内外环相对转动时，若使楔块卧倒，则其最小距离 l_1 小于内外环的间距 l，因此楔块不干涉内外环的相对运动，如图 1-2-39a 所示。当外环顺时针转动时，外环和内环的相对运动使楔块卧倒，因此楔块不干涉外环的顺时针旋转。若内外环之间的相对运动使楔块立起，则楔块的跨度 l_2 大于内外环之间的间距，因此楔块被挤在内外环间，如图 1-2-39b 所示。此时因外环逆时针旋转，内外环的相对运动使楔块立起，对内外环的相对运动便产生干涉。可见这种装置只允许内环或外环单方向旋转，否则楔块便把内外环锁成一体。

（2）滚柱式单向离合器

滚柱式单向离合器是在单向离合器的内环外环之间夹有滚柱，但内外环间所形成的安装滚柱的空间是一个楔形，如图 1-2-40 所示。在内外环无相对运动时，滚子被弹簧推至楔形空间的最大处，当内外环产生相对运动时，若内外环相对运动时的摩擦力使滚柱压缩弹簧滚至楔形空间的宽敞处，滚柱不对内外环的相对运动产生干涉，内环或外环可以自由相对运动，但如果内外环相对运动对滚柱产生的摩擦力使滚柱压缩弹簧滚至楔形空间的狭窄处，滚柱便被挤住而对内外环的相对运动产生干涉，可见，这种结构起到了单向离合的作用。

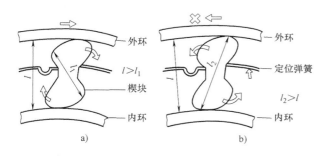

图 1-2-39 楔块式单向离合器结构示意图

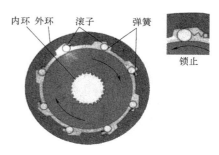

图 1-2-40 滚柱式单向离合器

综 合 练 习

综合练习一

（一）填空题

1. 自动变速器的汽车，上下陡坡时应用_____档。
2. 自动变速器的汽车，上下较长缓坡时应用_____档。
3. 在 P、R、N、D、2、L 位中，可以起动发动机的是_____。

（二）问答题

1. 自动变速器有什么优点？
2. 自动变速器由哪些部分组成？
3. 自动变速器的组成部分各起什么作用？

4. 变速杆各位置提供的功能有什么不同？
5. ZF6HP26、6L45E、A341E、U760E 的含义是什么？
6. 自动变速器与手动变速器比较，哪一种更有发展前途？
7. 接待客户时，怎样以最快的速度掌握自动变速器的相关信息并与客户交流？

重点提示：

1) 只有变速杆置于 P 位、N 位时，方可起动发动机，在点火开关打开状态下，若想移出这两个档位，必须先踩下制动踏板，同时按下变速杆手柄按钮，才可将变速杆移入其他档位。

2) P 位可作为驻车制动的辅助制动器有利于坡度停车，但不可替代驻车制动器。

3) 车辆被牵引时变速杆须置于 N 位，牵引时车速不可超过 50km/h，牵引距离也不能超过 50km，若需牵引更长的距离，需将驱动轮升离地面。

4) 若自动变速器的控制单元因电气故障而导致其进入应急状态，此时只有 3、1、R 位可以工作，不要认为尚有档位可用，就不去修理，应及时查明故障并排除，否则会损坏自动变速器内的多片离合器，有造成自动变速器报废的危险。

5) 自动变速器车无法用牵引或推车起动的方法起动发动机，因为 ATF 油泵不工作，自动变速器无法建立起正常的工作油压。

6) 在寒冷的冬季，行车前先起动发动机预热 1min 后再换档行驶。当发动机冷却液温度低于 50℃，自动变速器油温低于 60℃ 时，变速器 ECU 自动限制进入超速档行驶（这并不是故障），当这两项温度恢复正常后汽车自动恢复有超速档，如习题图 1-1 所示。

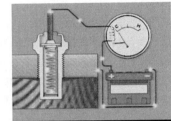

a) 发动机冷却液温度传感器

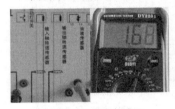

b) 自动变速器油温传感器

习题图 1-1 发动机冷却液温度传感器和自动变速器油温传感器

综合练习二

（一）填空题

1. 液力变矩器有"三轮二器"，"三轮"是_____、_____和_____；"二器"是指_____和_____。

2. 液力变矩器"三轮"中，主动轮是_____，从动轮是_____。

3. 液力变矩器中单向离合器的作用是单向固定_____轮。

4. 液力变矩器中，液体由泵轮到涡轮再到导轮，然后回到泵轮的循环叫_____；沿液力变矩器旋转方向的液流叫_____。

5. 锁止离合器接合一般在_____档以上，车速在_____km/h。

6. 紧急制动时，锁止离合器不能解锁，会造成发动机_____。

7. 涡轮不动，泵轮的最高转速叫_____，此转速低于标准值，可能的原因是_____打滑。

8. 变矩器内单向离合器_____会造成汽车低速时加速不良，单向离合器

_____会造成汽车中、高速时加速不良。

（二）选择题

1. 下列不属于液力变矩器内的是（　　）。
   A. 泵轮和导轮　　　B. 锁止离合器和单向离合器
   C. 涡轮和导轮　　　D. 接合套和制动器
2. 锁止离合器是把（　　）连起来。
   A. 泵轮和导轮　　B. 涡轮和泵轮　　　C. 导轮和涡轮　　　D. 导轮与壳体
3. 下列说法正确的是（　　）。
   A. 锁止离合器磨损与油的质量无关
   B. 锁止离合器磨损，试车，60～80km/h，轻踩加速踏板车有窜动感，深踩加速踏板不窜动，松开加速踏板再踩，窜动明显
   C. 只有锁止离合器锁止，才有发动机制动效果
   D. 锁止离合器就是单向离合器

（三）问答题

1. 变矩器最主要的功能是什么？
2. 如何判断锁止离合器进入锁止状态？
3. 液力变矩器中单向离合器打滑，为什么会造成汽车起步困难和低速加速不良？
4. 为什么装有自动变速器的车辆制动换入前进档时发动机不会熄火？
5. 综合式变矩器由哪些元件组成？各元件的作用是什么？
6. 变矩器转矩放大功能如何实现？增矩效果与哪些因素有关？
7. 为什么要在自动变速器变矩器中加装 TCC 控制？
8. 如何利用诊断仪器检测变矩器锁止功能的好与坏？

综合练习三

（一）填空题

1. 离合器的作用是_____，制动器的作用是_____，单向离合器的作用是_____。
2. 制动器分为_____和_____。
3. 离合器的工作原理为离合器_____接合，离合器_____分离。

（二）问答题

1. 新摩擦片为什么要浸泡以后才能安装？
2. 离合器摩擦片间隙过小会产生什么问题？
3. 如何检查制动带摩擦表面含油能力？
4. 离合器中单向阀有什么作用？

（三）实物演示

1. 根据各档位对单向离合器的要求进行内、外圈受力分析。
2. 根据提供的单向离合器实物判断安装方向。

项目二
辛普森及辛普森改进型自动变速器检修

案例链接（一） 某自动变速器专修厂大工走过的弯路

[经过] 2014 年 3 月某天，笔者朋友的雷克萨斯 RX270 自动变速器故障灯亮，换档冲击（进入保护状态，能行驶）。于是，行驶到广州某自动变速器专修厂修理，故障码检测结果如图 2-0-1 所示。

DTC No.	检测项目	U760E	U151E
P2714	压力控制电磁阀"D"性能(换档电磁阀 SLT)	O	←
P2716	压力控制电磁阀"D"电路 (换档电磁阀 SLT)	O	←
P2757	变矩器 离合器压力控制电磁阀性能(换档电磁阀 SLU)	×	←
P2759	变矩器 离合器压力控制电磁阀控制电路 (换档电磁阀 SLU)	×	←
P2769	变矩器离合器电磁阀电路短路 (换档电磁阀 SL)	O	←
P2770	变矩器离合器电磁阀电路断路 (换档电磁阀 SL)	O	←
P2808	压力控制电磁阀"G"性能 (换档电磁阀 SL4)	×	←
P2810	压力控制电磁阀"G"电路 (换档电磁阀 SL4)	×	←
U0100	和 ECM 失去通信/ PCM "A"	×	←

图 2-0-1 故障码检测结果

当天上午某大工师傅（简称大工）接待并负责维修此车，很快自动变速器从车上拆下，并查得型号为 U760E（清洁解体过程省略，解体后机械部分并未发现烧坏、严重磨损等现象）。

[反思] 在制定维修方案时，笔者问大工："U760E 是几档变速器？"回答："是 6 个前进档，1 个倒档"。回答正确。再问："你看这些执行元件（指几组离合器和制动器）哪些管 1、2、3 档，哪些又管几档呢？"。大工此时低下了头一声不吭。接下来笔者把传动零件按"一字长蛇阵"摆开，给大工上了生动的自动变速器档位分析课，见表 2-0-1。

表 2-0-1 自动变速器档位分析一览表

过程内容	图例
雷克萨斯、汉兰达、凯美瑞等车型搭载 U760E 为前驱动紧凑轻质和高性能 6 档超级电控变速器（ECT）	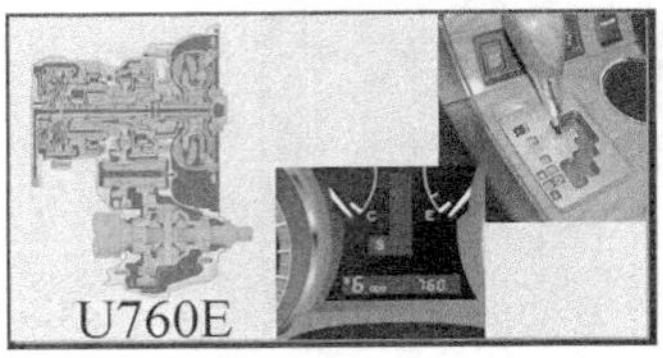 U760E

(续)

过程内容	图　例
识别码信息变速器号码被印制在如右图所示的变速器壳体上	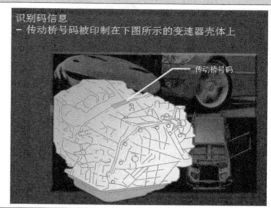
画图前把 U760E 实物拆开后的传动零件按顺序，从左到右分传动、离合器、制动器在工作台上按"一字长蛇阵"摆开	
用一张白纸、一支铅笔、一个小三角尺现场画图。可以看出画面很脏，那是由于零件上有很多油渍积炭，为了了解结构需要经常一边翻动零件看一边在纸面上去画，虽然手上也有一块抹布，但很难避免在纸留下这些"五彩斑斓"的印迹。现场画图在第一次接触新变速器时特别有效，留下记录以备下次再用。如果是有现成的传动图就不用做这件事情了。多年的自动变速器修理经验表明，同一个型号也会出现不同版本，看不懂和误导的情况也时有发生，关键单向离合器的内、外座圈的受力方向、轴与套筒之间相互穿插的连接关系稍不注意就会搞错！总之，画一遍传动图顶你看十遍书！你只要肯下决心去练习，会收到事半功倍的效果。关于画图的技巧，在后面雷克萨斯搭载的 A341E 里还会讨论	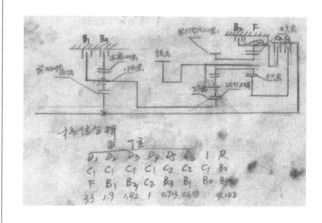
变速器控制系统多模式自动变速器当选择了 S 位，默认档域是 S4 或 S5（由车速决定）。当在"＋"位置保持变速杆 1s 或以上时，那么档域直接升至 S6	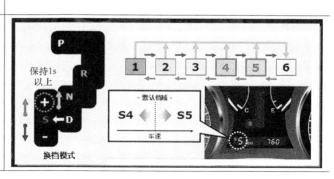

(续)

过程内容	图例
变速器控制系统直接降档控制。当迅速踩下加速踏板，此控制跳跃不必要的档位以提高换档响应	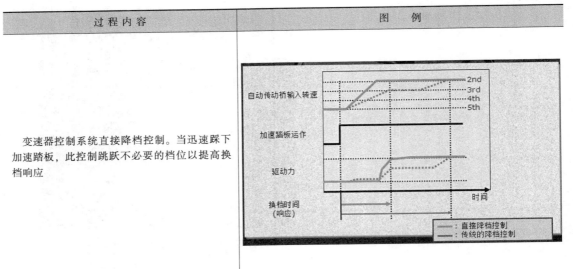

U760E——复合式自动变速器，由3个行星排组成，前面是一个单行星排，后面一个拉维娜式（实际为两个行星排），实现6个前进档和1个倒档。

A341E——1998—2005年间的典型辛普森式自动变速器。3个行星齿轮排只能实现4个前进档和1个倒档，市场上基本淘汰。那为什么在前面案例是用U760E而在后面画图技巧却以A341E来举例呢？因为辛普森式行星齿轮变速机构是所有行星齿轮变速机构的"鼻祖"，其中包括辛普森式。随着科技进步，后来又诞生了辛普森改进型、拉维娜式和复合式，也是行星齿轮变速机构档位分析的入门和基础，所以从辛普森式这里开始学习会感到比较容易切入。另一个原因是近年来高级工、技师、高级技师的考核内容有辛普森式自动变速器故障等。

[案例小结] 看来大工低头不语是事出有因，其实大工做自动变速器修理已有8年，但多年来，一直是"跟着感觉走"。如手上有维修资料还好办，如没有维修资料就只能做大量的无用功了。抬上抬下、拆开装合、不行再抬上抬下、拆开看看又装合，多次返工无效果。运气好时，故障排除了，但不知是怎样弄好的；运气不好时……那么，怎样才能做到把返工率控制在最低或不返工呢？请看下例。

案例链接（二）雷克萨斯1档不能起步

雷克萨斯搭载 A341E 自动变速器在1档不能起步，连接解码器检查车辆已进入2档保护状态，经过自动变速器的检测，发现是离合器传动毂烧坏，造成在1档时无法起步。将变速器解体后，更换离合器传动毂，重新组装变速器，故障排除。烧坏了的离合器传动毂如图2-0-2所示。

图 2-0-2 烧坏了的离合器传动毂

任务一 丰田 A341E 自动变速器概述

一、A341E 自动变速器行星齿轮变速机构与检修

自动变速器故障判断的重要依据是传动原理图。

1. 行星齿轮变速机构

单排三元件关系如图 2-1-1 所示。

a) 太阳轮

b) 行星架与行星齿轮

c) 齿圈

图 2-1-1 单排三元件关系

只要将行星齿轮机构中的三元件以不同的方式组合（设计理论），便可得到不同的档位。单排行星齿轮机构的运动情况见表 2-1-1。

表 2-1-1 单排行星齿轮机构的运动情况

序号	太阳轮 z_1	行星架 z_3	齿圈 z_2	传动比 i	档 位 说 明
1	输入	输出	制动	$n_2=0,\ i=1+a$	减速传动前进低档
2	制动	输出	输入	$n_1=0,\ i=(1+a)/a$	减速传动前进高档
3	制动	输入	输出	$n_1=0,\ i=a/(1+a)$	前进超速传动
4	输出	输入	制动	$n_2=0,\ i=1/(1+a)$	前进超速传动
5	输入	制动	输出	$n_3=0,\ i=-a$	改变方向、倒档
6	输出	制动	输入	$n_3=0,\ i=-1/a$	改变方向、升速
7	三元件任何两个连成一体第三元件与前两个转速相等			$i=1$	直接档传动
8	所有元件都不受约束			自由转动	机构失去传动作用

单排单级行星齿轮变速机构组合见表2-1-2。

表 2-1-2　单排单级行星齿轮变速机构

图例说明	图例
1）行星齿轮机构。行星齿轮机构由太阳轮及均布在太阳轮周围的几个行星齿轮及与行星齿轮相啮合的齿圈组成。几个行星齿轮又都同时装在一个共用的行星架上 2）行星齿轮机构中，要形成档位，必须有输入、输出和约束。所有行星齿轮变速机构中的动力输入/输出方式归纳为3种： ① 离合器接合输入/输出 ② 制动器制动输入/输出 ③ 根据三元件之间的阻力大小，动力从阻力小的元件输出 3）行星架固定，无论其他两元件中哪个输入或输出都为改变旋转方向传动 4）行星架输入，无论其他两元件中哪个输出或固定都为升速传动 5）行星架输出，无论其他两元件中哪个输入或固定都为降速传动 6）3个元件中，任意两元件用离合器连为一体，只要存在运动，输出的转速与方向相同 7）上述的几个结论是对单一行星排而言的，虽然一个单排行星齿轮系可以演变出8个不同的传动比（其中包括空档），但实际上很少全部用到。一个原因是在变速时要经常交叉变换地使用离合器和制动器，这给设计制造带来麻烦。另一个原因是单排行星齿轮受力平衡性较差。自动变速器行星排的多少取决于自动变速器档位的多少。自动变速器就靠这些行星排中的元件不同组合来实现不同档位的输出 8）目前，利用行星齿轮机构的自动变速器大概有如下5种： ① 1个行星排，完成一个1：1输出和1个超速档 ② 2个行星排，并联+串联完成3个前进档和1个倒档，这种形式称为辛普森式 ③ 2个行星排，并联+串联+换联完成4个前进档和1个倒档，这种形式称为改进型辛普森式 ④ 1个半行星排（就是2排共用1个齿圈，1个行星架）完成4个前进档和1个倒档，这种形式称为拉维娜式 ⑤ 3~4个行星排，并联+串联+换联完成5~9个前进档和1~2个倒档，这种形式称为复合式 9）行星排变速传动比计算：（根据各人喜好不同不必强求一律）	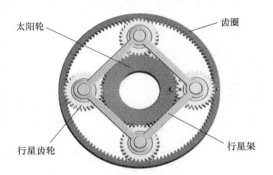 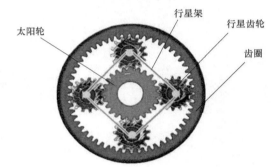 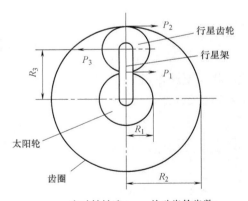 传动比：$i = \dfrac{\text{主动轴转速}}{\text{从动轴转速}} \dfrac{n_{主}}{n_{从}} = \dfrac{\text{从动齿轮齿数}}{\text{主动齿轮齿数}} \dfrac{z_{从}}{z_{主}}$ 传动比的计算： $\alpha = \dfrac{\text{齿圈齿数}}{\text{太阳轮齿数}} = \dfrac{z_2}{z_1}$ $\dfrac{n_{主}}{n_{从}} = \dfrac{n_1 - n_3}{n_2 - n_3} = -\alpha$ 整理，单排单级行星齿轮的运动方程为 $n_1 + \alpha n_2 - (1+\alpha)n_3 = 0$

2. 行星齿轮机构的检修

1）检查太阳轮、行星齿轮、齿圈的齿面，如有磨损或疲劳剥落，应更换整个行星排，如图 2-1-2 所示。

2）检查行星齿轮与行星架之间的间隙，应为 0.2～0.6mm，最大不得超过 1.0mm，否则应更换止推垫片或行星架和行星齿轮组件，如图 2-1-3a）所示。

3）检查太阳轮、行星架、齿圈等零件的轴颈或滑动轴承处有无磨损，如有异常，应更换新件，如图 2-1-3b）、c）所示。

图 2-1-2 行星齿轮机构三元件实物

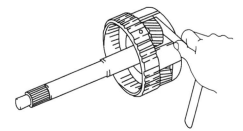

a) 检查行星齿轮与行星架之间间隙

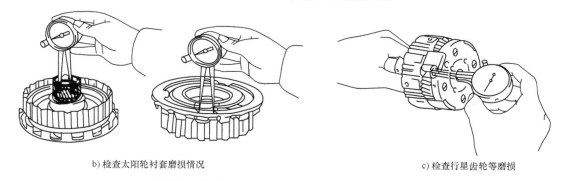

b) 检查太阳轮衬套磨损情况　　c) 检查行星齿轮等磨损

图 2-1-3 检查太阳轮、行星架、齿圈的磨损情况

二、A341E 自动变速器的结构

图 2-1-4 是丰田 A341E 自动变速器解剖图。

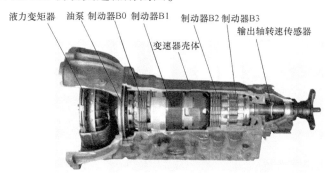

图 2-1-4 丰田 A341E 自动变速器解剖图

丰田 A341E 自动变速器结构如图 2-1-5 所示，传动整体结构如图 2-1-6 所示。

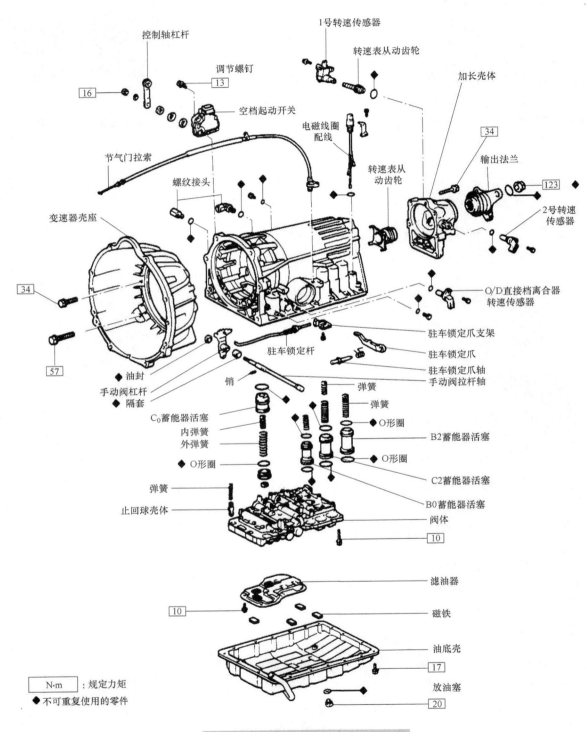

图 2-1-5　丰田 A341E 自动变速器结构

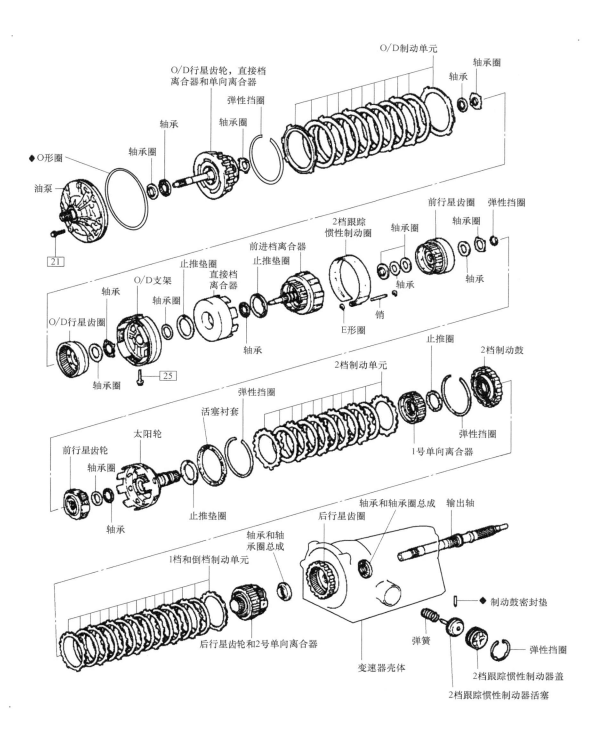

图 2-1-6　传动整体结构图

图 2-1-7 是 A341E 变速器执行器位置图。

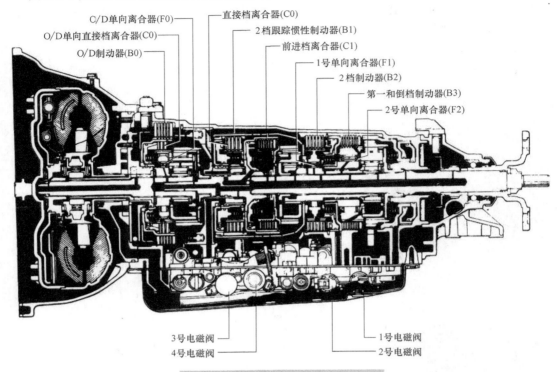

图 2-1-7　A341E 变速器执行器位置图

图 2-1-8 是 A341E 变速器壳体油道口位置。

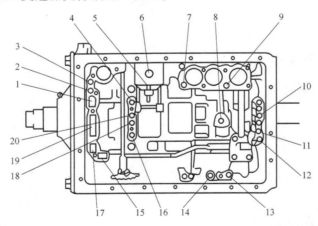

图 2-1-8　A341E 变速器壳体油道口位置

1—油泵出油口油道　2—变矩器（锁止离合器分离腔）油道　3—超速档机构直接离合器油道　4—超速档机构制动器油道　5—2 档滑行制动器活塞通气平衡孔（油道）　6—2 档滑行制动器油道　7—蓄能器 B0 肩压腔油道　8—2 档制动器油道　9—蓄能器 B2 和 C2 肩压腔油道　10—低倒档制动器油道　11—空置油道　12—润滑油道　13—压力测试孔油道　14、15—散热器油道　16—前进档离合器油道　17—变矩器（锁止离合器接合）油道　18—直接档离合器油道　19—油泵进油口油道　20—超速档机构润滑油道

图2-1-9是典型辛普森传动部分的A341E双排4个构件的一种输入方式。后面两排为辛普森结构，在前面加上一个单行星排（共3排）可以完成4个前进档和1个倒档。

图2-1-9　A341E双排4个构件

任务二　丰田A341E自动变速器档位分析与传动原理画图技巧

一、根据实物画传动原理图

（1）自动变速器行星齿轮传动简图的画法

有人这样形容，能够根据实物画出传动原理简图，就算手头无资料，也算找到了一把检修自动变速器进门的万能钥匙。这话不算全对，但也有些道理。汽车自动变速器型号很多，很多人对自动变速器解体后感到束手无策，看不懂它的结构布置和档位分析，也更谈不上对其进行故障判断了。此时，如果能将传动机构由前到后绘制一个传动简图，这将对档位分析和故障判断有很大帮助。另外，传动简图不管零件有多厚或多薄都可由相等宽度的线条组成，不用太讲究比例和透视，但要注意避免线条的交叉和位置、尺寸相对合理性，这有一点像机械安装草图。当然，画出了传动原理简图也并不能解决自动变速器维修过程中的所有问题（例如：故障码、电路图、油路图、拆卸要求、装配间隙要求、检验、试车等）。画传动原理简图作为检修的基础很有必要，因此，一定要学会画传动原理图。这是笔者在多年的自动变速器检修工作中的心得体会。

虽然有些厂家在维修资料中提供传动图，但都是"五花八门"，各有各的表示方法。因此我们得总结一套自己的绘图方法。

（2）单排行星齿轮简图画法

传动图可以参照实物从输入轴开始，先画最中间的内容，然后沿径向逐层向外延伸，注意各零件之间要预留一定的间隙。自动变速器单排行星齿轮传动简图画法如图2-2-1所示。图2-1-1a是一个单排行星齿轮的立体图，它有1个太阳轮、1个齿圈、4个行星齿轮用钢板连接在 4 条销上，即行星架。太阳轮、齿圈、行星架，我们称之为单排三元件。图 2-2-1c 是根据图 a)、b) 画出来的传动简图。图 2-2-2 是只画了一半的单排行星齿轮简图画法（行星齿轮机构的变速器可以画一半）。

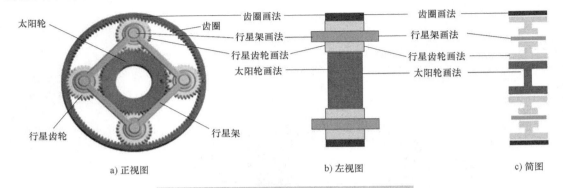

图 2-2-1　单排行星齿轮传动简图画法衍变过程

图 2-2-2　单排行星齿轮传动简图画法

（3）多排行星齿轮简图画法

拆开自动变速器，将拆开的变速器部件按照"一字长蛇阵"摆开。如果是两排的就需要摆两行（可以利用小木条控制它们滚动），如图 2-2-3 所示。

图 2-2-3　按照"一字长蛇阵"摆开

对于多排行星齿轮变速机构应考虑如下问题：
1）输入轴与什么件相连？
2）有几个行星排？它们之间有什么联系？

3)有几组制动器?都分别制动什么元件?
4)有几组离合器?分别是怎样连接的?
5)有几个单向离合器?在什么元件上?外圈管什么?内圈管什么?

弄清楚上述问题之后,可根据实物画出传动原理简图。

1)准备。一张白纸、一支铅笔、一块小三角尺,最好还备一个橡皮擦可以修改。只画简图,不需要画立体图。液力变矩器内的涡轮连输入轴,可以画,也可以不画。从输入轴开始。A341E 自动变速器液力变矩器内涡轮连接前单排传动关系如图 2-2-4 所示。

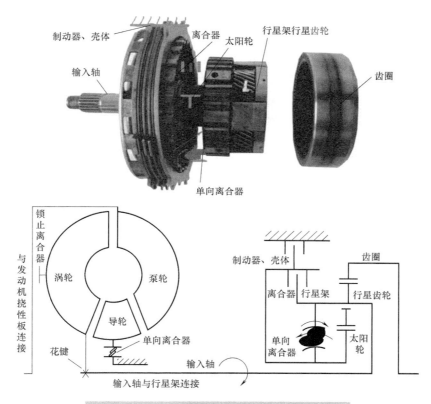

图 2-2-4 液力变矩器内涡轮连接前单排传动关系

2)单向离合器有一个主要功用就是防止换档冲击,改善换档品质。另外,根据自动变速器不同工况的要求也会设计成如图 2-2-5 所示的某一种形式。单向离合器楔块打滑方向和卡住方向都有用。单向离合器在汽车起步和发动机燃油经济性方面都有很多优点。

在画单向离合器时,一定要注意楔块的倾斜方向,与输入轴同轴由前向后看,有些前驱动变速器第二根轴与输入轴平行地由后向前看,内、外圈各控制什么?一定要分析清楚,这个问题过去不被人们重视,所以在自动变速器解体时将单向离合器装反,人为造成不必要的故障。单向离合器的画法如图 2-2-5 所示。

丰田 A341E 自动变速器传动关系如图 2-2-6 所示。

3)制动器钢片、制动带与壳体相连,摩擦片与某个组件相连。在画片式制动器和离合器时,两块钢片夹紧一块摩擦片,钢片的片数总比摩擦片要多一块。制动器、离合器钢片画在外径上，摩擦片则画在内径上。传动简图如图 2-2-7 所示。

楔块式单向离合器实物

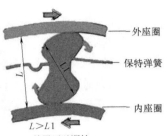
外圈可以顺转
内圈可以反转

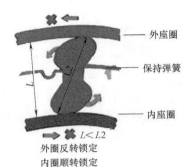
外圈反转锁定
内圈顺转锁定

滚柱式单向离合器实物

外座圈固定，
内座圈可以反转

内座圈固定，
外座圈可以顺转

外座圈固定，
内座圈可以顺转

内座圈固定，
外座圈可以反转

图 2-2-5　单向离合器的画法

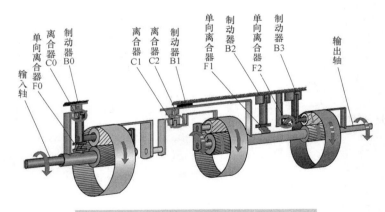

图 2-2-6　丰田 A341E 自动变速器传动关系

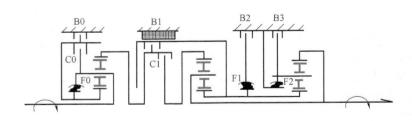

图 2-2-7　传动简图

二、根据传动原理图进行档位分析

辛普森式自动变速器的档位分析，因 1 档比较复杂，所以这里只以 1 档为例介绍，其他档位不再单独分析，只在表中列出。

变速杆在 D 位、D1 档，发动机带动泵轮转，泵轮带动涡轮转，涡轮带动输入轴转，前超速单排离合器 C0 接合，离合器 C0 接合的目的是把行星架和太阳轮连接起来实现 1∶1 向后面输出动力（F0 主要是防止换档冲击和帮助 C0 工作，防止 C0 早期磨损。因为 C0 摩擦片较少，平时的 1、2、3、倒档都要靠它传力，比较"辛苦"）。

前超速单排理解关键：三元件连在一起公转。离合器 C1 接合直接带动前齿圈输入，前行星架受车轮阻力，汽车起步时行星齿轮自转向太阳轮顺时针转传力，太阳轮外啮合逆时针转，由于是公共太阳轮，后排太阳轮也逆时针转，后行星齿轮外啮合顺时针转，以行星架为支点的杠杆力却是反的，此时行星架想逆时针转，由于单向离合器 F2 自然起作用卡住它不让它逆时针转（如果 F2 严重磨损或装反，汽车不能起步，原因是行星架逆时针转将动力消掉、齿圈无动力输出），此时齿圈与行星齿轮内啮合顺时针转。太阳轮逆时针转向齿圈顺时针转传力，实现一级减速。

后排理解关键：太阳轮逆时针转、行星齿轮自转、行星架不动、单向离合器自然起作用、齿圈顺时针转，输出由于前架后圈输出轴是一个整体，后圈在克服车轮阻力向前滚动的同时带动前排行星架也顺时针转，前排齿圈本来就在顺时针转输入，现在前行星架也在由后排带动顺时针转减少了后齿圈的输入速度实现二级减速。

前排理解关键：齿圈顺时针转，行星齿轮自转，太阳轮逆时针转、行星架二次减速顺时针转。这是一个典型辛普森 1 档传动，是一个双排双级减速关系。

D1 档的主要执行、控制元件有 C0、F0、C1、F2。
L 档的主要执行、控制元件有 C0、F0、C1、B3。
1 档传动比计算：（按双排双级减速计算）固定元件 =0
1）前超速行星排 1∶1 向后顺时针转输出。
前超速行星排齿圈 =79 个齿，太阳轮 =33 个齿。
则，超速排为

$$\alpha_3 = 79/33 = 2.39$$

2）后排齿圈 =79 个齿，后公共太阳轮 =33 个齿。
则，后排为

$$\alpha_1 = 79/33 = 2.39$$

3）中排齿圈 =79 个齿，前公共太阳轮 =42 个齿。
则，中排为

$$\alpha_2 = 79/42 = 1.88$$

因此，$i_1 = \dfrac{1 + \alpha_1 + \alpha_2}{\alpha_2} = \dfrac{5.27}{1.88} \approx 2.8$

执行元件代号用英文字母大写；B 表示制动器，C 表示离合器（德国车 K 表示离合器），F 表示单向离合器。字母后面的阿拉伯数字为第几号执行元件；例如：C1 表示第一号离合器，B2 表示第二号制动器，F1 表示第一号单向离合器。

A341E 自动变速器档位分析见表 2-2-1。

表 2-2-1　丰田 A341E 自动变速器档位分析表

档位	排档	1号电磁阀	2号电磁阀	C1	C2	C0	B1	B2	B3	B0	F1	F2	F0
P	驻车档	接通	关断			○							
R	倒档	接通	关断		○				○				
N	空档	接通	关断										
D	1档	接通	关断	○								○	○
D	2档	接通	接通	○							○	○	○
D	3档	关断	接通	○	○			○			○		○
D	O/D档	关断	关断		○			○		○			
2	1档	接通	关断	○									○
2	2档	接通	接通	○			○	○			○		○
L	1档	接通	关断	○					○				○

注：○表示工作。

三、根据分析出的档位查找故障根源

根据所画图形进行档位分析。根据分析出的档位来查找故障根源。当把传动简图画出来后，就在相应的执行元件上标注名称，也就是几号离合器、制动器、单向离合器等。至于是第几号并不重要，自己理解就行。将这个变速器归类→属于辛普森类（辛普森类是一个单排+辛普森双排可实现 4 个前进档和 1 个倒档），保留笔记下次不用再画。

四、根据查找出的故障制订维修方案

根据档位分析查找对应故障。例如：前面提到雷克萨斯搭载 A341E 自动变速器在 1 档不能起步的故障，查找到对应的执行元件有 C1 和 F2 或与之有关的电路油路。这样就可以"跟踪追击"了。如图 2-0-2 所示，烧坏了的离合器传动毂连接 C1 就正好是管 1 档的。

五、根据维修方案实施维修作业

丰田 A341E 自动变速器各零部件功能见表 2-2-2。

表 2-2-2　丰田 A341E 自动变速器各零部件功能

零部件名称		功　　能
C1	前进档离合器	连接输入轴和前齿圈
C2	直接档离合器	连接输入轴和前、后太阳轮
C0	O/D 直接档离合器	连接超速档太阳轮和超速档行星齿轮支架
B1	2 档跟踪惯性制动器	防止前、后太阳轮顺时针和逆时针方向转动
B2	2 档制动器	防止 F1 的外圈顺时针或逆时针方向转动，以防止前、后太阳轮逆时针方向转动
B3	1 档和倒档制动器	防止后行星架顺时针或逆时针转动
B0	O/D 档制动器	防止超速太阳轮顺时针或逆时针转动
F1	1 号单向离合器	当 B2 工作时，此离合器防止前、后太阳轮逆时针方向转动

项目二 辛普森及辛普森改进型自动变速器检修 | **69**

(续)

零部件名称	功 能
F2　2号单向离合器	防止后行星架逆时针方向转动
F0　O/D档单向离合器	当变速器开始被发动机驱动时,该离合器连接超速档太阳轮和超速档行星架
行星齿轮	这些齿轮改变行迹并经其根据每个离合器和制动器的工作情况传递驱动力以提高或降低输入和输出转速

扩展练习：根据实物画神龙富康自动变速器传动简图

如图2-2-8所示,画神龙富康自动变速器传动简图。

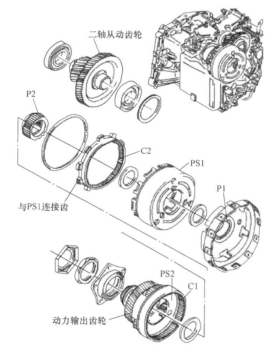

E1、E2—摩擦片式离合器
F1—摩擦片式制动器
F2、F3—带式制动器
S1—第一排行星齿轮
S2—第二排行星齿轮
PS1—第一排行星齿轮架
PS2—第二排行星齿轮架
P1—第一排太阳轮
P2—第二排太阳轮
C1—第一排齿圈
C2—第二排齿圈

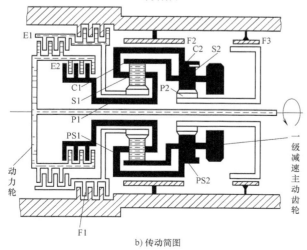

a) 实物图

b) 传动简图

图2-2-8　根据实物画传动简图

任务三　一汽花冠、卡罗拉 U340/341E 自动变速器结构与检修

案例链接（三）　丰田卡罗拉行驶无力

[经过] 某汽车修理厂接待了一辆丰田卡罗拉，搭载的是 U340E 自动变速器。车主反映该车行驶无力，踩加速踏板没多大反应，车速只能上升到 30km/h 左右。

[故障诊断]

1) 试车发现故障现象与车主反映的一样，停车后发现发动机怠速转速高达 900r/min，明显高于正常数值。

2) 首先分析车辆加速不良。从原理上讲，加速时发动机 ECU 采集加速踏板位置传感器信号和节气门位置传感器信号，控制节气门执行电动机，使节气门打开较大角度，提供大的进气量，在气缸内形成的可燃混合气量也大，点燃时产生的能量也大，活塞做功的频率也加大，曲轴转速加快，从飞轮端输出的转矩加大，变速器再根据转速传感器等信息，将大转矩最终传递至车轮，车辆提速。

3) 该车加速不良会不会是加速踏板位置传感器或节气门位置传感器出了问题，发动机控制 ECM 接收到了错误的信息或没接到信息，不执行接下来的控制了？还是发动机进入失效保护模式了呢？失效保护模式即，当 ECM 内部存储了某些故障码后，ECM 便进入失效保护模式，ECM 再根据其他信号控制喷油和点火，调整发动机的输出，以确保车辆维持最低车速行驶。分析至此，感觉此车目前状况就是进入了失效保护模式。如果是传感器损坏会有相关的故障码被存储。用 KT600 调取故障码，故障码有 P2102 节气门执行器控制电动机电路低电位；P2111 节气门执行器控制系统卡在打开位置；P2112 节气门执行器控制系统卡在关闭位置；P2118 节气门执行器控制电动机电流范围/性能。这些都清除不掉。故障码显示的是节气门执行器的故障码，检查节气门体总成。查维修手册，故障码见表 2-3-1。

表 2-3-1　故障码

DTC	零部件	失效保护操作	失效保护解除条件
P0120、P0121、P0122、P0123、P0220、P0222、P0223、P0604、P0606、P0607、P060A、P060D、P060E、P0657、P2102、P2103、P2111、P2112、P2118、P2119、P2135	节气门电控系统	ECM 切断节气门执行器电流，且节气门在回位弹簧的作用下恢到 6% 节气门位置。ECM 根据加速踏板开度来控制燃油喷射（间歇切断燃油）和点火正时，从而调节发动机输出功率，使车辆保持在最低行驶速度①	检测到"通过"条件，然后点火开关置于 OFF 位置

① 当平稳而缓慢地踩下加速踏板时，车辆可以缓慢行驶。如果快速踩下加速踏板，车辆可能会无规律地加速或减速。

首先拔下节气门体插头，检查节气门体 5 号端子是否有 5V 电压，用万用表测得电压为

5V。插上插头，用引线测量节气门位置传感器信号线6号端子电压，同时踩加速踏板，发现6号端子的电压并没随之增大仍保持在0.8V，而且意外发现节气门保持在一个位置并没有动。再用电流档分别测量节气门执行器两个端子，没有电流。难道是节气门执行器损坏了，使节气门保持在一个很小开度的位置，造成了节气门位置传感器信号线电压恒定在一个值？还是节气门执行器到ECM间的导线断路了呢？拔出节气门体插头和ECM—B31插头，根据电路图用万用表测量B25-2号端子与B31-42号端子间的电阻，为0.53Ω，说明这段导线是正常的，没有断路。用万用表测量B25-2号端子间的电阻，为0.53Ω，说明这段导线是正常的，没有断路。用万用表测量B25-1号端子与B31-41号端子间的电阻，为0.52Ω，说明这段导线也是正常的。会不会是节气门执行器损坏了呢？因为节气门执行器集成在节气门体内，只能更换节气门体总成试试，可谁知，换上好的节气门体后故障还是依旧，难道是ECM内部某些元件损坏了？更换ECM后，故障依旧存在。这时突然想到某些元件之间是有连带关系的，共用电源线或搭铁线，但从电路图上看不出来还有其他元件与节气门体总成有关联。节气门执行器有独立的供电线，即电源从蓄电池出来，经过ETCS熔丝，再经ECM的+BM端子，传给节气门执行器。+BM不供电，节气门执行器就不会工作。

[故障排除] 测量ETCS熔丝是否烧损。打开集成继电器盒盖，找到ETCS熔丝，测量电阻为无穷大，拔下一看，熔丝确实烧损了，更换新的熔丝，故障彻底排除。

[问题思考] 案例丰田卡罗拉行驶无力检修效率低留下的思考问题：

1）已经知道在排除自动变速器故障之前应该首先排除发动机与底盘其他故障，最后才能排除自动变速器故障。这个故障现象在变速器，它的根源却是发动机的电路熔丝盒。前面学的知识忘了，没用上。

2）丰田卡罗拉有了故障后，判断故障用到了多种检查方法和手段，虽然最终故障排除，但给人的感觉是一个常规的、简单的、小故障却围绕故障兜了一个大圈子。检修自动变速器应该由简到繁，先外后内，先电路后油压再解剖的原则；现实中很多修理单位也是这么做的。在电路检修的初期阶段就应该检查相关电路的熔丝。另外，自动变速器故障检修的规律是由简到繁、先外后内、先电路、后油压和机械、最后解剖。这次的故障判断和检查显然是违背了这个规律。

3）现在社会节奏这么快，修车行业在保证质量的前提下也要讲究效益，如果除去生产成本后，这么低的效益会造成企业亏损的。

U340/341E是一汽花冠搭载的前驱自动变速器，不同于A340/341E型自动变速器，因为A340/341E是典型辛普森后驱自动变速器，而U340/341E则为辛普森改进型前驱自动变速器。U340/341E型自动变速器有两个行星齿轮排。为了理解方便，还是称左方向的行星齿轮排为前排，右方向的行星排称为后排。输入轴连接到3个离合器毂上，其内部有3个离合器、3个制动器、2个单向离合器一共8个执行组件。实现4个前进档和1个倒档，几乎所有前进档都有经济模式和动力模式，经济性和动力性较好。U340/341E自动变速器控制如图2-3-1所示。图2-3-2是实物和拆开后零件按"一字长蛇阵"摆放。

图2-3-3是U340/341E控制和传动立体图。图2-3-4是U340/341E D1档传动简图。

U340/341E关键执行组件工况见表2-3-2。

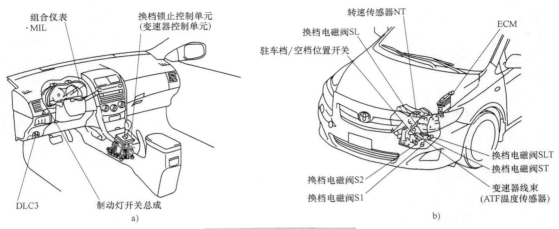

图 2-3-1 U340/341E 控制

图 2-3-2 实物和拆开后零件按"一字长蛇阵"摆放

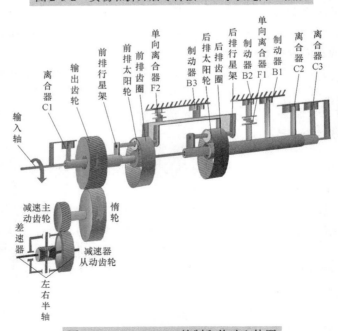

图 2-3-3 U340/341E 控制和传动立体图

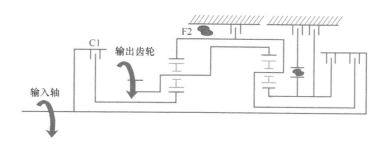

图 2-3-4　U340/341E D1 档传动简图

表 2-3-2　U340/341E 关键执行组件工况

D 位				L 位	2 位	R 位
D1	D2	D3	D4	1	2	倒
C1	C1	C1	C3	C1	C1	C2
F2	B2	C2、B2、F1	B1、B2、F1	B3、F2	B1、B2、F1	B3
		F1	C3			

注：表中小号字体为不工作组件，但有利于动力模式与经济模式的切换。

U340E 各档传动比见表 2-3-3。

表 2-3-3　U340E 各档传动比

1 档传动比	2.847	3 档传动比	1	倒档传动比	2.343
2 档传动比	1.552	4 档传动比	0.7	主减速比	3.850

1. 失效保护

当各传感器和电磁阀中出现任何故障时，该功能将把 ECT 功能损失减至最小。

1）车速信号（SPD）。当车速信号出现故障时，禁止 4 档加档。

2）涡轮输入转速传感器 NT（转速传感器 NT）。当涡轮输入转速传感器出现故障时，禁止 4 档加档。

3）ATF（自动变速器油）温度传感器。当 ATF 温度传感器出现故障时，禁止 4 档加档。

4）换档电磁阀 SL。如果 ECM 检测到电磁阀 SL 中有故障时，将关闭电磁阀。

5）换档电磁阀 SLT。当电磁阀 SLT 出现故障时，禁止 4 档加档。

6）发动机冷却液温度传感器。当发动机冷却液温度传感器出现故障时，禁止 4 档加档。

7）爆燃传感器。当爆燃传感器出现故障时，禁止 4 档加档。

8）节气门位置传感器。当节气门位置传感器出现故障时，禁止 4 档加档。

9）换档电磁阀 S1 和 S2。

2. 失效保护功能

如果任意一个换档电磁阀电路出现断路或短路故障，ECM 将打开和关闭其他换档电磁阀，以切换至表 2-3-4 中所示的档位。ECM 还会同时关闭换档电磁阀 ST。如果两个电磁阀同时出现故障，液压控制系统不能采用电子控制方式，而必须手动执行。必须执行表 2-3-4 所列的手动换档（在短路的情况下，ECM 停止对短路电磁阀供电）。在失效保护模式下，即使起动发动机，档位仍保持在原来的位置。失效保护见表 2-3-4。

表 2-3-4 失效保护表

位置	正常			换档电磁阀 S1 故障		
	电磁阀		档位	电磁阀		档位
	S1	S2		S1	S2	
D	ON	ON	1 档	×	ON→OFF	3 档
	ON	OFF	2 档	×	OFF	3 档
	OFF	OFF	3 档	×	OFF	3 档
	OFF	ON	4 档	×	ON	4 档
2	ON	ON	1 档	×	ON→OFF	3 档
	ON	OFF	2 档	×	OFF	3 档
	OFF	OFF	3 档	×	OFF	3 档
L	ON	ON	1 档	×	ON→OFF	3 档
	ON	OFF	2 档	×	OFF	3 档

位置	换档电磁阀 S2 故障			两个电磁阀同时故障
	电磁阀		档位	手动换档时的档位
	S1	S2		
D	ON	×	2 档	3 档
	ON	×	2 档	3 档
	OFF	×	3 档	3 档
	OFF	×	3 档	3 档
2	ON	×	2 档	3 档
	ON	×	2 档	3 档
	OFF	×	3 档	3 档
L	ON	×	2 档	3 档
	ON	×	2 档	3 档

注：×：OFF（ECM 停止对故障电磁阀供电）。

3. 故障排除

重点提示：

液压控制系统的 ECM 连接到 CAN 和多路通信系统，因此在排除故障前，务必使用智能检测仪检查并确认 CAN 与多路通信中无故障。

根据故障分析的结果，设法重现症状，以对故障症状进行确认。如果故障为变速器不能加档、减档或换档点太高或太低，则参照自动换档规范进行路试，并模拟故障症状。

当 ATF（自动变速器油）正常工作温度为 50~80℃ 下进行路试。

（1）D 位测试

变速杆换至 D 位，并完全踩下加速踏板，然后检查。

1）检查加档操作。检查并确认 1—2、2—3、3—4 档可加档，且换档点与自动换档规范一致。

> **提示：**
> 4 档禁止加档。

① 发动机冷却液温度为 60℃或更低，车速为 70km/h 或更低。
② ATF 温度为 10℃或更低。
③ 踩下制动踏板。
④ 松开加速踏板。

2）检查是否出现换档冲击和打滑。检查 1—2、2—3、3—4 档加档时是否有冲击和打滑。

3）检查是否出现异常噪声和振动。行驶时变速杆置于 D 位并进行 1—2、2—3、3—4 档加档，以及在各档位行驶时，检查是否存在异常噪声和振动。

> **提示：**
> 必须彻底检查引起异常噪声和振动的原因，因为这可能是由于差速器、变矩器离合器等失衡造成的。

4）检查强制降档操作。行驶时变速杆置于 D 位，检查从 2—1、3—2 和 4—3 档强制降档时的车速。确认各速度都处于自动换档规范指示的适用车速范围内。

5）检查强制降档时是否有异常冲击和打滑。

6）检查锁止机构。变速杆位于 D 位（4 档），以稳定的速度行驶（锁止打开），轻踩加速踏板，检查并确认发动机转速是否有急剧变化。

> **提示：**
> 如果发动机转速出现较大跳跃，则不能锁止。

（2）3 位测试

变速杆换至 3 位并完全踩下加速踏板，然后检查。

1）检查加档操作。检查并确认 1—2、2—3 档可加档，且换档点与自动换档规范一致。

> **提示：**
> 在 3 位时不能加档至 4 档。

2）检查发动机制动。在 3 档下行驶时，松开加速踏板，并检查发动机制动效果。

3）检查在加速和减速期间是否存在异常噪声，并检查在加档和减档时是否存在冲击。

（3）2 位测试

变速杆换至 2 位并完全踩下加速踏板，然后检查。

1）检查加档操作。检查并确认 1—2 档可加档，且换档点要与自动换档规范一致。

> **提示：**
> 在 2 位时不能加档至 3 档并锁止。

2）检查发动机制动。在 2 档下行驶时，松开加速踏板，并检查发动机制动效果。

3）检查在加速和减速期间是否存在异常噪声，并检查在加档和减档时是否存在冲击。

(4) L 位测试

变速杆换至 L 位并完全踩下加速踏板，然后检查。

1）检查是否不能加档。在 L 位下行驶时，检查是否不能加档至 2 档。

> **提示：**
> 在 L 位时不能加档至 2 档并锁止。

2）检查发动机制动。在 L 位下行驶时，松开加速踏板，并检查发动机制动效果。

3）检查在加速和减速期间是否出现异常噪声。

(5) R 位测试

变速杆换至 R 位，轻踩加速踏板，并检查车辆向后移动时是否出现任何异常噪声或振动。

> **注意：**
> 在进行上述检测之前，请确保检测区域无闲杂人员且道路畅通无阻。

(6) P 位测试

将车辆停在斜坡（大于 5°）上，变速杆换至 P 位后松开驻车制动器。然后检查并确认驻车锁爪能使车辆保持在原地不动。

(7) 上坡/下坡控制功能测试

1）检查车辆在上坡时，是否不能加档至 4 档。

2）检查车辆在下坡时，踩下制动器后，是否从 4 档自动减档至 3 档。

4. 执行机械系统测试

(1) 测量时滞

1）时间滞后试验。如图 2-3-5 所示，时滞试验的目的是测定发动机怠速时，自动变速器自变速杆从 N 位换到 R 位，直至感觉到换档冲击为止的这一段时间，也就是说从 N 位换到 D 位或 R 位，中间经历液压控制系统和行星齿轮装置起动，一直到将发动机驱动转矩传至汽车驱动轮这一段完整的时间。

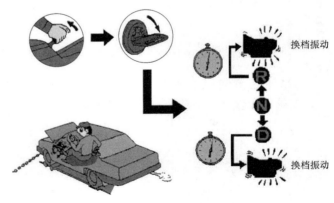

图 2-3-5　时滞试验

2）一般情况下，大多数自动变速器的前进档接合时间不超过 1.2s，而倒档的接合时间不超过 1.5~2s，因此就可以把检测的结果数据与标准数据进行比较并分析出故障原因。假如说前进档和倒档的接合时间都超出标准数值时，则有可能是一个共性的问题即滤清器堵塞、油泵问题、主油路控制系统或者是前进档和倒档工作元件的间隙都超出差值，一般把这种故障叫"慢冲"；如果是某一个档位（前进档或倒档）接合时间超长，则说明跟滤清器、油泵、主油路控制等无关，则极有可能是这个档位的油路存在泄漏或元件的间隙过大。反之，如果在特殊情况下变速器表现出接合过快的现象（这种情况不多），一般把这种故障叫"快冲"，可从两方面分析原因：如果是维修过的变速器，则可能是把离合器或制动器的间隙调整得太小了；如果不是维修过的变速器，则可能是液压方面的缓冲油路没有节流。

> **提示：**
> 在发动机怠速运转的情况下变换变速杆时，在感觉到冲击之前将有一定的延时或迟滞，这可用于检查离合器和制动器的状态。

（2）液压试验

1）油压试验。自动变速器档位的变换（传动比的变换）由液压控制系统控制，而液压控制系统则是借助于液压来实现的，因此自动变速器在任何时候都必须要有正常的工作液压。自动变速器工作液压的正常与否又取决于各液压装置（如油泵、各调节控制阀）的工作状态和配合间隙。因此液压试验的目的就是通过检查自动变速器各种工作液压是否正常，来判断液压装置的工作状态。因此有人说油压试验是检查自动变速器冲击、打滑、不能行驶等故障最好的检测方法。通过对压力表参数变化的数值可分析出液压控制系统的故障原因来，如图2-3-6所示。

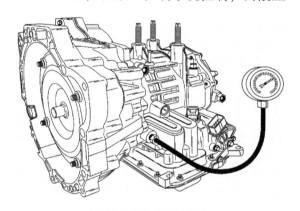

图2-3-6 油压试验

2）加压试验。加压试验是测试从供油开始，至用油元件（离合器或制动器）间的压力大小和密封性能。这种试验非常实用，它至少可以验证机械方面密封性能90%的可靠性，在过去传统维修中，修理工大多利用压缩空气来代替液压测试方法，这种方法准确程度不高。一般情况下，在测试过程中大家都会将气压调得很高，通过听元件的接合声音来判断其泄漏及密封情况，这样的操作可能还会因"误判"而带来再次拆解总成。如果利用加压机进行测试，可以先把每一个元件的工作压力调整好然后进行加压，通过观察元件的保持压力即可验证元件及元件至压力源间的整个油路的密封性能，这样可以提高变速器的一次性修复率，保证变速器装配的可靠性，避免各种浪费和反复拆装的无用功。

目前，大部分自动变速器专业维修厂都在采用这种检测方法。它方便实用，有些加压机还带有加温功能，可以将ATF经过加温后再实现加压测试，这是因为有些时候的泄漏跟温度有关，因此更加体现出测试的可靠性，如图2-3-7所示。

图2-3-7 加压试验

3）管路压力测量。具体操作如下：
① 使 ATF 变暖。
② 拆下传动桥壳左前侧的检测螺塞并连接 SST 09992-00095（09992-00231、09992-00271）。
③ 完全拉紧驻车制动器并塞住 4 个车轮。
④ 将智能检测仪连接到 DLC3。
⑤ 起动发动机并检查怠速转速。
⑥ 用左脚踩住制动踏板并将变速杆换至 D 位。
⑦ 在发动机怠速运转时测量管路压力。
⑧ 将加速踏板踩到底。发动机转速达到失速转速时，迅速读取最高管路压力。
⑨ 用同样的方法在 R 位进行测试。规定的管路压力及故障判断见表 2-3-5。

表 2-3-5 规定的管路压力及故障判断

条件	D 位	R 位
怠速运转时压力/kPa	372~412	553~623
失速测试压力/kPa	1120~1230	1660~1870
故障	可能原因	
如果在所有位置测量值都偏高	• 换档电磁阀 SLT 故障 • 调压器阀故障	
如果在所有位置测量值都偏低	• 换档电磁阀 SLT 故障 • 调压器阀故障 • 机油泵故障	
如果仅在 D 位压力偏低	• D 位油路漏油 • 前进档离合器故障	
如果仅在 R 位压力偏低	• R 位油路漏油 • 倒档离合器故障 • 1 档和倒档制动器故障	

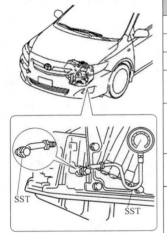

注意：
① 在 50~80℃（ATF 的正常工作温度）下执行测试。
② 管路压力测试必须由两人一起完成。一名技师进行测试时，另一名技师应在车外观察车轮或车轮挡块的状况。
③ 注意不要使 SST 软管妨碍排气管。
④ 本检测必须在检查和调整发动机之后进行。
⑤ 检测应在空调关闭的情况下进行。
⑥ 失速测试时，测试的持续时间不得超过 5s。

(3) 自动变速器总成台架试验

在一些专业自动变速器修理厂里，目前还有一项试验，就是总成台架试验，其目的是未维修前对故障进行检测和维修后的整体情况的检测，不过一般情况下 90% 以上都是经过维修的变速器总成进行相关项目的测试。目前一些智能型检测台架都是把车上的电控程序复制到操控台上，因此，通过测试可以得到正确的换档正时曲线、换档时的系统油压、振动等。所以在维修时大家经常会讲台架试验的测试主要在于测试的人，完全靠"看""听""摸"

来总结一些台架的测试经验。虽然说目前的台架试验已经达到更多的测试要求，但还是不能真正模拟有驾驶人的驾驶情景，同时也不能百分之百模拟所有道路下的工况条件。这样通过"看数据的变化""听变速器内部的噪声""摸变速器在运行中的振动感觉"等来评估测试结果。图2-3-8是变速器总成的台架试验。进行变速器总成测试时，一定要按照测试流程和测试项目来执行。

图2-3-8　变速器总成的台架试验

1）安全性。将变速器总成安装在台架上的过程中，一定要注意安全性，一个是操作人员的安全性，另一个是对设备使用的安全性。

2）正确组装。对于不同形式的变速器总成，在台架装配中一定要按照正确步骤来完成每一项装配任务。

3）规范操作。无论是在组装过程中，还是在测试过程中，测试人员一定要规范操作，不能野蛮操作。

4）测试项目。在测试过程中，一定要通过自动和手动两种模式把换档曲线、油压调节曲线、转速信息、变矩器闭锁控制、润滑系统的流量、负载等项目都要一一测试出来。

5）模拟测试（工况测试）。对特殊故障的变速器还要进行模拟工况下的测试，并查出故障原因来。

6）数据分析。这一点非常重要，当变速器总成在台架运行中我们一定要对主油压及换档油压、冷却控制流量、输入转速和输出转速、每一个档位的传动比、变矩器TCC闭锁等数据的分析。

7）分析打印报告。各项试验进行完以后，再把变速器整个运行时的动态数据信息打印出来并分析打印报告，各数据信息在没有任何问题的情况下方可下架。

8）竣工检验出厂。如果是单纯来修变速器总成而不是整车的，此时可以通过检验出厂。

扩展练习：根据实物画01V（5HP19）自动变速器传动原理简图

如图2-3-9所示，画大众01V（5HP19）自动变速器传动简图。

图2-3-9　01V（5HP19）自动变速器实物

综 合 练 习

综合练习一

（一）填空题

1. 单排行星齿轮机构，只要行星架输入，无论哪个输出必为_____，只要行星架输出无论哪个输入必为_____，只要行星架固定，输入与输出转向必_____。
2. 行星齿轮机构由_____、_____、_____组成。
3. 行星齿轮机构中，太阳轮的齿数_____、齿圈的齿数居中，行星架齿数_____。

（二）简答题

1. 简述单排行星齿轮机构的运动规律。
2. 单排行星齿轮机构中，行星架输入为何必为超速档？

（三）实物演示

用行星齿轮三元件实物演示它们的运动规律（分小组做记录、评分）。修理厂人员可以自由组合。

1. 旋转方向。
2. 传动比。

（四）实物练习

1. 检查离合器间隙。离合器的间隙检查见习题表 2-1。
2. 检查制动器间隙。制动器的间隙检查见习题表 2-2。

习题表 2-1　离合器的间隙检查

序号	检查结果	检 查
1	离合器 C0 检查：	
2	离合器 C1 检查：	
3	离合器 C2 检查：	

习题表 2-2　制动器的间隙检查

序号	检查结果	检　查
1	制动器 B0 检查：	
2	制动器 B1 检查：	
3	制动器 B2 检查：	
4	制动器 B3 检查：	

综合练习二

（一）填空题

1. A341E 自动变速器共有_____个轴承，_____个止推垫片（查维修资料或在课件内找）。

2. A341E 自动变速器共有_____个行星齿轮机构。

3. A341E 自动变速器离合器 C0 只有_____片摩擦片。

4. A341E 自动变速器中单向离合器 F1 装反，自动变速器没有_____档。

5. 所有行星齿轮变速机构中的动力输入/输出方式归纳为 3 种：

(1) _____接合输入/输出。
(2) 制动器_____输入/输出。
(3) 根据三元件之间的阻力大小，动力从_____输出。

（二）选择题

1. A341E 自动变速器中 C1 离合器严重打滑，会没有（　　）。
   A. 倒档　　　　　　B. 前进档　　　　　　C. 3 档、4 档
2. A341E 自动变速器中 C2 离合器严重打滑，会没有（　　）。
   A. 倒档　　　　　　B. 前进档　　　　　　C. 3 档、4 档、倒档
3. A341E 自动变速器中 B3 制动器严重打滑，会没有（　　）。
   A. 倒档与 L 位 1 档　B. 前进档　　　　　　C. 倒档
4. A341E 自动变速器中 B0 制动器严重打滑，会没有（　　）。
   A. 倒档　　　　　　B. 前进档　　　　　　C. 超速档
5. 有一台 A341E 自动变速器在变速杆处于"2"位置时没有发动机制动效果，应是（　　）出现问题。
   A. B0　　　　　　　B. B1　　　　　　　　C. B2

（三）问答题

1. A341E 自动变速器单向离合器 F2 装反，变速器会有什么故障现象？
2. A341E 自动变速器单向离合器 F1 装反，变速器会有什么故障现象？
3. A341E 自动变速器单向离合器 F0 装反，变速器会有什么故障现象？
4. 为什么要画传动原理简图？传动原理简图有什么用？

（四）A341E 自动变速器实物练习

找出辛普森 4 个构件，见习题图 2-1。

a) 前进离合器C1接合的输入齿圈

b) 前排行星架、后排齿圈、输出轴连在一起

c) 前、后排公共太阳轮

d) 单独一个行星架并有一个制动器和单向离合器①

习题图 2-1　辛普森 4 个构件

① 单独一个行星架有些型号的自动变速器只有一个制动器而没有单向离合器的也算 4 个构件之一。

项目三 拉维娜式自动变速器检修

案例链接（一） 帕萨特油底壳碰撞后无倒档

[经过] 车主反映，车速较快，驶过一中间高两边低的坏路面时，将变速器油底壳碰坏，当时变速器油从油底壳的破损处流出，到一修理厂修补好变速器油底壳破损处后，重新加入自动变速器油，试车，发现该车没有倒档，但其余档位均正常。

[故障诊断与排除] 拆开检查离合器 K2 活塞及弹簧，发现活塞及弹簧支承板在离合器壳体内无法自由转动，均有受热膨胀变形的可能性，说明离合器 K2 已经损坏，应更换离合器 K2。更换了倒档离合器 K2，重新正确组装自动变速器，加注自动变速器油。安装完毕后上路试车，倒档工作正常，故障排除。

任务一　拉维娜式自动变速器结构及检修

一、帕萨特 01V 自动变速器检修

案例链接（二） 帕萨特 01V 变速器 5-4 档冲击及入档冲击

[经过] 帕萨特搭载 01V（5HP19）自动变速器。图 3-1-1 所示是 01V 自动变速器。这种组合故障往往发生在变速器维修以后（也有变速器解体以前发生的）。同行的朋友也能很快地将故障点指向油路，多数是多次地清洗油路，因为机械装配不会有问题。清洗油路不能解决问题，那么只能换变速器总成。

[故障分析] 没有把握，只能更换自己认为有问题的零件，有换电磁阀的，有换油路板总成的，还有换变速器 ECU 的。问题肯定是解决了，出现这种组合故障的原因是什么呢？可以肯定该现象是通过离合器的工作所表现出来的。离合器的接合在入 D 位和 5-4 档，因为离

图 3-1-1　01V 自动变速器

合器的工作引起的冲击，是否就一定是离合器的控制出问题了呢？

通过对有故障的油路总成测试分析发现，主油压振幅过大，离合器工作油压偏高、工作延时。这是一起主油压升高引起的组合冲击。是什么导致油压升高呢？EDS1。因为 EDS1 承担着油压调节的重任，油压异常，EDS1 难逃干系。测试 EDS1 发现，EDS1 方波形态失真，波峰高出正常值。电磁阀工作异常。更换 EDS1 电磁阀后一切恢复正常。

那么，有人要问："电磁阀异常肯定在维修以前形成的，变速器维修以前为什么没有这样的故障现象？"大家知道，电磁阀的性能下降是逐渐形成的，性能下降所产生的缺陷是由 ECU 来修正的。等修好了变速器、变速器的机械性能得以恢复、匹配了 ECU 及所有信号以后，却忽视了电磁阀性能的检测。同样道理，电磁阀的性能也是应该恢复的。

还有人又要问："既然是主油压升高，那么受到影响的不应该只是离合器，为什么故障现象只出现在离合器工作的区域？"是的，一旦主油压升高，所有的用油元件都将受到影响，只是对其他离合器的影响不被我们所感知，而离合器工作区域的负载状态和传动比不同于其他离合器，表现得比较突出罢了。

[维修建议] 建议同行遇到此类组合冲击在没有检测条件时，可以先换 EDS1 电磁阀试试，不要盲目地换油路总成或其他总成。

1. 大众 01V 自动变速器标识

图 3-1-2 所示是发动机与 01V 自动变速器连接。图 3-1-3 所示是 01V 自动变速器外观的两个不同角度。大众车系搭载的 01V 编号自动变速器是大众公司的服务号，其实它是一款由德国 ZF 公司生产配套型号为 5HP19 的自动变速器。ZF5HP19 自动变速器有前驱和四驱两种，大众公司的服务号 01V 是一张纸片标识，时间一长要么就模糊不清，要么丢掉了根本就找不到，这样给维修带来困难。只有 ZF 公司的标识还清晰可见，如图 3-1-4 所示。

图 3-1-2　发动机与 01V 自动变速器连接

图 3-1-3　01V 自动变速器外观的两个不同角度

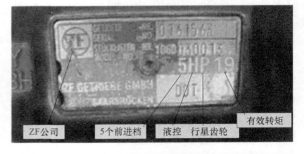

图 3-1-4　01V 自动变速器另一个标识（ZF5HP19）

2. 大众 01V 自动变速器结构特点

大众车系奥迪 A6、捷达、帕萨特 B5 等都搭载 01V（ZF5HP19）自动变速器。这款自动变速器是一款电子控制手动/自动一体式自动变速器，液力变矩器内的锁止离合器可在 3 档、4 档、5 档时接合。传动部分由一个拉维娜行星齿轮和一个输出行星排组成，具有 5

个前进档和一个倒档,是 4 档拉维娜的换代产品。ZF5HP19 自动变速器实物解体如图 3-1-5 所示。

图 3-1-5 ZF5HP19 自动变速器实物解体

4 个离合器的执行元件分别是 C1、C2、C3、C4,3 个制动器的执行元件分别是 B1、B2、B3,1 个起步单向离合器 F。01V 自动变速器传动立体图和传动简图如图 3-1-6 所示。

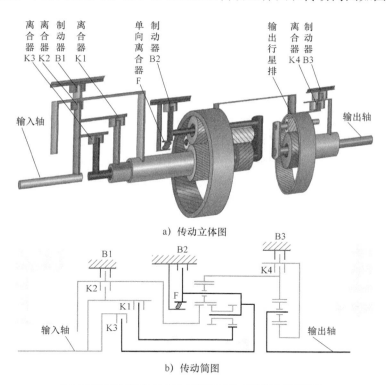

a) 传动立体图

b) 传动简图

图 3-1-6 01V 自动变速器传动立体图和传动简图

01V 自动变速器传动的各档关键执行元件工况见表 3-1-1。

表 3-1-1 关键执行元件工况

变速杆位置	D 位					L 位	R 位
变速器档位	D1	D2	D3	D4	D5	1	倒
执行元件	K1	K1	K1	K1	B1	K1	K2
	B3	B3	K4	K4	K4	B2	B2
	F	B1	B1	K3	K3	B3	B3

二、自动变速器诊断与检测

1. 自动变速器故障诊断流程

传统的自动变速器修理方法已经过时（图 3-1-7），新型自动变速器的故障诊断与维修离不开以下几个重要环节。涉及较多的是规范操作，关键的是故障诊断过程。因此整个作业过程需要由两类人员来进行操作，故障诊断由诊断技师来完成，车间操作由维修技师来完成。无论是故障诊断还是故障维修，都需要一些软硬件的支持，如齐全且方便查询的维修资料库、相关的诊断和维修设备，还包括符合维修环境的现代化维修车间等。同时还要给维修技术人员营造一个工作和再学习环境的培训教室，这一点很重要，汽车技术在不断更新，维修服务应后继有人。

图 3-1-7 传统的自动变速器修理方法

（1）故障划分

当接到一辆怀疑是自动变速器出了问题的汽车时，首先应对故障范围进行划分。即：发动机→底盘→自动变速器。

发动机：蓄电池电压是否正常，将气缸断火、断油，看看发动机转速是否有明显跌落，如果没有明显跌落说明故障在发动机。查看冷却液温度、进气真空度是否正常。

底盘：传动轴、主减速器、差速器是否振动、发热。制动器是否摩擦阻滞、轮毂轴承是否过紧、轮胎气压是否正常等。能够彻底分清自动变速器与发动机之间的关系以及自动变速器与其他系统的连带关系，这样才能进行自动变速器的故障判断。

最后才是检查自动变速器，不到万不得已不要轻易将自动变速器解体，因为自动变速器解体后有很多密封件需要更换，将会造成不必要的浪费。

进厂诊断是整个自动变速器故障维修中确定维修项目最关键的环节，它关系着整个的维修方向与维修结果的成败。因此故障判断环节对诊断者的要求特别高：它不但应具备扎实的理论基础，同时还要具备一定实践维修经验，熟悉使用相关诊断检测工具、设备和数据分析能力。

诊断，首先要做到使用诊断工具对 ECU 进行检测，消除与自动变速器有关的其他系统故障。当然，最为关键的是在判断一个故障原因时，必须遵循科学的诊断流程。利用诊断工具进行变速器故障诊断，如图 3-1-8 所示。

（2）主动问诊

随着汽车新技术的不断应用，现代电控自动变速器集中了机械、电子、液力传动、微机控制等多种新技术，

图 3-1-8 利用诊断工具进行变速器故障诊断

其功能日趋完善，工作性能更加可靠，自动化控制程度在不断提高，逐渐成为当今汽车的主要装备。自动变速器维修涵盖的知识面广，技术种类多，自动变速器维修时的难度、对装配技术要求的精度以及对维修人员综合素质的要求都越来越高。

如果自动变速器出现故障，在故障原因不明确，又无相关维修资料的情况下，仅凭一般性的经验是不能完成维修任务的，因而绝对禁止盲目拆装自动变速器，而应根据具体车型和自动变速器型号，充分做好相关准备工作。维修人员应当首先了解和掌握机、电、液以及微机控制等基础理论知识，运用科学的维修程序，按正确的方法维修自动变速器。如图 3-1-9 所示，询问故障发生前的故障征兆及故障发生过程、时间、各种因素等。详细问诊是完全有必要的，因为自动变速器的使用者绝对不会把所发生的各种故障现象描述得非常完美，但基本能够描述出一些大概而又笼统的特征来，即便是这样也有可能通过这种问诊，寻求一些解决问题的蛛丝马迹了，它给初检"破案"奠定了基础，以便做到对症下药。

图 3-1-9　主动问诊

（3）常规检查

很小的问题会导致某个系统或整车工作不正常。通过常规的检查也可发现一些故障内容，这样就可避免走弯路，毕竟进行常规检查花费不了太多的时间。如果电子控制系统记录了相关的故障内容，则首先记录下这些故障信息，再清除故障内容，并通过路试来看故障内容能否再现。

1）常规检查包括外围部分的 ATF 油量及油质的检查、变速杆的正确位置检查、制动灯开关及强制降档开关的检查等。

2）利用诊断仪进行以下检测：

① 发动机的标准怠速。

② 节气门全关和全开情况。

③ 空气流量的标准数值。

④ ATF 温度及冷却液温度。

⑤ 多功能开关位置。

⑥ 其他相关参数检测。

⑦ 读取分析自动变速器的动态数据流。

⑧ 波形分析。

3）利用示波器来分析各转速信息（发动机转速、输入轴及输出轴转速等）以及网络数据线的通信功能。霍尔传感器、线性及脉冲式电磁阀、执行器在汽车上广泛应用，波形分析是诊断电控系统故障最有效的方法之一。

分析电子控制系统中每一组数据的准确性和可变性，通过各数据来分析各输入传感器、各开关以及 TCM 对执行器的监测指令的工作性能等，特别是自动变速器在执行换档时、换档品质控制时以及执行变矩器锁止离合器控制时的数据，当然还有变速器在不同状态下的工作温度、压力等。

(4) 道路试验

1) 道路试验。基本确认故障信息。因为自动变速器的使用者不能完美地将变速器的各种故障现象描述出来，因此只要是还能行驶的车辆，就必须进行初期的道路试验，但试验的过程和要求比较高。在路试时，一定要先连接诊断仪以便分析故障状态下的动态数据，因此严格意义上讲，路试需要两个技术人员（一个开车，另一个读取并分析动态数据），同时在路试过程中需要驾驶人一同前往，原因是有些特殊性故障由于驾驶习惯和驾驶方式不一样很难暴露出来，一旦驾驶人的驾驶条件出现，就容易找到故障现象出现的规律，给故障判断和分析打下基础。继而锁定故障部位，也就是区分了各系统间的故障依赖关系。最终确定维修方案。

2) 通过路试，判断变速器内部机械故障。

2. 大众自动变速器检测仪 V.A.S 5053 的使用

(1) 读取故障码并对故障码的解释含义进行分析

必须掌握和理解 TCM 设置故障码的条件及范围。以大众检测仪为例，故障码如图 3-1-10 所示。

分析故障码前，需要知道故障码提供了哪些诊断参考信息，也就是说，一个故障码不能百分之百地指出真正的故障点或某一个元器件的好与坏。它只是提供了一定的范围，同时也有可能是一个"假"码，它能够对故障诊断提供一定帮助，当然有时也能直接确定故障点。当电控系统的故障存储器中一旦记录了某一故障码时，一定要找出故障码出现的规律，是软性的还是硬性的。故障码的出现有可能是电控系统问题，也有可能是机械或液压系统问题，因此一定要做到循序渐进，先简后难，最终找到故障部位。

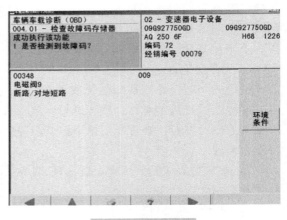

图 3-1-10 故障码

(2) 读取分析自动变速器的动态数据流

分析电子控制系统里的每一组数据准确性和可变性，通过各数据来分析各输入传感器、开关以及 TCM 对执行器的监测指令的工作性能等，特别是自动变速器在执行换档时、换档品质控制时以及执行变矩器锁止离合器控制时的数据，当然还有变速器在不同状态下的工作温度、压力等，动态数据流如图 3-1-11 所示。

当进行自动变速器电控系统诊断时，大多数人都会依赖故障码，有了故障码就好像找到了"救命稻

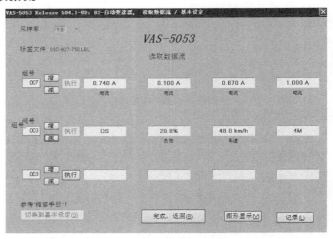

图 3-1-11 动态数据流

草",一旦系统没有记录故障码,就会感觉维修没有方向感,无从下手。没有故障码记录时,动态数据流就显得相当重要,但往往在监测数据流时又难以知晓正确信息,除非极其明显的错误动态数据信息很容易发现,更多的的确比较模糊。所有的信息都具备一定的范围,如果在没有达到极限点,ECU 是不会记录故障内容的,因此就很难界定和区分标准数据和故障数据之间所存在的差异。但往往就是在这个时候,某些动态数据信息已经接近异常值,影响到了自动变速器的正常运转,随即表现出自动变速器的故障现象。因此掌握方法日积月累不断地进行经验总结,做好工作日志,分析动态数据标准,从而提供专业化的诊断水准,即可加快确诊速度。

(3) 波形分析

利用示波器来分析各转速信息(发动机转速、输入轴及输出轴转速等)、执行器(脉冲式及线性电磁阀)以及网络数据线的通信功能。自动变速器的波形数据分析显得越来越重要。这是因为科技的进步,汽车技术的变革,特别是网络通信功能的实现,信息的传输效率提高了,运行速度变快了,当电子控制系统出现故障时,利用波形分析才是最有效的手段。过去在传统电子控制自动变速器当中,由于电子控制内容简单、传感器结构及执行器的控制类型等决定了其检测方法的单一性,有万用表就行。如今霍尔传感器、线性及脉冲式执行器产品越来越多,加之网络通信的介入,波形分析是诊断电控系统故障最有效的手段,如图 3-1-12 所示。

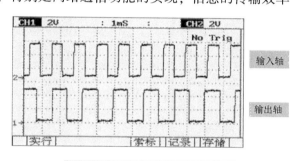

图 3-1-12 波形分析

3. 大众 V. A. S 5051 故障诊断界面

大众 V. A. S 5051 故障诊断界面见表 3-1-2。

表 3-1-2 大众 V. A. S 5051 故障诊断界面

项 目		内 容
车辆自诊断	图示/示意	
	说明	以上海大众帕萨特搭载的 01V (ZF5HP19) 自动变速器为例: 1) 用三角垫木挡住 4 个车轮。如果做数据流分析,最好在测功机上进行 2) 将驻车制动器手柄拉到底 3) 左脚踩住制动踩板 4) 先找到检测插座并连接上。确定蓄电池电压大于 11.5V,并关闭附属设施,打开点火开关,变速杆先置于 P 位 5) 起动发动机然后熄火

(续)

项目		内容
车辆自诊断	图示/示意	(奥迪大众VAS-5051 选择控制模块界面图)
	说明	① 操作"车辆自诊断"进入车辆诊断 ② 通过触摸屏，可以选择任意一个汽车系统
故障读取	图示/示意	(车辆车载诊断OBD 故障代码存储器界面图)
	说明	例如：自动变速器控制单元和转向柱控制单元有故障；查询故障，发现都显示同一故障：转向柱控制单元J527故障码
	图示/示意	(车辆车载诊断OBD 读取网关安装列表界面图)
	说明	自动变速器控制单元和转向柱控制单元有故障
	图示/示意	(在其他各档测试 变速杆照片)
	说明	检测过程中要将变速杆由P位移出，在其他各档测试，特别停留在有故障的档位

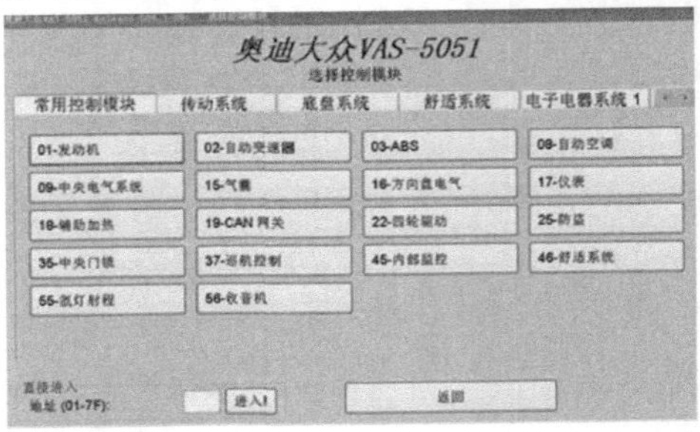

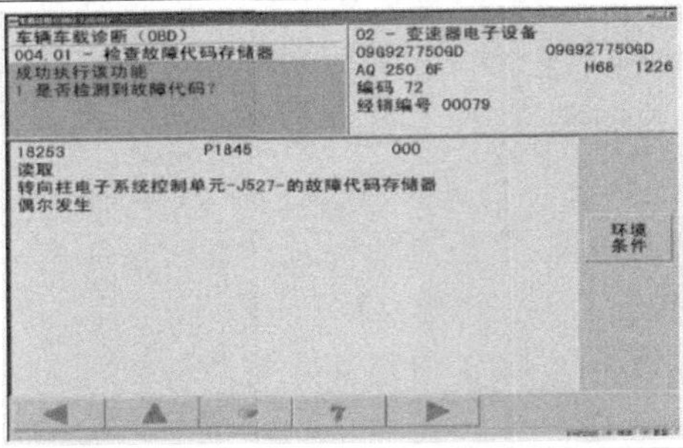

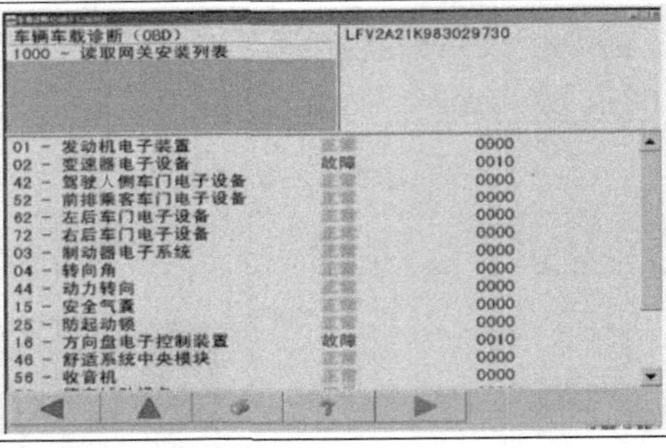

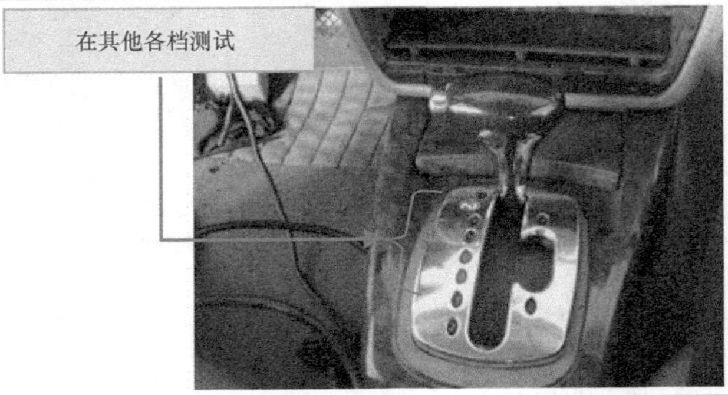

4. 执行故障诊断与操作技巧

对自动变速器进行故障诊断,可按图 3-1-13 的框图步骤进行。如果自诊断结束后,自动变速器运行仍然有故障,应根据故障查找程序继续进行故障查找。

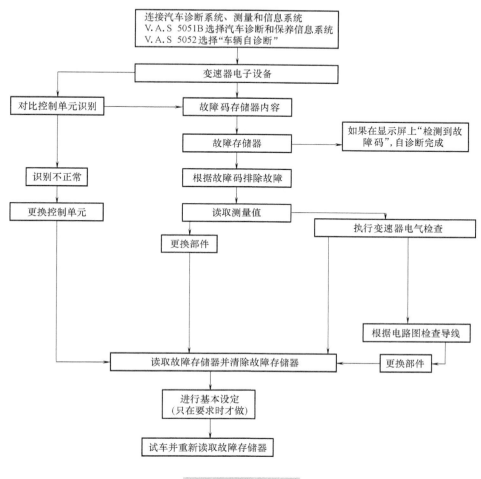

图 3-1-13 诊断框图

(1) 自诊断功能

1) 自动变速器控制单元 J217。换档时刻通过行驶状态与行驶阻力自动确定。
① 换档经济节能。
② 始终提供最大发动机功率。
③ 根据各种不同的行车状态确定相应的换档时刻。
④ 换档时刻任意改变 Tiptronic 开关。

2) 上坡和下坡时换档时刻变化通过附加换档特性曲线,按加速踏板位置和行驶速度在上坡或下坡时可实现自动换档。换档特性曲线在车下极陡坡时适应发动机制动性要求。

3) 带数据总线的汽车自动变速器具有以下特点:
① 在控制单元间可快速传递数据。

② 减少汽车上的线束。

4) 变速器控制单元安全功能。自动变速器控制单元 J217 接收与换档元件有关的信号,并将该信号传给电磁阀,电磁阀控制滑阀箱内滑阀运动。

> **诊断依据:**
>
> 控制单元装备一个故障存储器,当电子/电气元件有故障或导线断路时,故障被迅速确定,根据电子信号识别并存储在故障存储器内。
>
> 如果被监控的传感器或元件有故障,那么该故障连同故障类型说明一同存入故障存储器中。
>
> 只是偶尔出现的故障显示为"偶发性故障",特指孤立、随机地出现的故障,这种偶发性故障作为附加故障被识别。

自动变速器控制单元经过分析信息区分是偶发性故障还是永久性故障。

> **诊断提示:**
>
> 如果故障在下列区间没有出现,它们将作为偶发故障存储:
> ① 最小: 5km 或 6min; 最大: 20km 或 24min。
> ② 偶发故障在汽车行驶 1000km 或 20h 后自动消除。

5) 变速器控制单元的安全功能。如果行驶过程中 D 位或 S 位出现故障,变速器进入应急状态,以 3 档工作。如果 P 位、N 位或 R 位出现故障,进入应急状态,但行车档仍可工作。

车辆进入应急状态并重新起动后,若变速杆位于 D 或 S 位时出现故障,则变速器由液压控制以 3 档工作,直至故障消除。

> **诊断技巧:**
>
> 当出现导致进入应急状态的故障时,变速器进入应急状态直到过一定时间后,控制单元不再识别该故障为止。
>
> 可能导致进入应急状态的故障:
> ① 电子/液压元件失效。
> ② 导线断路、短路或数据总线短路。

6) 变速器控制单元对故障的识别。如果出现故障,该故障就作为永久故障存入存储器,经过一定时间或行驶一定距离后,若故障不再出现,则变为偶发故障。

在带有数据总线的汽车上,无效的数据总线信号能被控制单元检测,失效的数据总线如开路能被直接检测,直到所有的控制单元故障存储器被读取之后,方可得出数据线是在哪里损坏的。

故障诊断仪执行诊断操作技巧 (一)

连接汽车诊断系统 (选择功能)、测量和信息系统 VAS 5051B 并选择功能。

检测条件：

① 发动机电控系统熔丝正常。
② 蓄电池电压至少为11.5V。
③ 发动机与变速器的搭铁连接正常。

① 连接故障诊断仪（汽车诊断系统、测量和信息系统 VAS 5051B 或汽车诊断和保养信息系统 VAS 5052）。
② 打开点火开关，起动发动机。
③ 按下诊断仪显示屏车辆自诊断键。
④ 在1选择区按车载诊断OBD键，按→键确认。
⑤ 在1选择区按编辑服务键，按→键确认。
⑥ 在1选择区按检查故障码存储器-整个系统键，按→键确认。

诊断提示：

系统将运行自动检测程序并查询系统可执行诊断的全车各系统的故障记忆。

⑦ 如有故障记忆，清除记忆。
⑧ 按←键返回。
⑨ 在1选择区按变速器电子设备键，按→键确认。

诊断提示：

这时屏幕显示：变速器电子设备识别码及诊断功能选项。

（2）查询故障记忆

1) 连接故障诊断仪（汽车诊断系统、测量和信息系统 VAS 5051B 或汽车诊断和保养信息系统 VAS 5052）。
2) 依次选择：车辆自诊断；车载诊断（OBD）；变速器电子设备。
3) 进入变速器电子设备。
4) 在2选择区按故障码储存内容键，按→键确认。这时，显示屏显示如图3-1-14所示内容。
5) 选择检查故障码存储器键1，按→键确认。这时，显示屏显示如图3-1-15所示内容。

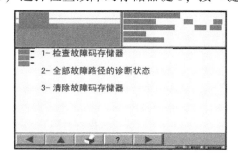

图 3-1-14　显示内容（一）

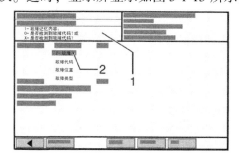

图 3-1-15　显示内容（二）

> **诊断提示：**
>
> 如果查询到故障记忆，打印屏幕内容或自诊断记录：
> 按←键返回。
> 排除故障后，清除故障记忆。
> 再次查询故障记忆，检查有无故障存储。
> 确认无任何故障后，按←键返回。
> 如果未查询到故障记忆，按←键返回。

（3）清除故障记忆

> **诊断提示：**
>
> 如果未能清除故障记忆，再次查询故障记忆并排除故障。

1）查询故障记忆完成后，按←键返回。
2）按清除故障码存储器键3，按→键确认。这时，显示屏显示如图3-1-16所示。
3）按下2显示区的正常键，确认删除故障记忆。
4）按←键返回。
5）在2选择区按终止输出键，按→键确认。

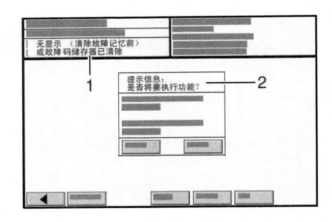

图3-1-16　显示内容（三）

故障诊断仪执行诊断操作技巧（二）

> **诊断提示：**
>
> 进行下述修理后须对"强制降档换档点"进行基本设置。
> ① 更换发动机控制单元。
> ② 更换节气门。
> ③ 更换自动变速器控制单元J217。

① 连接故障诊断仪。
② 进入发动机电子装置。
③ 在 2 选择区按基本设定键，按→键确认。这时，显示屏显示如图 3-1-17 所示内容。图中"1"为输入显示组号，最大输入值为 254。
④ 在键区 2 输入显示组号 63，按→键确认，如图 3-1-17 所示。这时显示屏显示如图 3-1-18 所示。

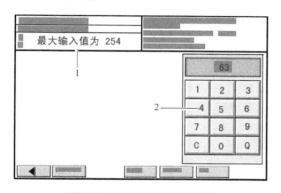

图 3-1-17 显示内容（四）　　　　　图 3-1-18 显示内容（五）

⑤ 按下 A 键，基本设置进行初始化。
⑥ 将加速踏板踩到底并保持住，学习"强制降档换档点"。

诊断提示：
未及时踩加速踏板或在踩的过程中突然松开，学习过程将会因故障而中止。

⑦ 基本设置完成后，按←键，结束"基本设置"功能。
（4）读取数据块测量值
1）连接故障诊断仪。
2）进入发动机电子装置。
3）在 2 选择区按测量值键，按→键确认。
4）在键区 2 输入显示组号，按 Q 键确认。
5）"读取测量值"功能结束后按←键，退出"读取测量值"功能。
数据块测量值见表 3-1-3 ~ 表 3-1-15。

表 3-1-3 显示组一

| 读取测量数据块 1 | | | | 屏幕显示 | 规定参数 |
1	2	3	4	显示区	
				变速杆位置（实际值）	1H、1M、2H、2M、3H、3M…6M、R、0
				变速器输出转速传感器	0r/min
			变速器输入转速传感器		0…7650
		发动机转速			0…7650

表 3-1-4　显示组二

读取测量数据块 2	▲屏幕显示 ▲显示区	规定参数
	变速器输出转速电压	0～5.15V
	变速器输出转速	0～7650r/min
	变速器输入转速电压	0～5.15V
	变速器输入转速	0～7650

表 3-1-5　显示组三

读取测量数据块 3	▲屏幕显示 ▲显示区	规定参数
	变速杆位置（实际值）	1H、1M、2H、2M、3H…6M、R、0
	车速	0～255km/h
	加速踏板数值	0～99.2%
	驱动状态	DS、SO、TT、WU、AC、AS、故障

表 3-1-6　显示组四

读取测量数据块 4	▲屏幕显示 ▲显示区	规定参数
	变速杆位置（实际值）	1H、1M、2H、2M、3H…6M、R、0
	道路轮廓（当前值）	（等级）
	加速踏板数值	0～99.2%
	变速杆位置	P、R、N、D、S 手动故障

表 3-1-7　显示组五

读取测量数据块 5	▲屏幕显示 ▲显示区	规定参数
	加速踏板数值（PWG，踏板位置传感器）	0～99.2%
	运动（性能）系数	0～100%
	山地（性能）系数	0～100%
	驱动阻力	-32%～32%

表 3-1-8　显示组六

读取测量数据块 6	▲屏幕显示 ▲显示区	规定参数
	锁止离合器打滑转速	0r/min
	液力变矩器离合器（TCC）状态 0：打开 1：关闭 2：滑动	0～100%
	电磁阀 4（电流值）	0～1A
	变速器油液温度	-50～205℃

表 3-1-9 显示组七

读取测量数据块 7			▲屏幕显示 ▲显示区	规 定 参 数
			电磁阀 10（B2）电流值	0～2.550A
		电磁阀 3（K3）电流值		0～2.550A
	电磁阀 9（K2）电流值			0～2.550A
电磁阀 5（K1）电流值				0～2.550A

表 3-1-10 显示组八

读取测量数据块 8			▲屏幕显示 ▲显示区	规 定 参 数
			电压	14.3V
			—	—
		电磁阀 4（TCC）电流值		0～2.550A
电磁阀 6（HD）电流值				0～2.550A

表 3-1-11 显示组九

读取测量数据块 9			▲屏幕显示 ▲显示区	规 定 参 数
			档位开关开关位置（F125） （分析结果：开关未操作，开关操作）	P 00001001 R 00001100 N 00000101 D 00000110 S 00001111
		变速杆位置（分析结果：手动故障）		P、R、N、D、S
	kickdown(强制降档)开关位置 （分析结果：开关未操作，开关操作）			000010 000000
制动开关位置（分析结果：开关未操作，开关操作）				000000 000011

表 3-1-12 显示组十

读取测量数据块 10			▲屏幕显示 ▲显示区	规 定 参 数
			电压（端子 15）	0～22.5V
		—		—
	ATF 电压			0～5V
ATF 温度				-50～205℃

表 3-1-13 显示组十一

读取测量数据块 11	▲屏幕显示 ▲显示区	规定参数
	变速杆位置	P、R、N、D、S手动故障
	车速	0km/h
	换档锁（分析结果：SL—换档锁锁止—换档锁打开）	SL
	制动灯开关（分析结果：制动灯开关切断/接通 Bls. Ein. AUS 制动灯开关状态：制动灯制动灯开关开启，制动灯关制动开关关闭）	Bls. Ein/AUS

表 3-1-14 显示组十二

读取测量数据块 12	▲屏幕显示 ▲显示区	规定参数
	Torque limitation	0～100%
	转矩限制	0N·m
	Tiptronic 开关（手动模式）	M-开关升档按钮降档按钮
变速杆位置		P、R、N、D、S手动故障

表 3-1-15 显示组十三

读取测量数据块 13	▲屏幕显示 ▲显示区	规定参数
	手动自动一体开关位置（F189）（分析结果：开关未操作开关操作）	00000000 空闲模式 00001000 手动换档模式 00011000 升档模式 00001100 降档模式
	手动 Tiptronic 档位状态 （分析结果：升档按钮，降档按钮）	M-开关
	档位开关开关位置（F125）（分析结果：开关未操作开关操作）	P 00001001 R 00001100 N 00000101 D 00000110 S 00001111
变速杆位置 （分析结果：手动故障）		P、R、N、D、S

三、自动变速器的"匹配"和"自适应"

目前，由于汽车新技术的不断变化导致各系统之间、软件与硬件之间的相互匹配越来越重要。

匹配，简单理解就是配对，对于汽车而言，就是各个系统间在认识程度上的关系，同时还可以理解为两个或两个以上系统建立沟通所搭载的"桥梁"。当某一系统发生变化时，还可以通过某种程序来激活与其他系统的认识并重新建立必要的联系。自适应就是自学习。通过某些方法或手段来完成自身系统的自学习过程。

ECU控制机械元件（电磁阀）时，由于元件本身在加工时存在精度上偏差，当其工作时工作特性肯定与ECU预期设置的理想控制数据存在差异，因此ECU在这些机械零件未工作前就发出一些相关指令并促使其按ECU预期的理想方式运行，然后再根据反馈信息适时监控。

汽车由于在运行时机械零件一定存在着机械磨损（如摩擦片），磨损后一些运行参数会改变，因此ECU为了保证汽车的正常运行并适时改变调整自身的输出数据以符合汽车正常的运行工况。当将汽车零件磨损错误改正时，ECU并不会知道已经改正。此时用仪器指令ECU做一次基本数据设定时，ECU就回到最初的运行程序，并以最初的运行程序对各机械零部件进行重新学习修正。

那么，为什么对维修后的车辆要进行匹配和自适应呢？任何零部件在出厂时多少都会存在一定的制造差异，都不能100%达到最佳的使用要求，同时随着使用时间的"磨合"，一些参数会不时地发生变化。因此匹配和自适应就是为了补偿和修正制造上的误差以及因使用"磨合"而带来的变化。

对于自动变速器而言，其意义就是，为了能在所有工况下和在离合器的使用寿命内都能舒适地控制或调节离合器接合转矩，必须对上述这些因素进行补偿。离合器的自适应（适配）过程追求的就是这个目标。

制造过程中产生的误差与使用过程中的磨损是物理量变化的自然规律，这是不可避免的，如电磁阀、各阀门、弹簧、离合器和制动器摩擦材料磨损后产生的间隙等，以及密封元件的老化、ATF性能的变化、电磁线圈的老化、正向压力的变化等。因此大家能够看到额定数值和实际数值有所不同。

软件的匹配实际上就是一种程序的激活功能或某个系统间的相互认识程度。在日常生活中所谓自适应定义，是指生物能改变自己的习性，以适应新环境的一种特征（应变能力）。因此直观地说，汽车电控系统的自适应控制器（ECU智能化），就应当是具备这样自我完善功能的一种控制器。当外界因素变化时，它能自动修正自己的控制特性，以适应控制对象和扰动因素的动态特性变化。比如在维修自动变速器时调整了一些部件的工作间隙（更换新的摩擦片），更换了一些密封元件等后，电控单元必须要适应新的信息并改变控制程序的变化。

汽车各电控系统的自适应控制研究对象，也是具有一定程度不确定性的某个工作系统，这里所谓的"不确定性"，是指为描述被控对象及其环境的特征，而建立的数学参考模型（类似于脉谱图形式），其变化过程不是完全确定的，其中包含一些未知因素和随机因素。任何一个实际系统都具有不同程度的不确定性，这些不确定性有时表现在系统内部，有时表现在系统外部。若从系统内部来讲，描述被控对象的数学模型的结构和参数，设计者事先并不一定能全部精确知道（重点在理论测算）。而作为外部环境对系统的影响，可以等效地用许多扰动来表示。这些扰动通常也是不可完全预测的（可通过假设来模拟实况）。这也是我们在实际维修中所预料不到的一些问题。

此外，还有一些测量时产生的不确定因素也会进入系统。面对这些客观存在的各种各样的不确定性因素，如何设计适当的控制系统？使某一指定的性能达到规定指标（控制曲线），能达到并保持最优或者近似最优，这就是自适应控制所要研究和解决的三大重点问题。

常规的反馈控制系统，对于系统内部特性的变化和外部扰动的影响，都具有一定抑制能力。但是由于设计时的控制参数是相对固定的（不可能任意改变），所以当系统内部特性变化，或者有外部扰动的变化，且变化幅度很大时，系统性能常常会大幅度下降，甚至是不稳定的（无法确认自适应控制范围）。

所以对那些对象特性或扰动特性变化范围很大，同时又要求经常保持高性能控制指标的各类系统，采取自适应控制是合适的，也是最有效的。但是自适应控制比常规反馈控制要复杂得多，设计、制造成本也高得多，还需要通过长时间的时效验证，可能是长期行为。

综上所述，可以把"匹配"理解为计算机的"格式化"或"程序激活""清除原始记忆值"，而把"自适应"理解为"自学习"。当然在绝大部分新款车型中"匹配"在前"自适应"在后。因此在实际维修中就出现这样的问题：维修后的自动变速器反复路试（按照自适应要求）仍然存在换档质量问题，这是因为没有激活其"匹配"程序，无论怎样自适应都适应不过来。当然"匹配"是一种方法，它可能要求"在线匹配"，有可能需要专用的"设备"，也有可能需要特殊的"步骤"等。因此就表现出各汽车生产厂在这方面的技术信息垄断。维修人员如果不知道或不了解这些信息，又不知道这些方法，包括一些硬性条件等，故障车即便是恢复了其机械或液压功能后也依然会存在一些问题。例如，一家综合修理厂更换一辆新款车型的全新自动变速器后，换档时冲击感还是比较强，后来经过长时间的路试最后只剩下换前进档冲击一个故障点了，但始终找不到真正的原因，就是迟迟解决不了，加上车主整天催促提车，搞得"心慌意乱，神魂颠倒"。后来又更换和调整了车身连接部件等，方方面面的工作"兴师动众"地做了一大堆。最后车主叫冤，厂家叫苦。其实就是一个信息、一个方法的问题，如果知道了，5min 即可搞定。还有就是目前在国内一些一、二类综合修理厂通常将自动变速器维修业务委托给专业自动变速器修理厂来做，因此就经常出现维修后的变速器交给修理厂装车以后存在一些换档品质故障，其实这些维修后的故障都跟"匹配"和"自适应"有关。类似故障经过"匹配""自适应"操作都会很容易解决。这样的案例不胜枚举，而且在维修中越来越突出。这就是自动变速器新技术给维修带来的麻烦。当然不同厂家的"匹配"和"自适应"方式也不一样。只要具备各种条件，掌握这些信息和方法修理依然还是很简单的。

下面介绍 5 种简易快速法。

① 丰田厂家的自动变速器的匹配。清除 ECU 记忆；自适应：静态摩擦（制动停车换档学习）和动态摩擦（路试学习）。

② 大众/奥迪自动变速器的匹配。通过基本设定；自适应：动态摩擦（按要求路试学习）。

③ 通用自动变速器的匹配。清除 TAP 数值；自适应：动态摩擦（按要求路试学习）。

④ 富康 AL4 自动变速器的匹配。初始化设定；自适应：动态摩擦（按要求路试学习）。

⑤ 奔驰、宝马自动变速器的匹配。重新设定（利用原厂诊断仪）；自适应：动态摩擦（按要求路试学习）。

有了信息，有了方法，有了条件，也并不意味着什么问题都可以解决。这主要跟科学的诊断方法和规范化维修有关，前提就是做好一切的维修才能进行所谓的"匹配"和"自适应"。也就是说，在维修中的某个环节出现问题时即便知道如何"匹配"操作，也知道如何进行"自适应"运行，那也不会100%成功。因此倡导科学诊断、规范维修有着极其重要的意义。

自动变速器修理竣工需要进行道路试验、匹配和自适应，依据所修车型的维修数据验证维修结果，包括换档点、换档品质、油温、工作油压、强制降档、发动机制动及变矩器锁止离合器功能等。

完成台架试验后，如满足各项测试要求后，应将变速器装车进行道路试验。路试前应完成如下工作：

① ATF 标准量的检查。
② 连接诊断 ECU 确定电控系统无存储故障记忆。
③ 油压表的连接。
④ 利用诊断仪清除 ECU 的原始记忆（匹配工作）。
⑤ 确保满足路试要求的所有准备工作。

一切准备就绪后，要按照路试要求和路试标准来进行路试。路试要求和项目如下：

① 首先要确保在道路和车辆的安全性下进行路试。
② 按照要求根据不同发动机工况进行换档正时曲线的确认（1/4、1/2、2/3 节气门行驶）。
③ 利用诊断 ECU 来读取变矩器 TCC 控制参数和工作要求。
④ 路试过程中，要时刻观察变速器工作温度的变化，以避免变速器因工作温度过高而烧损。
⑤ 观察油压表指针油压数值的变化，这一点也很重要，特别是对于烧片的变速器，不稳定的油压可能会导致冲击和打滑故障的出现。
⑥ 通过路试来验证换档质量好坏（结合动态参数的变化）。
⑦ 确保以上项目均正常的情况下，还要测试发动机制动和强制降档功能有无实现。
⑧ 路试过程中，注意自动变速器内部有无异响。
⑨ 在所有路试项目当中，要观察动态数据的变化并对数据进行分析。
⑩ 按照所维修自动变速器的要求进行相关的"匹配"和"自适应"以使全部项目都达到使用要求。路试后，还要进行全方位检查，确信无误后方可交车使用。

变速器 J217 诊断说明如下：

a. 09L 变速器的控制单元 J217 与阀体作为一个总成出现，称之为机电一体控制单元。出现故障时，ECU 与阀体必须同时更换。

b. A6L 变速器自 2006 年起参与防盗，即更换变速器控制单元后必须上网解除防盗系统，否则系统会锁止变速器使车辆虽然可以起动，但仪表显示 SAFE（防盗状态），同时车辆无法行驶，最高车速仅为 20km/h。

匹配条件及需要匹配情况见表 3-1-16。

表 3-1-16　匹配条件及需要匹配情况

匹配条件	需要执行的匹配情况
① 换档不平顺或换档冲击比较明显 ② 修理过离合器后 ③ 更换机械电子单元或变速器 ④ 软件更新后	① 充油压力（预充油） ② 快速充油时间（预充油） ③ 换档压力（离合器接通和关闭） ④ 保持压力

维修提示：

自适应要满足相应的冷却液温度、机油温度及变速器油温的条件，其中冷却液温度、机油温度要在80℃以上，而变速器油温在不同的步骤中有不同的要求。在执行自适应时，要保证有较长的平直路段用于加速和滑行而不受其他车辆的干扰。

执行诊断与匹配的步骤如下：

① 首先读取自适应值：02—08—075，076、077、078、079，这5个数据块分别表示A、B、C、D、E 5个离合器（其中也包括制动器，德国有把制动器统称为离合器的习惯）压力自适应值，清除前先将其记录下来。

特别注意：

切记，一旦执行下一步清零后，必须按照下列步骤将自适应完成，否则反而有损坏变速器的危险。

② 清除自适应值。用02-10-01-0数据块清除自适应值，并进行确认。该步骤将自适应通道1的值清零；此时再次读取075—079数据块，数值应该变为零。

③ 保证变速器油温在40℃以上，匹配离合器B、C和E的加注压力。以非常低的转矩（大约100N·m）将车辆从静止加速到4档（D位），然后让车辆在不施加制动的情况下减速到40km/h，然后缓慢制动直至车辆静止。在静止状态下等待5s。这一操作重复3次。

④ 变速器油温至少为70℃，匹配离合器B和C：以大约100N·m的转矩使发动机转速保持在1600~2800r/min范围内。以Tiptronic6档（手动档模式）行驶3~4km，然后加速并继续保持发动机转速在1600~2800r/min范围内，以Tiptronic6档（手动）行驶3~4km。

⑤ 匹配离合器A和C：以Tiptronic5档（手动）保持发动机转速在1400~2100r/min行驶1min（牵引），然后让发动机转速降至1400r/min（超速）；运行整个程序，直到离合器A和C已被匹配一次（总数最多不能超过3次）。

⑥ 匹配离合器D和E：以60N·m的转矩保持发动机转速在1400~2100r/min范围内，以Tiptronic3档（手动）行驶1min，然后缓慢制动到停止，并保持停车5s；运行程序，直到离合器D和E已被匹配一次（总数最多不能超过3次）。

⑦ 匹配行驶结束。进行路试，逐渐加速和减速通过所有档位，评估静止时和行驶时的换档冲击。再次检查075—079各离合器自适应值是否均已完成。

四、典型自动变速器的匹配和学习方法

1. 大众AG4系列01M/01N自动变速器的匹配方法

1）加速踏板处于静止状态。

2）选择基本设定 04 功能。

3）输入 001 通道号。

4）将加速踏板踩到底并保持 3s，同时最好执行节气门的匹配。

2. 大众 AG5 系列 01V 自动变速器的匹配方法

1）01-04-060 匹配节气门。

2）01-04-063 同时将加速踏板完全踩下，数据显示 ADP OK 之后松开加速踏板，退出，如图 3-1-19 所示。

3. 速腾 09G 自动变速器恢复初始设置方法

用 VAS5053 连接 ECU，进入 02 自动变速器—基本设定—通道 01，点"开始"，完成。再次进入基本设定—通道 02—开始。完成退出，关闭钥匙重新打开。变速器初始设置完成。ECU 重新学习你的驾驶习惯。此方法同样可以修复系统检测变速器初始数据丢失，导致所有档位都被选中，跳档延迟的问题。

图 3-1-19　利用大众专用诊断仪进行匹配操作

09G 自动变速器自适应方法如下：

1）档位学习。油温高于 60℃，怠速 N—D，N—R 每个档位停留 5s，不能踩制动踏板，重复 5 次以上。

2）换档学习。节气门开度分别大于 25%、35%、50%，由 1 档升至 6 档升档全过程车速小于 120km/h，重复 10 次；在 D 位不动，由 6 档降至 1 档，在 1min 内完成，重复 10 次。

4. 09E 和 09L 自动变速器自适应方法

1）让发动机以较小功率运行，行驶中观察 ATF 的温度达到 60~90℃。

2）在车辆停住、发动机怠速运转、踩下制动踏板时，从 N 位换到 D 位并保持这个状态约 3s。将这个过程重复 5 次。随后以同样的方法从 N 位换到 R 位。

3）车在静止时换入 D 位，以小负荷（加速踏板位置 15%~25%，测量数据块 02/2）将车加速到 4 档（约 80km/h）。然后让车滑行到约 40km/h（不要踩制动踏板），随后用中等力度踏下制动踏板使车停住。当车辆已经停住时，必须让车继续停留在 D 位约 10s（踩下制动踏板）。将此步骤重复 6 次（6 次 0km/h→80km/h→40km/h→0km/h）。

4）将车加速到约 70km/h，并手动（Tip）换入 5 档。然后以 80~100N·m 的发动机转矩（见测量数据块 09）保持这个恒定车速行驶 3~4min。

5）将车加速到约 90km/h，并手动（Tip）换入 6 档。然后以 80~100N·m 的发动机转矩（见测量数据块 09）保持这个恒定车速行驶 2~3min。

6）车在静止时以小负荷（加速踏板位置 15%~25%，测量数据块 02/2）将车加速到约 100km/h。然后让车滑行到约 40km/h（不要踩制动踏板），随后用很小的力踩下制动踏板使车停住。将此步骤重复 5 次（5 次 0km/h→100km/h→40km/h→0km/h）。

5. 奥迪 01J 无级变速器匹配方法

方法一：起动车辆，使发动机与变速器达到正常工作温度（60℃ 以上），换前进档行驶 20m，慢踩制动踏板，直至车速为 0 保持档位 10s，同时观看 10 组数据流，然后换 R 位行驶

20m，慢踩制动踏板，直至车速为 0 保持档位 10s，同时观看 11 组数据流，两项结束后，完成自适应学习。

方法二：起动车辆，使发动机与变速器达到正常工作温度。换前进档使车速达到 70km/h 以上（手动模式要升至 6 档），然后踩制动踏板 10 次或在 6 档停车 10s 以上；换倒档行驶 20m 以上，最后在 6 档停车 10s 以上，即完成自适应学习。

方法三：起动车辆，使发动机与变速器达到正常工作温度。换前进档不踩加速踏板，ECU 会提高发动机转速使车速提高，向前行驶 20m，慢踩制动踏板，使车速为 0，要保持档位，等待 10s，然后换 R 位，行驶 20m，方法同前进档。

以上 3 种方法。不管用哪种，此时用仪器观察变速器数据流第 10 组和第 11 组应显示"OK"。若显示"RUN"，则需重新进行学习。

6. 北京现代 F4A42 系列匹配方法

（1）停车状态下

N—D 位或 N—R 位时出现换档冲击。

1）消除变速器控制单元记忆：拔掉蓄电池电缆，过 15s 后重新安装。

2）重复实施 N—D 位及 N—R 位，在 N 位停留 3s 以上。

3）学习之前，检查怠速转速、发动机及变速器的固定垫状态以及驱动系统间隙等。

（2）行驶中

行驶中出现换档冲击，例如，在 2—3 档时出现冲击。

1）消除变速器控制单元记忆。拔掉蓄电池电缆，过 15s 后重新安装。

2）节气门开度电压值保持一定程度的情况下，实施学习操作。将加速踏板踩到一定程度，连接故障检测仪查看，使节气门开度电压值保持在 1650mV，从 2 档进入 3 档后保持 2s 以上，这个过程一直重复至换档冲击消失为止（重复约 5 次）。

3）将加速踏板踩到底的情况下实施学习操作。将加速踏板踩到底，从 2 档进入 3 档后保持 2s 以上，这个过程一直重复至换档冲击消失为止（重复约 5 次）。实施学习操作初期出现换档冲击为正常现象，每次重复，换档冲击会有所减小，学习过程中换档冲击即使减小，也要一直坚持重复操作 5 次为止。

4）其他档位出现换档冲击时，也按照同样的方法实施学习操作即可。注意：应严格遵守操作顺序。

7. 荣威 750 55—51SN 自动变速器的自适应方法

1）进档自适应——热车，起动发动机，踩住制动踏板，将变速杆从 N—R—N（中间停留时间 3~5s）5 次，然后再将变速杆从 N—D—N 5 次，关闭点火开关 10s 以上。

2）升降档自适应——热车，起动发动机，将变速杆换入 D 位，以小节气门开度（1/4 左右）加速至 4 档，速度在 50km/h 以上，然后制动减速直至停车（时间大于 15s 以上），重复 5 次。

8. 奔驰 722.6 自动变速器的学习程序

升档过程：1 档→2 档 4 次；2 档→3 档 4 次；3 档→4 档 3 次；4 档→5 档 3 次。

滑行降档：5 档→4 档 3 次；4 档→3 档 3 次。

在执行学习程序时，必须注意不要超过规定的发动机转矩值，若超过额定的发动机转速，变速器将无法执行学习程序，必须再重复操作一次。完成上述学习程序后，发动机必须运转 10min 以上。

9. 蒙迪欧致胜及现代维拉克斯 AWF21 变速器的学习方法

1）发动机加速运转或进行路试提升 ATF 温度，利用故障诊断仪检查 ATF 温度在 66～110℃。

2）利用举升机举起车辆，踩下制动踏板，将变速杆移入 N 位并保持 3s。接着将变速杆从 N 位移至 D 位，同样保持 3s，重复此操作 5 次。然后再以同样的方式对 R 位重复操作 5 次。

3）将变速杆置于 D 位进行换档控制学习。节气门开度保持在 25%～30%，驱动车辆直至升至 6 档。当车速达到 80km/h 或更高时松开加速踏板，滑行至少 60s 后停车。重复此项操作 10 次。

4）检查学习结果，检查车速变化时的冲击及换档冲击是否比学习之前有所改善。

10. 欧蓝德 W6AJA 变速器 ECU 初始化

1）将变速杆换至 P 位并关闭点火开关。连接 MUT-Ⅲ。

2）打开点火开关，操作制动器和加速踏板。

3）然后换至 R 位。并清除自动变速器故障码。

11. 奥迪 Q7 09D 变速器匹配方法

1）加速踏板踩到底（启动强制降档开关）。

2）松一点加速踏板保持不动持续 5s（强制降档开关未工作）。

3）彻底松开加速踏板，起动发动机，变速杆 N—D 和 N—R（各重复 6 次，在每个位置保持 3s）。

4）从静止状态以 25%～30% 的节气门开度加速行驶 1～6 档，松开加速踏板 1min，慢踩制动踏板降 1 档后停车保持 5s（重复 4 次）。

5）必须连续成功才会有效。

12. 本田飞度无级变速器的匹配方法

（1）车辆停止时的设定

1）将驻车制动杆拉起。

2）将发动机运转到正常温度。

3）确定电控系统没有故障码。

4）关闭点火开关。

5）用本田的 ECU 或 HDS 跨接 SCS 线连接。

6）踩下制动踏板不动，直到设定完毕。

7）在无负荷的情况起动发动机，然后打开前照灯（设定时前照灯一直亮着）。

8）将变速杆推到 N 位，然后换至 D、S、l，20s 后再推到空档，重复两次。

9）如果 D 位指示灯闪烁或亮 1min 重复 5）再做一次。

（2）行驶状态下的设定

1）起动、打开前照灯。

2）使车速达到 60km/h，然后不要踩制动踏板，使车辆减速，直至停止。

13. 宝马迷你无级变速器匹配方法

连接宝马原厂检测仪 ECUOPS。

1）删除匹配值，大家留意到在档位显示前面多了一个字母"X"。

2)起动汽车,换到 N 位 10s,然后换到 D 位 10s,再换到 N 位 10s,再换到 R 位 10s,换回 P 位。

3)换 N 位 3s,再换 D 位 3s——重复 10 次。

4)换 N 位 3s,再换 R 位 3s——重复 10 次。

5)上路行驶,使车速达到 80km/h,松加速踏板让车滑行(不能踩制动踏板),直到车子停下,再重复 2)。档位显示前面的字母消失,匹配完成,车辆减速直至停止。

> **注意:**
> 如有必要,在断开蓄电池接线/DME 发动机控制单元前,至少等待 10min。

14. 沃尔沃车系变速器换档时机设定程序

> **说明:**
> 该诊断模式只有自动变速器才具有此功能。当变速器大修后,或曾经拆过蓄电池后,变速器 ECU 会清除记忆,必须重新设定 ECU 检测节气门信号及计算变速器换档时机,因此必须依下列步骤重新设定 ECU 记忆程序。

1)跨接诊断线到 A1 端子,然后将点火开关置于 On 位。

2)按诊断键 5 次,先进入诊断"模式五",此时必须等 LED 灯亮。换档时机重新学习设定。

3)再按一下放开后,等 LED 灯熄、再亮后,再按 3 下;放开后,等 LED 灯熄、再亮后,再按 5 下放开(即为 1-3-5)。如果 LED 灯闪 1-5-5,表示变速器换档时机正常,不需要重新设定;若 LED 灯闪 2-2-5,则表示必须重新设定换档记忆,此时在 30s 内必须按 6 次按键,使 ECU 进入"模式六";当 LED 灯再亮起时,输入 1-5-5,即重新设定变速器换档时机记忆。

4)节气门信号重新记忆设定同程序 2),然后输入 1-2-5 后,若 LED 灯显示 1-4-5,表示不需要重新设定节气门信号记忆,当 LED 灯显示 2-1-5 时,表示必须重新设定节气门信号,在 30s 内,按 6 次按键使 ECU 进入"模式六",等 LED 灯再度亮起时,输入 1-4-5 即可重新设定节气门信号。

15. 别克新君越及新君威 6 档变速器 GF6 自适应值程序重设

"维修快速读入自适应值"是一个 6 档自动变速器的程序,进行一系列测试使变速器控制模块(TCM)读入单独的离合器特性。一旦读入离合器数据,"维修快速读入自适应值"将它转换为自适应数据单元,用于换档期间变速器控制模块控制离合器。故障诊断仪可启动"维修快速读入自适应值"程序。此程序在变速器维修后使用。只有当车辆进行了以下维修中的一项时,才必须执行"维修快速读入自适应值"程序。

> **注意:**
> 完成以下维修之一后,若未执行本程序,可能会造成变速器性能不良,并设置变速器故障码。

① 变速器内部维修/大修。

② 阀体修理或更换。

③ 控制电磁阀(带阀体和变速器控制模块)总成的更换。

④ 变速器控制模块软件/校准更新。

⑤ 针对换档质量问题的任何维修。

> **注意：**
> 执行"维修快速读入自适应值"程序之前，确保满足以下条件：
> ① 阻挡驱动轮。
> ② 使用驻车制动器。
> ③ 使用行车制动器。
> ④ 0%节气门且无外部发动机转速控制。
> ⑤ 变速器油液温度在70~100℃之间。
> ⑥ 变速杆从驻车档位(P)挂到倒档位(R)，并循环3次，以排出倒档离合器中的空气。

1) 使用故障诊断仪通过选择以下命令，选中"维修快速读入自适应值"选项：
F1：变速器控制模块。
F5：模块设置。
F0：快速读入自适应值程序。

> **注意：**
> 如果程序执行期间遇到所需的条件未满足，"维修快速读入自适应值"可能会异常中断，程序需要从起点处重新开始运行。

2) 使用故障诊断仪执行"维修快速读入自适应值"程序。

> **注意：**
> 成功完成"维修快速读入自适应值"程序包括3个阶段：驻车档测试设置、前进档模式、倒档模式。这些阶段由故障诊断仪自动启动和控制。程序执行时，故障诊断仪数据显示将提供操作说明。必要时按照故障诊断仪的说明操作。参见以下"驻车档测试设置""前进档模式"和"倒档模式"，以获得每个阶段的简要说明。一旦程序完成，关闭发动机并将变速器控制模块断电。您将与故障诊断仪失去通信，重新起动发动机，将完成"维修快速读入自适应值"程序。

① 驻车档测试设置。设变速器换驻车档位（P）时，"维修快速读入自适应值"准备测试循环。测试准备将包括诊断标准检查、安全性检查、车辆状态检查，然后将执行内部变速器测试准备功能，例如离合器空气吹洗。故障诊断仪将仅指示操作者选择驻车档位（P）并踩下制动踏板。

② 前进档模式。警告：选择前进档位（D）之前用楔块挡住车轮。在前进档位（D）时，如果故障诊断仪失去通信或断开，车辆可能向前移动。未用楔块挡住车轮可能造成人身伤害或财产损坏。一旦完成驻车档位（P）设置，故障诊断仪将指示驾驶人选择前进档位（D）。一旦选择前进档位（D），变速器控制模块接合独立的离合器以读入离合器容积、全满阈值和压力补偿。变速器控制模块将仅循环此测试一次。多次运行"维修快速读入自适应值"程序将得到相同的结果，这是不必要的。

③ 倒档模式。警告：选择倒档位（R）之前用楔块挡住车轮。换倒档位（R）时，如果故障诊断仪失去通信或断开，车辆可能向后移动。未用楔块挡住车轮可能造成人身伤害或财产损坏。

3）故障诊断仪将指示驾驶人选择倒档位（R）。变速器控制模块接合独立的离合器以读入离合器容积、全满阈值和压力补偿。变速器控制模块将仅循环此测试一次。多次运行"维修快速读入自适应值"程序将得到相同的结果。

注意：
当"维修快速读入自适应值"程序完成时，变速器将保持在空档状态。

如果"维修快速读入自适应值"不运行，且上述条件已满足，确保以下条件：
① 变速器油温度在70~100℃。
② 制动系统和制动开关运行正常。
③ 未启动故障码。
④ 当在"驻车档测试设置"或在测试模式开始时，关闭节气门并将发动机转速增加到1500r/min以上。
⑤ 驻车档/空档位置开关正确调整且功能正常。
⑥ 管路压力控制可以达到1000kPa且在规定范围之内。
⑦ 车辆未移动或没有过度振动。
⑧ 离合器装配正确。

16. 大众02E DSG变速器的自适应方法
1）ATF油温达到30~100℃，看测量数据块19。
2）把变速杆置于P位，打开点火开关，起动发动机怠速运转，踩下制动踏板，保持整个过程，节气门不要操作，进入变速器，基本设定04，传动公差设定（校准及测量）。通道号61，按提示进行基本操作。[ON/OFF/Next]，离合器自适应。若控制模块版本低于0800，进入通道号60，按提示进行基本操作。[ON/OFF/Next] 控制模块版本高于0800，进入通道号67，进行基本操作，清除自适应值（离合器安全）。进入通道号68，按提示进行基本操作，清除自适应值（压力自适应）。进入通道号65，进行基本操作，清除自适应值（转向装置）。进入通道号63，清除自适应值（ESP和巡航装置）。进入通道号69，做完关闭点火开关，等候10s，再打开点火开关，查看有无故障码。

五、传感器诊断与检查

1. 变速器多功能档位（TR）开关F125

变速器多功能档位01M（TR）开关F125如图3-1-20所示。变速杆电缆把多功能档位开关连接到变速杆上。多功能档位开关把变速杆的机械运动转换为电信号，并把这些信号传送到变速器控制模块（TCM）J217。

（1）多功能档位开关
多功能档位开关有6个滑动触点的机械组合开关，如图3-1-21

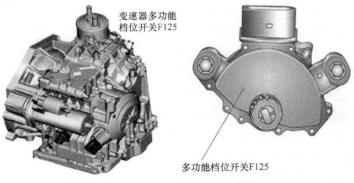

图3-1-20 变速器多功能档位01M（TR）开关F125

所示。

1）4个开关用于变速杆的滑动触点位置。

2）一个开关用于P位或N位，可以控制起动。

3）一个开关用于倒档的倒车灯开关F41。

（2）信号利用

变速器控制模块（TCM）J217触发自动换档程序，确认多功能开关的位置，控制以下功能：

1）起动机联锁。

2）倒车灯。

3）变速杆锁止P/N。

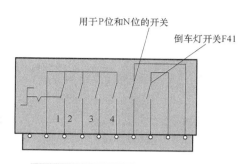

图3-1-21　用于变速杆位置的开关

如果发生下列情况，必须调节多功能开关：

1）更换多功能开关。

2）安装新变速器。

3）仪表板上的档位指示灯显示不正确。

2. 变速器输入/输出转速传感器

（1）变速器输入转速传感器G182

1）功能原理。变速器输入转速传感器G182记录位于多片式离合器K2外行星架处的变速器输入转速，如图3-1-22和图3-1-23所示。它是根据霍尔原理工作的。自动变速器输入轴转速传感器G182是一个电磁式传感器，安装在阀体上侧，用于检测自动变速器的输入轴转速，自动变速器控制单元利用输入轴转速信号控制换档平顺，如果信号中断，自动变速器进入应急状态。

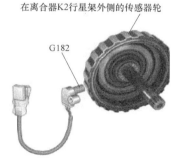

图3-1-22　输入转速传感器G182（一）

图3-1-23　输入转速传感器G182（二）

2）信号利用。对于下列功能，变速器控制模块（TCM）J217 需要精确的变速器输入转速。

① 换档的控制、适应和监测。

② 变矩器锁止离合器调节和监测。

③ 诊断换档元件，检查发动机转速和变速器输出转速的可信度。

3）信号故障的影响。变矩器锁止离合器闭合。发动机转速用来替换变速器输入转速。

（2）变速器输出转速传感器 G195

1）功能原理。变速器输出转速传感器 G195 记录驻车锁止轮处的变速器输出转速。它也是根据霍尔原理工作的。

驻车锁止轮与中间轴的从动轮是一体的。由于输出行星齿轮和中间轴之间的传动比，两转速分别按各自的比例。

根据变速器的编程传动比，TCM 的 J217 计算出实际变速器输出转速，如图 3-1-24、图 3-1-25 所示。

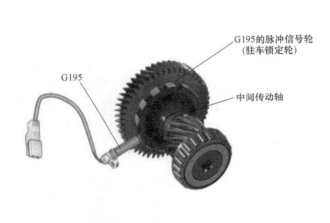

图 3-1-24 输出转速传感器 G195（一）

图 3-1-25 输出转速传感器 G195（二）

2）信号利用。对电子控制变速器而言，变速器输出转速是最重要的信号之一。下列功能需要这个参数：

① 选择换档点。

② 驾驶工况评估和动态换档程序 DSP 功能。

③ 诊断换档元件，检查发动机转速和变速器输出转速的可信度。

3）信号故障的影响。ABS 控制模块 J104 的转速信号替换变速器输出转速。

3. 变速器油温传感器 G93

变速器油温传感器 G93 位于阀体内，浸泡在变速器油中。它用来测量变速器油温，并把油温测量值传送到 TCM 的 J217。

变速器油温传感器 G93 由一块安装板固定。它是阀体总成的一个部件，作为一个热敏电阻工作，如图 3-1-26 所示。

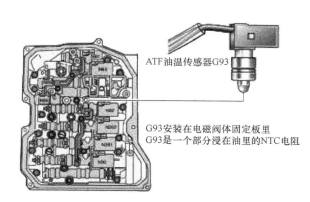
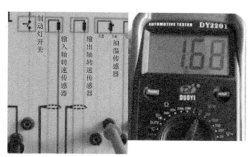

图 3-1-26 变速器油温传感器 G93

1）信号利用。下列功能需要变速器油温度信号：
① 适应系统换档压力和换档过程中建立压力和释放压力。
② 激活或解除暖机程序和变矩器锁止离合器等的温度依赖功能。
③ 在热车模式，变速器油温高时，激活变速器的保护功能。
2）信号故障的影响。变速器油温传感器 G93 信号故障的影响见表 3-1-17。

表 3-1-17　变速器油温传感器 G93

项目	维修知识	示意图
信号故障的影响	① 变矩器锁止离合器没有调节操作，只能打开或闭合；没有适应的换档压力，这通常会导致难以换档 ② 变速器油温传感器 G93 的负温度系数（NTC）热敏电阻特性曲线如右图所示 ③ 温度升高时，传感器电阻减小 ④ 为了防止变速器过热，超出定义的变速器油温范围时，触发相应的对策 ⑤ 对策 1（约 127℃）：利用动态换档程序（DSP）功能，换档特性曲线在更高转速下换档。变矩器锁止离合器较早闭合，不再进行调整 ⑥ 对策 2（约 150℃）：发动机转矩减少	（电阻/Ω 对 温度/℃ 曲线图）

4. Tiptronic 升档开关和降档开关

转向盘上的 Tiptronic 升档开关 E438 和 Tiptronic 降档开关 E439，这些选择配置的按钮在转向盘上可以找到。通过操作按钮，自动变速器可以实现升档和降档，如图 3-1-27 所示。换档信号直接进入 TCM 的 J217 中。

1）信号故障的影响。如果信号发生故障，转向盘按钮就没有 Tiptronic 功能。
2）Tiptronic 换档策略。达到最高转速时，自动升档；低于最低转速时，自动降档。强制降档；起步之前，如果选择 2 档，就从 2 档开始起步；升档保护或降档保护。

5. 节气门位置传感器和加速踏板位置传感器

节气门位置（TP）传感器 G79 和加速踏板位置传感器 G185，都位于踏板总成的加速踏板模块内，如图 3-1-28 所示。

图 3-1-27 升档开关和降档开关

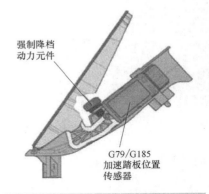

图 3-1-28 节气门位置传感器和加速踏板位置传感器

强制降档信息：

1）告知驾驶人正处于强制降档阶段。

> **维修技能：**
>
> 如果驾驶人主动激活强制降档，通过强制降档开关，就会发出一个超出节气门位置传感器 G79 和加速踏板位置传感器 G185 全开（WOT）位置的电压值给 ECM，使 ECM 控制强制降档。

2）发动机控制模块（ECM）J220 收到这个电压值后，将通过动力系统 CAN 总线给 TCM 的 J217 传递信息。

6. 电磁阀与控制阀诊断

在电控自动变速器中，电磁阀作为电液换档元件使用。开关式电磁阀与作为调节阀或计量阀的电子压力控制阀有区别。

（1）电磁阀

1）电磁阀 N88。电磁阀 N88 作为一个开关式电磁阀工作，打开或关闭自动变速器油通道。电磁阀 N88 在 4～6 档打开。此外，这个电磁阀改进了 5 档到 6 档的换档质量。如果没有电流，电磁阀 N88 关闭。如果 N88 的信号或执行器发生故障，就不可能从 4 档换到 6 档。

2）电磁阀 N89。电磁阀 N89 作为一个开关式电磁阀工作，打开或关闭自动变速器油通道。电磁阀 N89 打开时，变矩器锁止离合器的变速器油压升高。如果同时打开电磁阀 N88 和电磁阀 N89，制动器 B2 闭合，在 Tiptronic 模式下的 1 档，激活发动机制动。没有电流时，这个电磁阀关闭。

如果到电磁阀 N89 的信号发生故障，变矩器锁止离合器不再加压到最大变速器油压，发动机制动就不可能实现。

(2) 电子压力控制阀

1) 电磁阀 N90。电磁阀 N90 调节到多片式离合器 K1 的自动变速器油压。

没有电流时，电磁阀关闭。在这个换档工况，最大自动变速器油压影响离合器的工作。如果电磁阀 N90 有故障或不能激活，1 档到 4 档换档就困难。

2) 电磁阀 N91。电磁阀 N91 调节到变矩器锁止离合器的压力。如果电磁阀 N91 没有电流，变矩器锁止离合器打开。如果电磁阀 N91 发生故障，变矩器锁止离合器一直打开。

3) 电磁阀 N92。电磁阀 N92 调节到多片式离合器 K3 的自动变速器油压。没有电流时，电磁阀关闭，变速器在最大油压下操作。

4) 电磁阀 N282。电磁阀 N282 调节到多片式离合器 K2 的油压。如果没有电流，电磁阀关闭，在这个换档工况，最大自动变速器油压作用在离合器上。电磁阀 N282 或线路中发生故障，4 档到 6 档的所有档位换档困难。

5) 电磁阀 N283。电磁阀 N283 调节到多片式制动器 B1 的油压。电磁阀是否关闭取决于电流值。如果没有电流，制动器闭合，变速器油压最大。由于 N283 电磁阀或线路中发生故障，2 档到 6 档换档困难。

> **注意：**
> 如果变速器型号为 01M/01N (096/097)，则 7 个电磁阀实物静态检测有区别。

6) 检查电磁阀实物电阻值。自动变速器在解体之后也可以用万用表对其电阻进行检测，其中电磁阀 N88、N89、N90、N92、N94 正常的电阻值应在 55~65Ω。电磁阀 N91、N93 电阻值应在 4.5~6.5Ω。如果测得某电磁阀不在正确范围内，更换该电磁阀，见表 3-1-18。如果变速器型号为 01V (5HP19)，电磁阀实物电压值见表 3-1-19。

表 3-1-18 01M/01N (096/097) 7 个电磁阀实物电阻值的检查

序号	内容说明	图例
1	N88 电磁阀电阻值 62.9Ω	
2	N89 电磁阀电阻值 63.7Ω	

序号	内 容 说 明	图 例
3	N90 电磁阀电阻值 62.7Ω	
4	N91 电磁阀电阻值 5Ω 注意：096/097 此电磁阀电阻值为 64Ω	
5	N92 电磁阀电阻值 63.1Ω	
6	N93 电磁阀电阻值 5Ω	
7	N94 电磁阀电阻值 63.2Ω	

表 3-1-19　01V（5HP19）的电磁阀实物电压值

内容说明	图例
测量换档与开关电磁阀正极与搭铁间电压，应在 11.5~11.9V	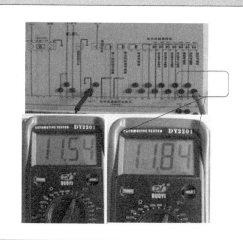

7）换档锁止电磁阀 N110。电磁阀位于变速杆支撑物上，它是一块电磁铁，打开点火开关时，防止变速杆离开 P 位和 N 位。

特别注意：

在断电情况下，变速杆已经锁止。要操作变速杆，必须使用紧急释放功能。

01V 自动变速器常见故障分析（一）

大众、奥迪车辆所选用的 01V 自动变速器绝大部分故障都是可以排除的，大部分故障都是通过更换各种配件来解决（因 01V 自动变速器配件供应良好），极少有靠真正维修来解决问题。但随着维修市场的激烈竞争，在提高维修质量的同时，还要降低维修成本，所以少数专业维修厂通过采取维修的方法来解决问题，比如变矩器的修复、阀体的修复以及电磁阀的修复等（这些部位的修理需要专用设备）。

综合 01V 自动变速器的各种故障，发现故障较多的是"漏油"和"换档品质问题"。下面就这些故障排除进行总结。"漏油故障"是 01V 自动变速器常见故障之一。对于自动变速器漏油故障，大家似乎感觉是容易解决的问题，但有些时候多次返工未果也比较棘手，因此值得重视。就 01V 自动变速器而言，漏油处基本可确定在两个部位上：一个是发动机与自动变速器的连接部位；一个是变速器的右后方（有时还以为是油底壳在漏油）。无论哪里漏油，都要先确定漏的油是 ATF 还是齿轮油。这两种油都是黄色的，可以通过气味和黏稠度来辨别。通常，变矩器油封处最易漏油，但有时并不是这个地方漏出的油，而是其中的一个半轴油封漏出的。

第一，在过去的几年时间，一些大众维修站由于判断前端漏油的问题失误，花费了不少人工、物料。问题是 01V 变速器有两处各使用了一大一小双唇面油封，彼此将两种润滑油隔开。同时，又设计了两个漏油报警孔（或称通气孔，相当于人的鼻孔，φ6mm），以提示要进行修理，其中一个在变速器的前方，另一个在差速器后方右机爪下方。过去有的修理工发现该处漏油时想直接堵死它，这种想法是错误的，也是不可行的。不管它漏的是什么油，都需要利用规范的手段来解决。一旦堵死后，两种油就会形成交叉渗漏，其后果就不言而喻了（这样的案例已经出现过多次）。

第二，还有一个比较难办的是换档品质故障（冲击问题）。例如：挂档冲击、升档冲击、降档冲击、强迫降档冲击、制动降档冲击、TCC接合冲击、TCC释放冲击、不同载荷下的换档冲击、连续换档冲击、个别档位换档冲击等。这些故障的原因除先天性的"设计缺陷"外，而更多的是后天使用问题，零配件使用寿命达到极限以及电控系统与液压系统间的匹配达到极限等问题。就换档冲击的故障根源，虽说涉及面较广，但最重要的是如何锁定是哪一个点引起了换档冲击。其实各种冲击涉及的范围都比较广。严格讲，它属于一个综合故障：既体现在电子控制方面，也离不开机械与液压方面，还涉及其他系统（比如说发动机动力问题就在电子控制方面，目前国内可能还没有在软件上做改进，所谓的升级都是改变发动机ECU芯片程序）。在机械方面主要还是通过调整间隙、加装缓冲元件等。液压方面的问题比较多，如弹簧疲软、密封元件老化、阀门磨损等，都靠换件来解决。

在解决换档冲击故障时，电磁阀问题也不容忽视，因为更换整个液压阀体，客户往往接受不了，没有办法只能更换电磁阀组，但有时对于电磁阀好坏的判断没有标准数据。关于电磁阀，一般都是简单地测量其线圈阻值，但它又不是真正的纯电阻元件，按其线圈的结构应该称之为电感元件，因此测得的线圈阻值是线圈导线单位长度电阻系数的和。同时，在测试时还会发现在不同温度下所测得的阻值是不同的，最关键的是电磁阀的密封性能及响应速度。电磁阀性能的好坏直接影响换档品质。除了自身性能外，电磁阀的匹配也很重要。更换新的电磁阀组后，不但原来的问题得不到解决，可能还会出现新的问题，这主要是更换的配件有区别。原因是01V变速器的电磁阀分为新旧款两大类：老款（E17型阀体）电磁阀和新款改进型（E18-2型阀体）电磁阀。新旧两款油压调节类电磁阀是不允许互换的，可以通过零件号来鉴别，见表3-1-20。

表3-1-20 电磁阀品质与零件号

盖子颜色	绿	绿	黑	黑	黑	绿	黄
代号	N88	N89	N93	N94	N92	N90	N91
代号含义	MV1	MV2	EDS3	EDS4	EDS2	MV3	EDS1

01V自动变速器常见故障分析（二）

01V自动变速器常见故障见表3-1-21。

表 3-1-21　01V 自动变速器常见故障

故障与检修	图　　例
（1）01V 油泵、变矩器损坏 故障现象： 先期表现为冷车状态下变速器会发出异响；中期表现为变速器异响明显并且发动机与变速器连接处会出现漏油现象；后期为车辆无法正常行驶 故障原因： 由于自动变速器油泵杯士（俗称铜套）与变矩器轴颈处磨损，从而导致变速器异响、漏油，最后无法正常行驶	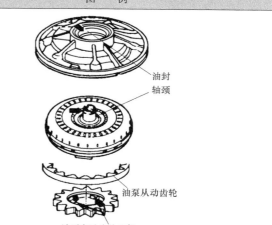
（2）变矩器安装 将变矩器轻轻向里旋转，直到变矩器套筒上缺口插进到油泵主动齿轮的凸起上，如果变矩器安装正确，则变速器固定面到槽面距离最小 23mm 如果变矩器没有装好，则此距离大约 11mm 注意：如果变矩器安装错误，会造成变矩器的接合套筒及油泵损坏，而且把变速器和发动机粘连在了一起难以分开	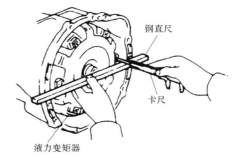
（3）E 离合器损坏 故障现象： 4—5 档或 5—4 档换档冲击 故障原因： 发动机特性改变，空气流量传感器损坏，变矩器锁止离合器失效，发动机冷却液温度传感器损坏	
（4）橡胶柱塞开裂 故障现象： 换档冲击，档位缺失，换档时间过长 处理措施： 更换新款柱塞	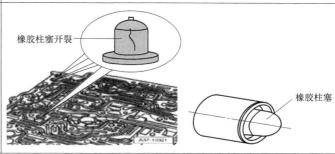

(续)

故障与检修	图 例
（5）变矩器的（锁止离合器）闭锁控制	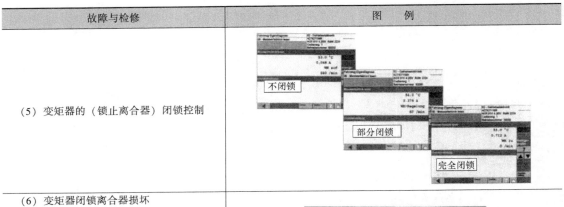 不闭锁　部分闭锁　完全闭锁
（6）变矩器闭锁离合器损坏 故障现象： 锁止离合器工作时不平稳，车辆出现抖动现象 故障原因： 闭锁离合器的摩擦材料剥落	
（7）A离合器毂 故障现象：打滑、变速器进入应急模式 故障原因：A离合器毂液压缸出现裂缝	 A离合器毂　　裂缝位置
（8）01V变速器异响的判断 分析：首先要判断变速器是否有异响，需要通过路试和台试，同时借助听诊器来判断。前提要排除变速器意外的异响，如前轮轴承异响、球笼异响、轮胎异响、底盘异响等 变速器型号：5HP—19FL（01V） 零件名称：副轴 故障现象：异响	 副轴轴承锁紧螺母
（9）01V倒档无力 故障现象： 挂入倒档后松开制动踏板，车辆爬行较慢，踩加速踏板，车辆不走 故障原因： D—G离合器壳体开裂	 箭头所指为轴承及座圈的检查位置 其离合器壳体在D离合器端开裂 改进后的新壳体卡簧处厚度加大

(续)

故障与检修	图例
（10）车辆无法正常行驶 故障现象： 无倒档、不换档、不能行驶 故障分析： 变速器润滑系统不良 故障原因： 行星齿轮烧损 解决方法： 更换变速器配件的同时需要更换冷却液散热器	行星齿轮烧坏
（11）01V 变速器 5-4 档冲击 故障现象： 车辆行驶至 80km/h，变速器升至 5 档，轻踩制动踏板使车速降至 55km/h 时，车辆出现冲击感，此时变速器为 5-4 档。有时候出现了入档冲击现象 数据分析： 通过检测设备读取发动机数据流，读取空气流量传感器信息 数据显示可能为：①大于正常值；②0~2g 故障原因： 空气流量传感器损坏	空气流量传感器损坏
（12）胶垫损坏 故障现象： 1）发动机在怠速状态下感觉车身明显振动 2）换档时冲击感明显	发动机胶垫　发动机胶垫　变速器胶垫
（13）差速器漏油	部分01V差速器漏油判断位置
（14）差速器油封损坏、油泵前端轴承异常磨损	差速器易损坏的油封位置 油泵前端异常磨损的轴承

任务二 大众09G自动变速器的传动路线与检修

一、大众09G自动变速器概述

大众公司在多款车上搭载09G自动变速器。09G自动变速器的开发商和制造商是日本爱信公司。当然,大众的工程师也参与了合作开发,并将其与大众汽车相匹配。该变速器为横向安装的6档自动变速器确立了新的动力学和经济性标准。

09G自动变速器特点:
1)质量轻。
2)总传动比大。
3)变速器尺寸紧凑。
4)换档速度快。
5)换档舒适性高。

这家制造商还为大众途锐提供名称为09D的6档自动变速器。爱信的这两款自动变速器都采用一种名为Lepellefier(拉维娜式)的齿轮组方案。这种方案的优点是:结构简单,节约结构空间且质量适中。它把一个单排行星齿轮组与一个串联的拉维娜式齿轮组有机结合。因此用五个换档执行元件就能实现六个前进档和一个倒档。

大众各车型搭载情况如表3-2-1所示。

表3-2-1 大众各车型搭载情况

名 称	最大传递转矩/N·m	车 型
09G	250	高尔夫2004/途安/新甲壳虫/帕萨特2005
09K	400	客货两用运输车2004
09M	450	帕萨特2005

解体实物对照如图3-2-1所示。

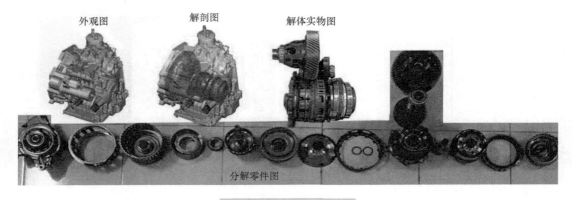

图3-2-1 解体实物对照

二、大众09G自动变速器动力流与档位分析

彩色立体传动图如图3-2-2所示。

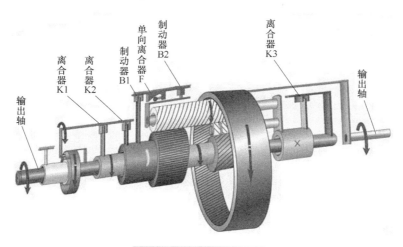

图3-2-2　立体传动图

传动简图如图3-2-3所示。

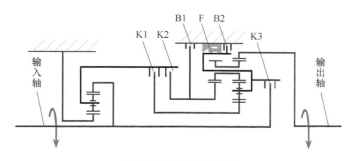

图3-2-3　传动简图

09G各档执行元件和传动比见表3-2-2。

表3-2-2　09G各档执行元件和传动比

D 位							R 位
D1/1	D2	D3	D4	D5	D6		R
K1	K1	K1	K1	K2	B1		K2
F/B2	B1	K2	K3	K3	K3		B2
4.148	2.37	1.556	1.155	0.859	0.686		3.394

项目四

长安福特 6F35 和 10R80 自动变速器

任务一 长安福特 6F35 自动变速器的传动路线与检修

下面对长安福特 6F35 自动变速器动力流及档位进行分析。

6F35 自动变速器搭载于长安福特新翼虎、新蒙迪欧等车型。6F35 自动变速器从左向右看，左一、中二、右三，有三个行星齿轮排。输入轴从左边输入，从左一排行星架上的链轮输出。6F35 自动变速器有 2 个离合器 C1 和 C2。3 个制动器 B1、B2 和 B3。一个单向离合器 F。单向离合器 F 不算，总共有 5 个执行元件。可实现 6 个前进档和 1 个倒档。传动立体图如图 4-1-1 所示。

传动简图如图 4-1-2 所示。

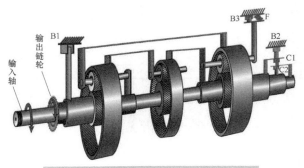

图 4-1-1 6F35 自动变速器传动立体图

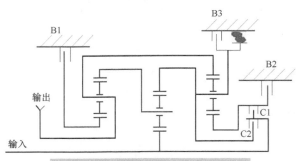

图 4-1-2 6F35 自动变速器传动简图

6F35 自动变速器各档传动路线及档位分析见表 4-1-1。

表 4-1-1　6F35 自动变速器各档传动路线及档位分析

档位	传动路线	示意图
1 档（车速小于 8km/h）	在 D1 档，前进离合器锁定前太阳轮。后行星支架/中心环齿轮由低速 OWC（单向离合器）/CL-R 低速（1、R）离合器锁定。涡轮轴将转矩传递给中心太阳轮。中心太阳轮将转矩传递给中心行星支架/前环形齿轮。前环形齿轮将转矩传递给前行星支架/后环形齿轮和输出轮毂，产生一个 4.584 的传动比	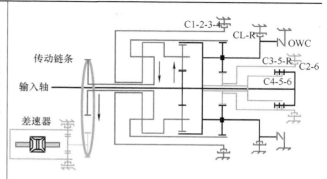
2 档	在 2 档，前进离合器锁定前太阳轮。中间离合器锁定后太阳轮。涡轮轴将转矩传递给中心太阳轮。中心太阳轮将转矩传递给中心环形齿轮/后行星支架。后行星支架将转矩传递给后环形齿轮/前行星支架和输出轮毂，产生一个 2.964 的传动比	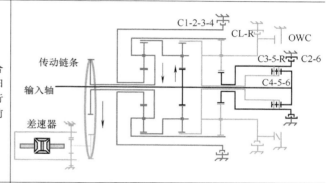
3 档	在 3 档，前进离合器锁定前太阳轮。直接离合器带动后太阳轮。动力从中心太阳轮传递到中心行星支架/前环形齿。转矩并从此处传递到后环形齿轮/前行星支架。动力同时从后中心太阳轮传递到后环形齿轮/前行星支架。前行星支架的两股输入结合到一起并将转矩传递到输出轮毂，产生一个 1.912 的传动比	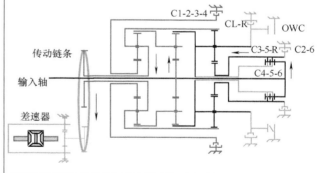
4 档	在 4 档，前进离合器锁定前太阳轮。超速档离合器驱动后行星支架/中心环形齿轮。动力从涡轮轴传递到中心太阳轮和中心环形齿轮。到中心行星支架的两股输入结合在一起，并将转矩传递到前环形齿轮。前环形齿轮将转矩传递给前行星支架，接着到输出轮毂，产生一个 1.446 的传动比	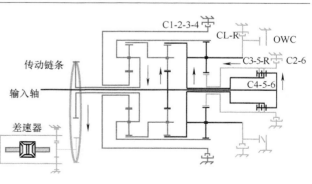

（续）

5档
  在5档，超速档离合器驱动后行星支架/中心环形齿轮。直接离合器带动后太阳轮。涡轮轴将转矩传递给中心太阳轮、后太阳轮和后行星支架/中心环形齿轮。三股输入转矩锁定三个行星齿轮系，齿轮产生的传动比为1∶1。
  在5档工作时，所有电磁阀均为断电状态，因此第5档为故障安全模式

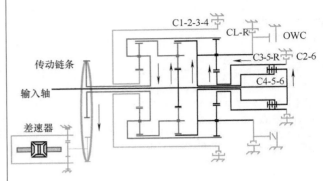

6档
  在6档，超速档离合器驱动后行星支架/中心环形齿轮。中间离合器锁定后太阳轮。来自后行星支架的转矩传递给后环形齿轮/前行星支架和输出轮毂，产生一个0.746的传动比

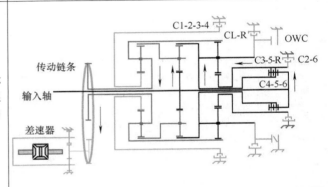

倒档
  变速杆处于倒档（REVERSE）位置时，低速/倒档离合器锁定后行星支架/中心环形齿轮。直接离合器带动后太阳轮。后环/前行星支架将转矩以2.94的传动比从反方向传递给输出轮毂

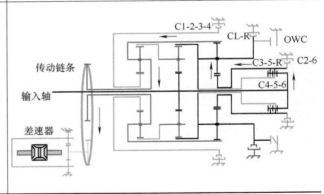

  6F35各档执行元件和传动比见表4-1-2。

表4-1-2 6F35各档执行元件和传动比

D位						R位
L/D1	D2	D3	D4	D5	D6	R
B3/F	B2	C1	C2	C2	C2	C1
B1	B1	B1	B1	C1	B2	B3
4.584	2.964	1.912	1.446	1	0.746	2.94

任务二　福特10R80自动变速器的传动路线与检修

一、福特10R80自动变速器的概述

由通用和福特共同研发的10R80自动变速器搭载于福特F150车上，2017年我国江铃福特引进的"冀虎"F150皮卡车，也有搭载。由于10R80自动变速器具有10个前进档和1个倒档，是迄今为止代表着世界汽车行星齿轮自动变速器最高科技，比德国ZF的两个9速AT（9HP28和9HP48）还要多1个档。

10R80自动变速器有4个单级行星齿轮排，A、B为制动器，C、D、E、F为离合器。C、D、F是比较罕见的旋转离合器。总共有6个执行元件，可实现10个前进档和1个倒档。

其特点如下：

从左至右行星齿轮排1、2、3、4。

1）行星齿轮排1的行星架与行星齿轮排4的齿圈刚性连接。
2）行星齿轮排2的齿圈与行星齿轮排3的太阳轮刚性连接。
3）行星齿轮排2的行星架连接到输入轴上。
4）行星齿轮排3的齿圈与行星齿轮排4的太阳轮刚性连接。
5）行星齿轮排1和2的太阳轮刚性连接。

二、换档元件的功能

1）制动器A制动使行星齿轮排1的齿圈固定。
2）制动器B制动使行星齿轮排1和2的太阳齿轮固定。
3）离合器C接合使行星齿轮排2的齿圈和中间轴以相同的速度旋转。
4）离合器D接合使行星齿轮排3的行星架和中间轴以相同的速度旋转。
5）离合器E接合将行星齿轮排3的齿圈和行星齿轮排4的太阳轮连接到输入轴上。
6）离合器F接合使行星齿轮排4的齿圈和行星齿轮排1的行星架和中间轴以相同的速度旋转。

细心的读者会注意到，此设计和ZF8HP设计，在齿轮布局以及制动器A和B布局方面有几个相似之处。当然还有一个额外的换档元件（一个旋转离合器），并且有一个中间轴不直接连接到任何行星齿轮排的元件，这与ZF8HP设计不同。行星齿轮排元件之间的5个刚性连接实际上与ZF8HP的设计完全相同。请参阅ZF8HP效果图和CAD渲染。因此福特10R80的CAD渲染可能与ZF8HP非常相似。

对于4个单级行星齿轮排，齿轮齿数为：

行星齿轮排1：太阳轮$S1=45$和齿圈$R1=99$；
行星齿轮排2：太阳轮$S2=51$和齿圈$R2=89$；
行星齿轮排3：太阳轮$S3=63$和齿圈$R3=101$；
行星齿轮排4：太阳轮$S4=23$和齿圈$R4=85$。

下面对福特10R80自动变速器动力流及档位进行分析。

10R80 自动变速器传动立体图如图 4-2-1 所示。

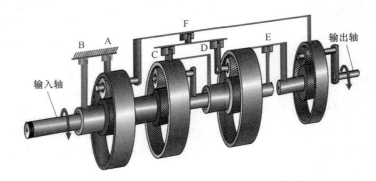

图 4-2-1　10R80 自动变速器传动立体图

10R80 自动变速器传动简图如图 4-2-2 所示。10R80 各档执行元件和传动比见表 4-2-1。

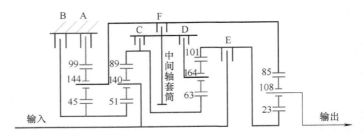

图 4-2-2　10R80 自动变速器传动简图

表 4-2-1　10R80 各档执行元件和传动比

D 位											R 位
D1	D2	D3	D4	D5	D6	D7	D8	D9	D10	R
A	A	A	A	A	A	C	B	B	B	A
B	B	E	F	F	F	F	F	F	F	B
E	C	C	C	C	E	E	E	E	D	D
	D	D	D	E	D	D	D	C	C	F

项目五 复合式自动变速器检修

3个以上行星齿轮排、5个以上前进档（包括5个档）的 AT 称为复合式自动变速器。

 案例链接（一）锐志车没有5档、6档

[经过] 锐志车变速器是 A960E 型超级智能6档自动变速器（机械部分与 A760/761E 相似）。车主反映，此车在半年前冷却液散热器水管漏过，且冷却液温度过高。在修理厂修完后，行驶时发动机转速在 3000～4000r/min 时，车速才能达到 100km/h，后来在修理厂换过一次变速器油也没有解决问题。

[故障判断与排除] 首先与车主一起试车，在高速公路上发现此车从1档到4档跳档正常，之后再不能跳档，于是回到修理厂用举升机举起后，没有做常规检查，直接把油放掉，发现变速器油已变黑，告诉车主必须分解变速器检查。分解后发现，7组摩擦片有2组已烧得变黑。车主自己从配件商店买来摩擦片，换好后，开到高速公路试车，结果还是从1档到4档跳档正常，没有5档和6档。于是接好诊断仪读取变速器数据流，无论变速器工作多长时间变速器油温始终是0℃，是不是变速器油温传感器出现了问题。找来电路图查看油温传感器的线直接接到发动机 ECU 上。从前向后数第五个插头的26号端子、27号端子，分别是紫色 N 和蓝色 L 线，如图5-0-1所示。在 ECU 这端测量，导线没有断路现象，发现 ECU 外壳有损坏的痕迹。

把 ECU 从车上拆下来分解，发现电路板中有很多处修过的痕迹，并且26号端子在电路板中已开焊，26号端子正好是油温传感器信号输入端，把26号端子用电烙铁焊好后试车一切正常。

[案例小结] 在这次维修过程中，总是往一个方向上想问题，总认为变速器里的摩擦片一定出现了问题，如果在车刚来时接好诊断仪读取数据流，就会发现变速器油没有温度，先把 ECU 修好后，或许变速器能有5档、6档。即使没有5档、6档，再拆解变速器也不晚。下面学习 A760、761E 自动变速器。

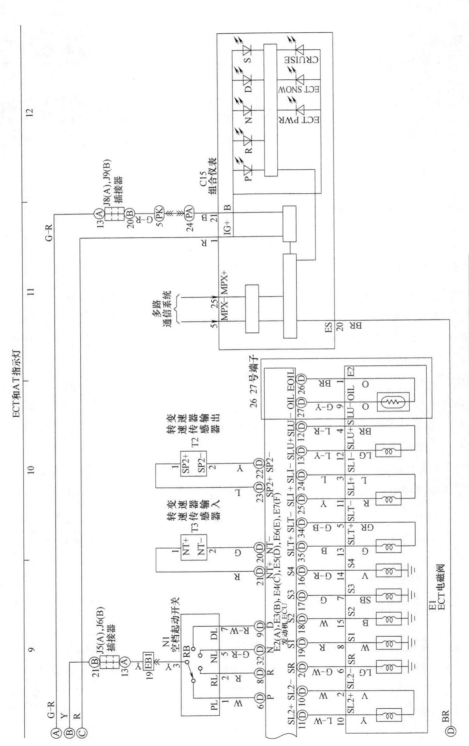

图 5-0-1 锐志 ECU 电路板中的 26、27 号端子

任务一　丰田 A761E 自动变速器的传动路线与检修

一、丰田 A761E 自动变速器概述

雷克萨斯、丰田皇冠等有几个版本的车型搭载 A760、A761E 自动变速器。这款自动变速器有 6 个前进档、一个倒档，属于电子控制手自一体式自动变速器。4 个离合器，4 个制动器，4 个单向离合器，共计 12 个执行元件。按照维修资料的顺序将执行元件进行排列，从左至右为 C2、C3、C4、C1、F4、B3、F2、F1、B1、B2、F3、B4。A761E 整体外观如图 5-1-1 所示。零件分布如图 5-1-2 所示。

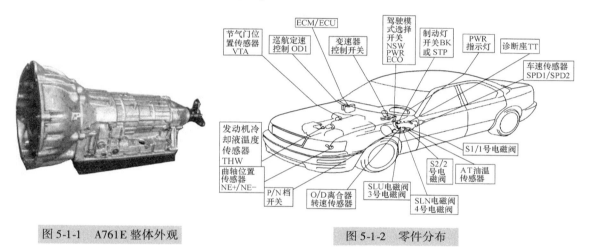

图 5-1-1　A761E 整体外观　　　　　图 5-1-2　零件分布

A761E 自动变速器有 3 个行星齿轮排：前排、中排和后排。

前排是一个双级行星排（两个行星齿轮）。行星架被单向离合器 F1 和制动器 B1 控制。

中排与后排是公共太阳轮（并联），中排齿圈与前排齿圈并联，中排行星架与后排齿圈串联，B4、F3 可以控制。

后排行星架为被动输出轴。

离合器 C1 和 C4 接合都是向中、后排公共太阳轮输入动力，不过 C1 中间有一个单向离合器 F4 输出轴反衬动力时内圈可以打滑，为经济模式。C4 是直接的输出轴反衬动力时不会打滑，为动力模式。A761E 传动实物如图 5-1-3 所示。

图 5-1-3　A761E 传动实物

这款自动变速器的1、2、3、4档既有经济模式又有动力模式，在档位和行驶模式之间切换的可靠性与平顺性都较好，燃油经济性、动力性也好。A761E立体图如图5-1-4所示。A761E传动简图如图5-1-5所示。A761E各档工况见表5-1-1。

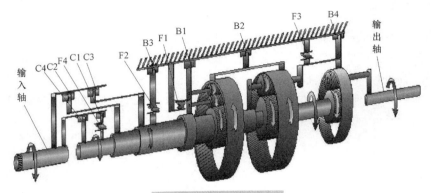

图 5-1-4　A761E 立体图

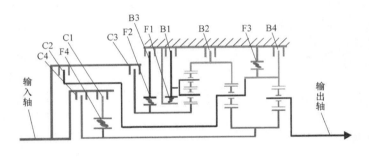

图 5-1-5　A761E 传动简图

表 5-1-1　A761E 各档工况

变速杆在 D 位						动 力 档 位				
D1	D2	D3	D4	D5	D6	1	2	3	4	R
C1	C1	C1	C1	C2	C2	C4	C4	C4	C4	C3
F4	F4	F4	F4	C3	B2	B4	B2	C3	C2	B1
F3	B3	C3	C2	B1					B1		B4
	F2	F1								
	F1									

二、丰田 A761E 自动变速器构造与检修

A761E 各执行元件用途见表5-1-2。

表 5-1-2　A761E 各执行元件用途

组件		功能
C1	1号离合器	连接输入轴和中间轴
C2	2号离合器	连接输入轴和行星齿轮架
C3	3号离合器	连接输入轴和前太阳轮
C4	4号离合器	连接输入轴和中间轴
B1	1号制动器	防止前行星架顺时针或逆时针转动
B2	2号制动器	防止前齿圈和中齿圈顺时针或逆时针转动
B3	3号制动器	防止F2的外座圈顺时针或逆时针转动
B4	4号制动器	防止中行星齿轮和后齿圈顺时针或逆时针转动
F1	1号单向离合器	防止前行星架逆时针转动
F2	2号单向离合器	当B3工作时防止前太阳轮逆时针转动
F3	3号单向离合器	防止中、前行星架和后齿圈逆时针转动
F4	4号单向离合器	防止中间轴逆时针转动
行星齿轮		这些齿轮通过传递过来的动力，按照每个离合器和制动器的工作情况转换动力的传递路径，使输出的转速提高或降低

离合器的取消装置用于离合器 C1、C2、C3、C4，如图 5-1-6 所示。离合器不仅受阀体控制压力的影响，还受加在离合器活塞残余油压的影响。离合器的取消装置是利用 B 腔来降低 A 腔的影响，如图 5-1-7 所示。

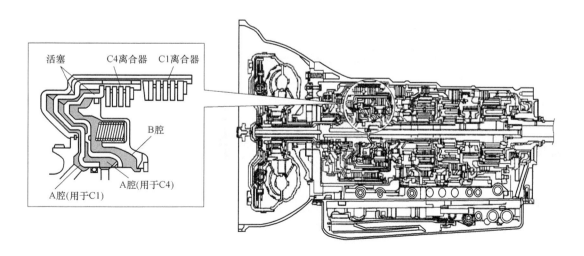

图 5-1-6　离合器的取消装置

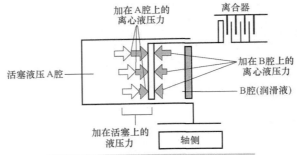

图 5-1-7 利用 B 腔来降低 A 腔的影响

三、自动变速器电路控制系统检修

1. 电路控制系统的结构

电路控制系统结构如图 5-1-8 所示。组件位置如图 5-1-9 所示。

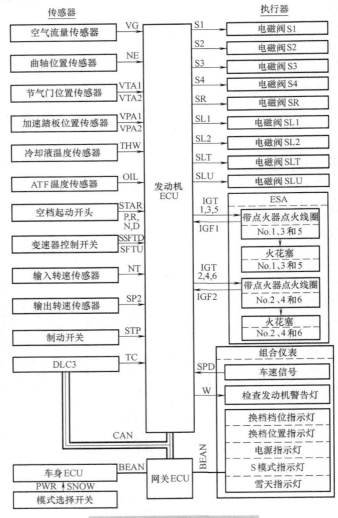

图 5-1-8 电路控制系统结构

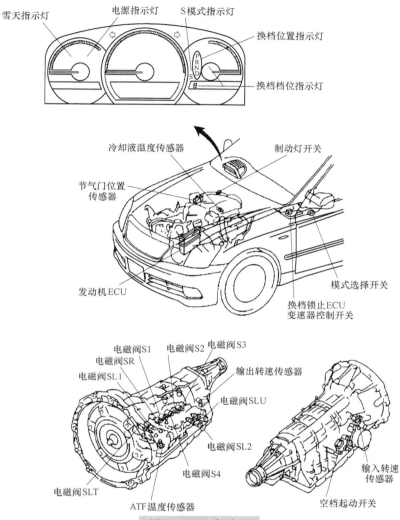

图 5-1-9 组件位置

2. 电磁阀

9 个电磁阀 S1、S2、S3、S4 和 SR、SLU、SL1、SL2、SLT 的位置如图 5-1-10 所示。S1、S2、S3 和 SR 电磁阀的结构和工作状态如图 5-1-11 所示。S4 电磁阀的结构和工作状态如图 5-1-12 所示。

S1、S2、S3、S4 和 SR 的功能见表 5-1-3。

表 5-1-3 S1、S2、S3、S4 和 SR 的功能

电磁阀	类型	功能	电磁阀	类型	功能
S1	3 向	切换 1-2 换档电磁阀 切换 SL1 继电器阀	S4	3 向	切换 4-5 换档阀 切换 SL1 继电磁阀 切换换向序列阀
S2	3 向	切换 2-3 换档阀	SR	3 向	切换 C4 继电器阀 切换 B1 继电器阀
S3	3 向	切换 3-4 换档阀			

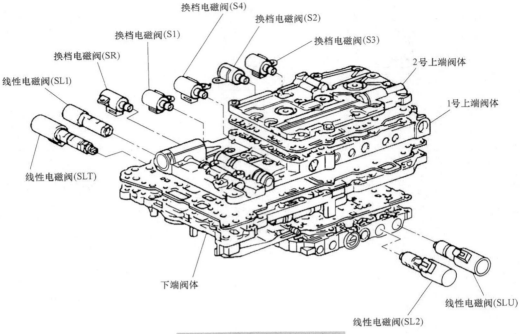

图 5-1-10　9 个电磁阀的位置

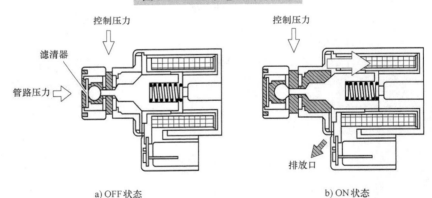

图 5-1-11　S1、S2、S3 和 SR 电磁阀的结构和工作状态

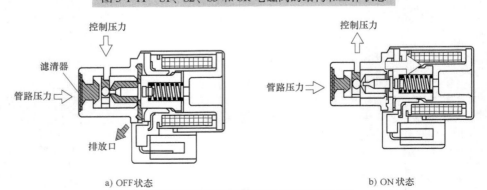

图 5-1-12　S4 电磁阀的结构和工作状态

SL1、SL2、SLT 和 SLU 电磁阀的结构和特性如图 5-1-13 所示。

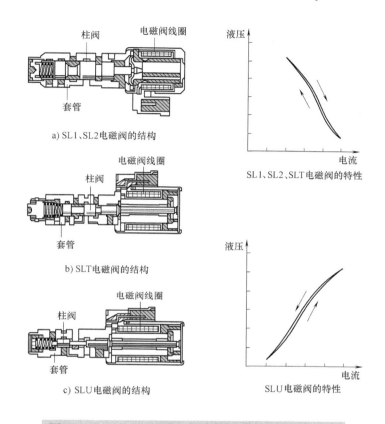

图 5-1-13　SL1、SL2、SLT 和 SLU 电磁阀的结构和特性

SL1、SL2、SLT 和 SLU 电磁阀功能见表 5-1-4。

表 5-1-4　SL1、SL2、SLT 和 SLU 电磁阀功能

电磁阀	功　能	电磁阀	功　能
SL1	离合器压力控制 储能器背压控制	SLT	管路压力控制 储能器背压控制
SL2	制动压力控制	SLU	锁止离合器压力控制

3. ECU 控制功能

1）离合器的压力控制。控制单元激活相应的电磁阀，将油压力传向执行元件，实现快速和极佳的换档特性，如图 5-1-14 所示。

2）离合器的优化控制。电控单元监控各自传感器的信号，并根据发动机的输出和驱动情况精确控制离合器的油压，如图 5-1-15 所示。

3）主油路的油压控制。通过主油压电磁阀 SLT，根据发动机转矩信息、变矩器和变速器的内部工作情况，主油压得到精确控制，可实现滑动换档特性和优化油泵负载，如图 5-1-16 所示。

4)锁止正时的控制。在高速档时,电控单元为了提高经济性能,精确控制锁止正时,如图 5-1-17 所示。

5)锁止离合器智能控制。在中低速档时,电控单元为了提高能量的传递效率,灵活控制电磁阀 SLU,在锁止离合器的 ON/OFF 之间提供一个中间模式,既增加了锁止离合器的锁止范围,又提高了燃油经济性,如图 5-1-18 所示。

锁止离合器智能控制程序如图 5-1-19 所示。

6)换档模式智能控制。除模式开关转换换档模式外,为了自动选择最佳换档模式,AI-SHIFT 控制能使电控单元估计出路况和驾驶人的意图,实现汽车的最佳舒适性控制,如图 5-1-20 所示。

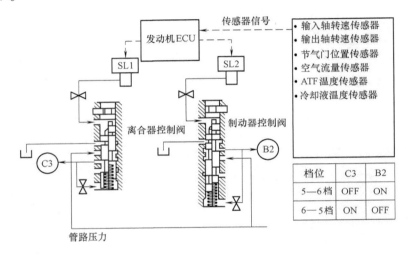

图 5-1-14 离合器压力控制

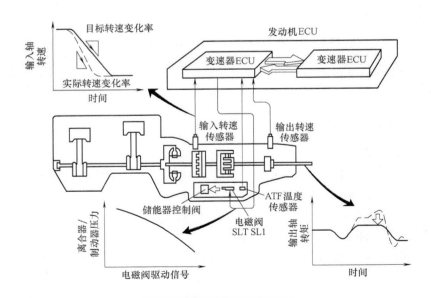

图 5-1-15 离合器优化控制

项目五 复合式自动变速器检修

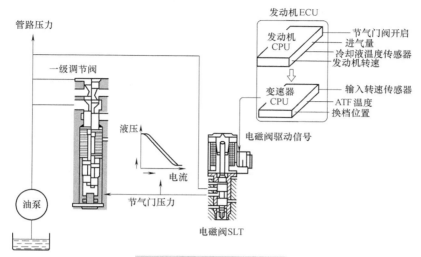

图 5-1-16 主油路油压控制

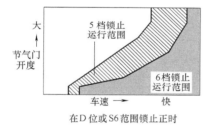

档位	D、S6	S5	S4
1档	×	×	×
2档	×	×	×
3档	×	×	×
4档	×	×	○
5档	○	○	—
6档	○	—	—

注：○ — 工作；× — 没有工作。

图 5-1-17 锁止正时的控制

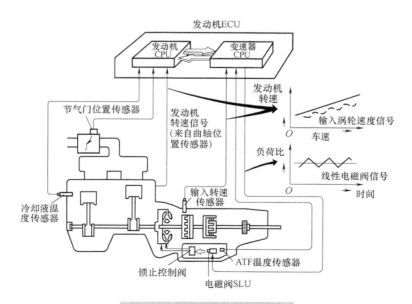

图 5-1-18 锁止离合器智能控制

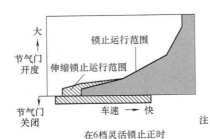

图 5-1-19　锁止离合器智能控制程序

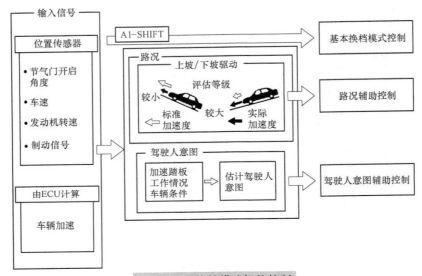

图 5-1-20　换档模式智能控制

7）路况辅助智能控制。电控单元根据负荷和车速判断汽车是在上坡或下坡，上坡时为获得最佳的驱动力，会控制降档同时换档点滞后；下坡时为获得最佳的发动机制动效果，会根据路况控制降档，充分利用发动机的制动作用，如图 5-1-21 所示。

8）驾驶人意图智能控制。根据加速踏板情况和车辆运行情况估计驾驶人的意图，并选择适合每个驾驶人的换档模式，即经济模式或动力模式。

9）节流开关控制。在极低温度下，ATF 黏度变大，油泵易于吸进空气。因此，为防止油泵吸进空气，节流开关控制减少变速器中 ATF 油量。

当停在 1 档时，为给 1—2 换档阀和 SL1 继电器阀施加管路压力，发动机 ECU 关闭（OFF）电磁阀 S1 并打开（ON）电磁阀 S4。1—2 换档阀和 SL1 继电器阀为来自二级压力关闭机油通道，这样可使二级压力通过节流孔 A。

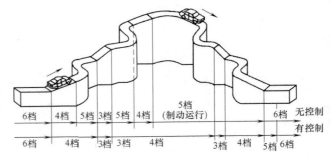

图 5-1-21　路况辅助智能控制

结果，变速器中 ATF 油量减少。

当停在除 1 档外的其他档位时，润滑来自二级调压阀的二级压力经过 1—2 换档阀和 SL1 继电器阀中的一个或全部，并通过节流孔 B。结果，变速器中 ATF 油量不会减少，如图 5-1-22 所示。

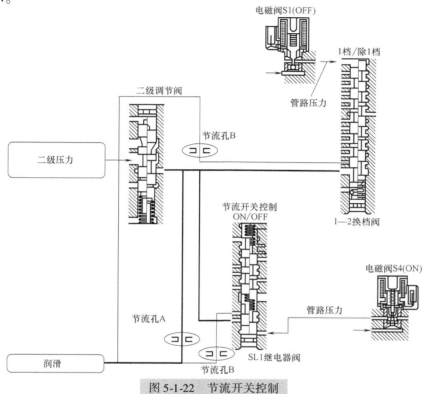

图 5-1-22　节流开关控制

10) 手动换档模式控制。驾驶人通过手动换档模式开关，进行手动换档可选择想要的档位，如图 5-1-23 所示。通过仪表提供 S 模式（图 5-1-24）的指示和换档范围指示灯显示相应的档位。

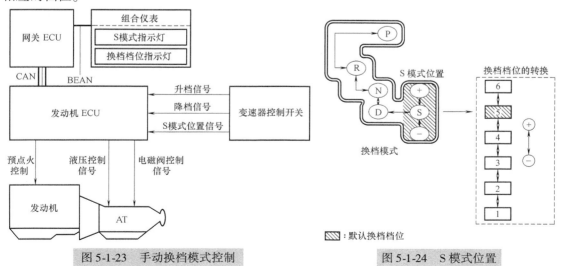

图 5-1-23　手动换档模式控制　　　　　　　　图 5-1-24　S 模式位置

11）安全保护功能。当一个传感器或电磁阀出现异常时，该功能把损失降到最小，见表 5-1-5。

表 5-1-5 安全保护功能

故障部位	功能
输入转速传感器 NT	通过输出传感器（SP2）影响换档控制 禁止由低速档转到 5 档和 6 档，并禁止 AISHIFT 和伸缩锁止离合器控制
输出转速传感器（SP2）	通过输入传感器（SP2）影响换档控制 禁止由低速档转到 5 档和 6 档，并禁止 AISHIFT 和伸缩锁止离合器控制
ATF 温度控制	禁止由低速档转到 5 档和 6 档，并禁止伸缩锁止离合器控制
S1、S2、S3、S4 和 SR 电磁阀	有故障的电磁阀的电流被切断，通过操作其他电磁阀影响控制
SL1 和 SL2	禁止由低速档转到 5 档和 6 档，并禁止伸缩锁止离合器控制
SLU 电磁阀	电流不能流过电磁阀，禁止锁止离合器的工作，降低了燃油的经济性
SLT 电磁阀	电流不能流过电磁阀，管路压力升高，通过正常驻车机构离合器压力控制影响换档

油温传感器如图 5-1-25 所示。输入轴和输出轴上安装的转速传感器如图 5-1-26 所示。

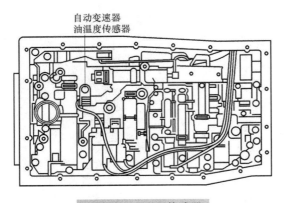

图 5-1-25 油温传感器

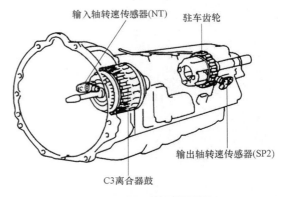

图 5-1-26 转速传感器

① 控制阀体。控制阀体包括上、下阀体和阀体上的控制电磁阀。1 号上阀体中的滑阀如图 5-1-27 所示。2 号上阀体中的滑阀如图 5-1-28 所示。1 号下阀体中的滑阀如图 5-1-29 所示。2 号下阀体中的滑阀如图 5-1-30 所示。

② 油泵。A760E 自动变速器采用转子式油泵，如图 5-1-31 所示。

③ 自动变速器油预热与冷却。ATF 预热装置安装在变速器壳体上，如图 5-1-32 所示。在发动机节温器打开前，冷却液直接从发动机流向 ATF 预热装置，以使 ATF 快速加热，提高 ATF 温度，这样可提高燃油经济性。热车后正常行驶过程中，发动机冷却液流入自动变速器油冷却装置，给自

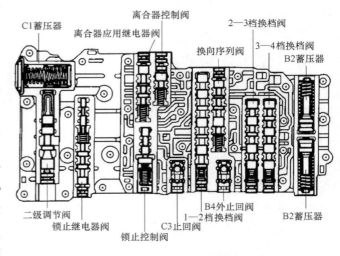

图 5-1-27 1 号上阀体中的滑阀

动变速器油散热。

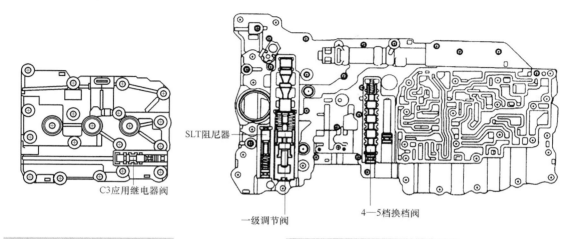

图 5-1-28　2 号上阀体中的滑阀　　　　图 5-1-29　1 号下阀体中的滑阀

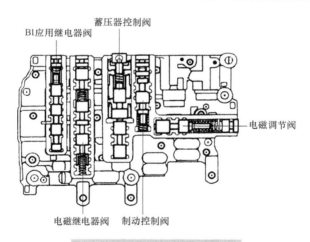

图 5-1-30　2 号下阀体中的滑阀

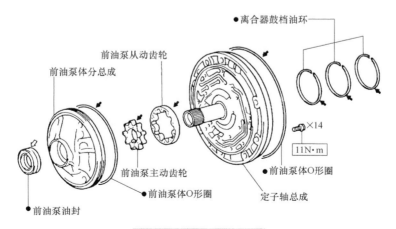

图 5-1-31　转子式油泵

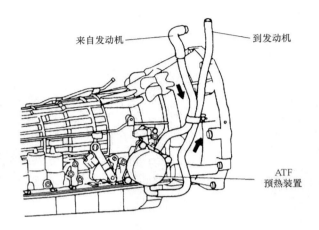

图 5-1-32　ATF 预热装置

4. 电控系统故障码

A760E 自动变速器故障码见表 5-1-6。

表 5-1-6　A760E 自动变速器故障码表

故障码	故障码含义	可能的故障部位
P0500	车速传感器 A	1）输出轴转速传感器（SP2）电路断路或短路 2）输出轴转速传感器（SF2）故障 3）自动变速器总成 4）ECM
P0705	变速器档位传感器电路故障 （P、R、N、D、L 输入）	1）驻车档/空档位置开关电路断路或短路 2）驻车档/空档位置开关 3）ECM
P0710	自动变速器油温度传感器 A 电路	1）自动变速器油温度传感器电路断路或短路 2）变速器线束（自动变速器油温度传感器） 3）ECM
P0711	自动变速器油温度传感器 A 性能	变速器线束（自动变速器油温度传感器）
P0712	自动变速器油温度传感器 A 电路输入太低	1）自动变速器油温度传感器电路短路 2）变速器线束（自动变速器油温度传感器） 3）ECM
P0713	自动变速器油温度传感器 A 电路输入太高	1）自动变速器油温度传感器电路开路 2）变速器线束（自动变速器油温度传感器） 3）ECM
P0717	输入轴转速传感器电路无信号	1）输入轴转转速传感器电路断路或短路 2）输入轴转速传感器 3）ECM 4）自动变速器（离合器、制动器或齿轮等）
P0724	制动器开关 B 电路高电位	1）制动灯开关电路短路 2）制动灯开 3）ECM

(续)

故　障　码	故障码含义	可能的故障部位
P0729	6档传动比不正确	1）阀体堵塞或卡滞（顺序阀） 2）换档电磁阀SLT一直打开或关闭 3）自动变速器总成（离合器、制动器或齿轮等）
P0748	压力控制电磁阀A电气系统 （换档电磁阀SL1）	1）换档电磁阀SL1电路断路或短路 2）换档电磁阀SL1 3）ECM
P0751	换档电磁阀A性能（换档电磁阀S1）	1）换档电磁阀S1一直打开或关闭 2）换档电磁阀SLT一直打开或关闭 3）阀体阻塞 4）2号制动器故障（驱动困难） 5）自动变速器总成（离合器、制动器或齿轮等）
P0756	换档电磁阀B性能（换档电磁阀S2）	1）换档电磁阀S2一直打开或关闭 2）阀体阻塞 3）自动变速器总成（离合器、制动器或齿轮等）
P0761	换档电磁阀C性能（换档电磁阀S3）	1）换档电磁阀S3一直打开或关闭 2）换档电磁阀SLT一直打开或关闭 3）阀体阻塞 4）自动变速器总成（离合器、制动器或齿轮等）
P0766	换档电磁阀D性能 （换档电磁阀S4）	1）换档电磁阀S4一直打开或关闭 2）换档电磁阀SL2一直打开或关闭 3）换档电磁阀SLT一直打开或关闭 4）阀体阻塞 5）自动变速器总成（离合器、制动器或齿轮等）
P0778	压力控制电磁阀 B电气系统（换档电磁阀SL2）	1）换档电磁阀SL2电路断路或短路 2）换档电磁阀SL2 3）ECM
P0781	1—2换档（1—2换档阀）	1）阀体阻塞或卡滞（1—2换档阀） 2）换档电磁阀SLT一直打开或关闭 3）自动变速器总成（离合器、制动器或齿轮等）
P0973	换档电磁阀A控制电路 太低（换档电磁阀S1）	1）换档电磁阀S1电路短路 2）换档电磁阀S1 3）ECM
P0974	换档电磁阀A控制电路 高电位（换档电磁阀S1）	1）换档电磁阀S1电路断路 2）换档电磁阀S1 3）ECM
P0976	换档电磁阀B控制电路 低电位（换档电磁阀S2）	1）换档电磁阀S2电路短路 2）换档电磁阀S2 3）ECM
P0977	换档电磁阀B控制电路 高电位（换档电磁阀S2）	1）换档电磁阀S2电路断路 2）换档电磁阀S2 3）ECM
P0979	换档电磁阀C控制电路 低电位（换档电磁阀S3）	1）换档电磁阀S3电路短路 2）换档电磁阀S3 3）ECM

（续）

故障码	故障码含义	可能的故障部位
P0980	换档电磁阀 C 控制电路高电位（换档电磁阀 S3）	1）换档电磁阀 S3 电路断路 2）换档电磁阀 S3 3）ECM
P0982	换档电磁阀 D 控制电路低电位（换档电磁阀 S4）	1）换档电磁阀 S4 电路短路 2）换档电磁阀 S4 3）ECM
P0983	换档电磁阀 D 控制电路高电位（换档电磁阀 S4）	1）换档电磁阀 S4 电路断路 2）换档电磁阀 S4 3）ECM
P0985	换档电磁阀 E 控制电路低电位（换档电磁阀 SR）	1）换档电磁阀 SR 电路短路 2）换档电磁阀 SR 3）ECM
P0986	换档电磁阀 E 控制电路高电位（换档电磁阀 SR）	1）换档电磁阀 SR 电路断路 2）换档电磁阀 SR 3）ECM
P0714	压力控制电磁阀 D 性能（换档电磁阀 SLT）	1）换档电磁阀 SLT 一直打开或关闭 2）换档电磁阀 S1、S2、S3、S4 或 SL2 一直打开或关闭 3）6 档传动比不正确（倒档顺序阀）或 1—2 换档阀卡滞 4）阀体阻塞 5）自动变速器总成（离合器、制动器或齿轮等）
P0716	压力控制电磁阀 D 电气系统（换档电磁阀 SLT）	1）换档电磁阀 SLT 电路断路或短路 2）换档电磁阀 SLT 3）ECM
P2757	变矩器离合器压力控制电磁阀性能（换档电磁阀 SLU）	1）电磁阀 SLU 一直打开或关闭 2）阀体阻塞 3）变矩器离合器 4）自动变速器总成（离合器、制动器或齿轮等） 5）管路压力过低
P2759	变矩器离合器压力控制电磁阀控制电路电气系统（换档电磁阀 SLU）	1）电磁阀 SLU 断路或短路 2）电磁阀 SLU 3）ECM

5. 基本检查与诊断

1）道路测试。D 位测试应在自动变速器油温度正常（50~80℃）的工作情况下进行测试。变速杆置于 D 位，将加速踏板完全踩下，并进行以下检查：

① 检查 1—2、2—3、3—4、4—5 和 5—6 换高速档是否发生，并且换档点是否符合自动换档车速表。

② 6 档升档禁止控制。发动机冷却液温度≤60℃，并且车速≤55km/h。

③ 5 档升档禁止控制。发动机冷却液温度≤55℃，并且车速≤51km/h。

④ 4 档升档禁止控制。发动机冷却液温度≤40℃，并且车速≤45km/h。

⑤ 锁止禁止控制。踩下制动踏板；松开加速踏板；发动机冷却液温度≤60℃。

⑥ 检查是否有换档冲击或打滑。检查在 1→2、2→3、3→4、4→5 和 5→6 换档时是否存在振动和打滑。

2）检查是否有异常噪声和振动。在变速杆处于 D 位时，检查从 1→2、2→3、3→4、4→5 和 5→6 换档时是否存在异常噪声和振动。注意：检查异常噪声和振动的起因时，必须要非常彻底，因为这种情况也可能是由于差速器、变矩器离合器等组件中的不平衡所致。

3）检查降档操作。行驶时检查变速杆在 D 位，从 6→5、5→4、4→3、3→2、2→1 降档时的车速，确认每个速度是否均在自动换档车速表指出的范围之内。

4）检查降档时是否有异常振动和打滑。

5）检查锁止机构。在 D 位（4 档、5 档或 6 档）行驶，保持匀速（TCC 锁止 ON）；轻轻踩下加速踏板，并检查发动机转速是否急剧变化。若发动机转速急剧变化，则说明无锁止。注意：在 1 档、2 档和 3 档时不锁止。

6）S 位测试。变速杆换到 S 位，踩下加速踏板，并且检查以下 8 点：

① 当变速杆在 D 位 6 档行驶时，换档至 S 位再退回至 D 位，检查并确认可以进行 6→5 换档操作和 5 档换档操作。

② 当变速杆在 S 位（车辆静止）时，换至"＋"位置，检查确认组合仪表上显示的变速杆位置变化如下：1→2、2→3、3→4、4→5 和 5→6 档。

③ 当变速杆在 5（S）位，车速为 55～65km/h 行驶时，换至"－"位置，检查是否发生 4 档降档，发动机制动是否正常。

④ 当变速杆在 4（S）位，车速为 30～40km/h 行驶时，换至"－"位置，检查是否发生 3 档降档，发动机制动是否正常。

⑤ 当变速杆在 3（S）位，车速为 20～30km/h 行驶时，换至"1"位置，检查是否发生 2 档降档，发动机制动是否正常。

⑥ 当变速杆在 2（S）位，车速为 10～20km/h 行驶时，换至"－"位置，检查是否发生 1 档降档，发动机制动是否正常。

⑦ 当降档操作可能导致发动机转速过高时，不可进行手动换档操作。如果驾驶人连续换档，可能不会降至 1 档。

⑧ 检查加速和减速时有无异常噪声，换高速档和换低速档时有无振动。

7）R 位测试。换到 R 位，轻踩加速踏板，然后检查车辆向后移动时是否有噪声和振动。

8）P 位测试。将车辆停在斜坡上（大于5°），换入 P 位后，松开驻车制动器。然后，检查驻车锁止爪是否使车辆保持在原地不动。

6. 测量失速转速

（1）测量注意事项

通过测量 D 位的失速转速来检查变速器和发动机的总体性能，测量时注意以下 4 点：

1）行驶测试必须在铺装的路面上进行（不滑的道路）。

2）自动变速器油在正常工作温度（50～80℃）进行测试。

3）此项测试的连续进行时间不要超过 5s。

4）为确保安全，应在宽阔、干净、平坦且可提供良好摩擦力的路面上进行此项测试。

（2）测量步骤

失速测试应由两个人来完成。一名技术人员在进行测试的同时,另一名技术人员应在车外观察车轮或车轮挡块的工作情况。

1）用垫木挡住 4 个车轮。
2）将智能测试仪连接到 DLC3 上。
3）完全拉紧驻车制动器。
4）左脚踩住制动踏板。
5）起动发动机。
6）变速杆置于 D 位,用右脚将加速踏板踩到底。
7）快速读出此时的失速转速。测量失速转速如图 5-1-33 所示。

（3）测量结果分析

失速转速规定值为（2470 ± 150）r/min。不正确的失速转速原因分析见表 5-1-7。

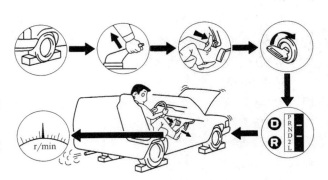

图 5-1-33　测量失速转速

表 5-1-7　不正确的失速转速原因分析

失速转速	原因分析
D 位发动机失速转速低	• 发动机动力输出可能不足 • 单向离合器工作异常 • 如果读数低于规定值 600r/min 或以上,变矩器可能有故障
D 位发动机失速转速高	• 管路压力太低 • 1 号离合器（C1）打滑 • 3 号单向离合器（F3）工作异常 • 4 号单向离合器（F4）工作异常 • 液位不正确

（4）测量时滞时间

在发动机怠速时,将变速杆换到 R 位或 D 位,在感觉到振动前会有一段时差或时滞,这个时滞可以用于检查离合器和制动器的状况。正常运行,自动变速器油温在 50~80℃ 时测量,确保两次测试之间有 1min 的间隔。执行 3 次这个测试,并且测量时滞,计算 3 次时滞的平均值,如图 5-1-34 所示。

1）将智能测试仪连接到 DLC3 上。
2）拉紧驻车制动器。
3）起动并暖机,然后检查怠速转速,怠速大约在 700r/min（在 N 位并且空调关闭）。
4）将变速杆从 N 位换至 D 位,用秒表测量从变速杆开始切换至感觉到振

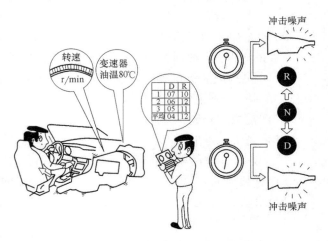

图 5-1-34　测量时滞时间

动的时间。时滞时间规定值应小于 1.2s。

5）用同样的方式，测量 N 位换至 R 位的时滞，时滞规定值为小于 1.5s。

6）不正确的时滞时间原因分析见表 5-1-8。

表 5-1-8　不正确的时滞时间原因分析

时滞时间	原因分析
N→D 时滞较长	• 管路压力太低 • 1 号离合器（C1）打滑 • 3 号单向离合器（F3）工作异常 • 4 号单向离合器（F4）工作异常
N→R 时滞较长	• 管路压力太低 • 3 号离合器（C3）磨损 • 4 号离合器（C4）磨损 • 1 号单向离合器（F1）工作异常

7. 油压测试

（1）测量注意事项

测量管路压力应在自动变速器油温为 50~80℃时进行，管路压力测试（主油压）应由两个人来完成。一名维修人员在进行测试的同时，另一名维修人员应在车外观察车轮或车轮挡块的工作情况。测试主油压如图 5-1-35 所示。测量时注意以下 3 点：

1）测量时，应防止 SST 软管影响到排气管。

2）该项检查必须在检查和调整发动机后进行，应在空调关闭时执行。

3）在进行失速测试时，不要持续超过 5s。

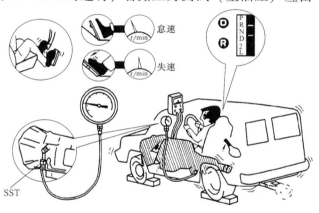

图 5-1-35　测试主油压

（2）测量步骤

油压测试孔位置如图 5-1-36 所示。油压测试如图 5-1-37 所示。测量步骤如下：

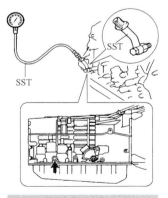

图 5-1-36　油压测试孔位置

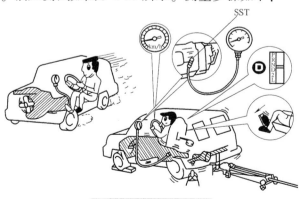

图 5-1-37　油压测试

1）暖机使自动变速器油升温。
2）举升车辆。
3）拆卸变速器中央右侧的测试塞,并连接专用油压测试工具 SST。
4）降下车辆。
5）拉紧驻车制动器,并用挡块挡住 4 个车轮。
6）起动发动机并检查怠速。
7）左脚紧紧踩住制动踏板,并将变速杆置于 D 位。
8）测量发动机怠速时的管路压力。
9）将加速踏板踩到底。当发动机转速达到失速转速时,迅速读出管路最高压力。
10）用相同的方法进行 R 位测试。

油压规范见表 5-1-9。不正确油压原因分析见表 5-1-10。

表 5-1-9 油压规范

测试条件		油压值/kPa
D 位	怠速	355~425
	失速	1156~1266
R 位	怠速	485~585
	失速	1426~1670

表 5-1-10 不正确油压原因分析

测试油压值	原因分析
在所有档位上的测量值都较高	• 管路压力控制电磁阀（SLT）故障 • 调节阀故障
在所有档位上的测量值都较低	• 管路压力控制电磁阀（SLT）故障 • 调节阀故障 • 油泵有故障
在 D 位时压力低	• D 位油路泄漏 • 1 号离合器（C1）故障
只在 R 位时压力低	• R 位油路泄漏 • 3 号离合器（C2）故障 • 4 号制动器（B4）故障

8. 油位检查

建议每行驶 8 万 km 更换 A760E 的自动变速器油,如果在恶劣条件下使用,建议每行驶 4 万 km 更换自动变速器油。变速器没有油尺,采用溢流孔的方式检查油位。检查油位时,车辆必须保持水平。

（1）加注变速器油

1）如图 5-1-38 所示,拆卸变速器侧面的 2 个螺栓及盖。

2）如图 5-1-39 所示,拆卸加油螺塞和溢流管。

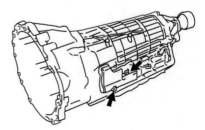

图 5-1-38 拆卸变速器侧面的 2 个螺栓及盖

3）通过加油孔加注变速器油，直到变速器油开始从溢流管流出。如图 5-1-40 所示，溢流管的高度就是油面的正确位置。

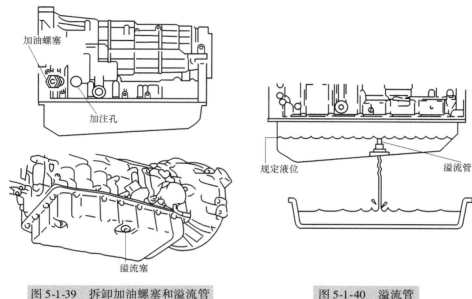

图 5-1-39　拆卸加油螺塞和溢流管　　　　图 5-1-40　溢流管

4）重新安装溢流管堵塞。
5）重新安装加油螺塞。
6）放下车辆。
（2）自动变速器油加注量
A760E 自动变速器油加注量见表 5-1-11。如果不能加注规定油液，则执行以下操作。

表 5-1-11　A760E 自动变速器油加注量

修 理 操 作	加油量/L
拆卸变速器油底壳或放油螺塞	1.3
拆卸变速器阀体	3.9
拆卸变速器	4.4
拆卸变速器总成	7.7

1）安装加油螺塞。
2）在空调关闭的状态下，发动机怠速运转。
3）将变速杆移遍所有档位。
4）发动机怠速运转 30s。
5）关闭发动机。
6）拆下加油螺塞并加注油液。
7）重新安装加油螺塞。
（3）检查自动变速器油温
油面高度应在规定温度下执行，开始检查自动变速器油温前，自动变速器油温应低于

30℃。使用智能检测仪的检查方法如下：

1）如图 5-1-41 所示，在诊断插头 DLC3 的端子 CG（4）和 TC（13）间连接专用工具 SST 09843—18040。

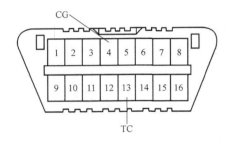

图 5-1-41　DLC3 的端子 CG（4）和 TC（13）

2）在 1.5s 内，将变速杆在 N 位和 D 位之间移动，执行该程序 6s。

3）组合仪表上的 D 位指示灯亮起 2s，表明自动变速器油温检查模式已启动。

4）拆下检查线。

5）将诊断插头 DLC3 连接智能检测仪。

6）选择检测仪数据流功能。

7）检查"自动变速器油温"这项。

8）使发动机怠速运行，直到自动变速器油温达到 38℃。也可以不用智能检测仪检测自动变速器油温，使用 D 位指示灯也可执行油位检查程序，方法如下：

① 如图 5-1-41 所示，在诊断插头 DLC3 的端子 CG（4）和 TC（13）间连接专用工具 SST 09843—18040。

② 在 1.5s 内，将变速杆在 N 位和 D 位之间移动，执行该程序 6s。

③ 组合仪表上的 D 位指示灯亮起 2s，表明自动变速器油温检查模式已启动。

④ 当油温达到 38℃时，D 位指示灯将再次点亮；当自动变速器油温超过 46℃时，D 位指示灯将闪烁。

⑤ 在 D 位指示灯点亮而非闪烁且发动机运转时，才能准确检查油位。

（4）油位检查

1）在规定的油温且当发动机运转时拆下溢流塞。

2）如果油液不流出，重新加注 0.4L 变速器油，使发动机怠速运行 10s 后，重新检查油位。

3）如果有油液流出，等到溢油减缓为滴流时，使用一个新垫安装溢流塞，拧紧力矩为 20N·m。

4）关闭发动机。

5）使用一个新 O 形圈安装加油螺塞，拧紧力矩为 39N·m。

6）安装变速器盖的两个螺栓，拧紧力矩为 5.4N·m。

9. 部件分解图

A760E 自动变速器部件分解图如图 5-1-42～图 5-1-45 所示。

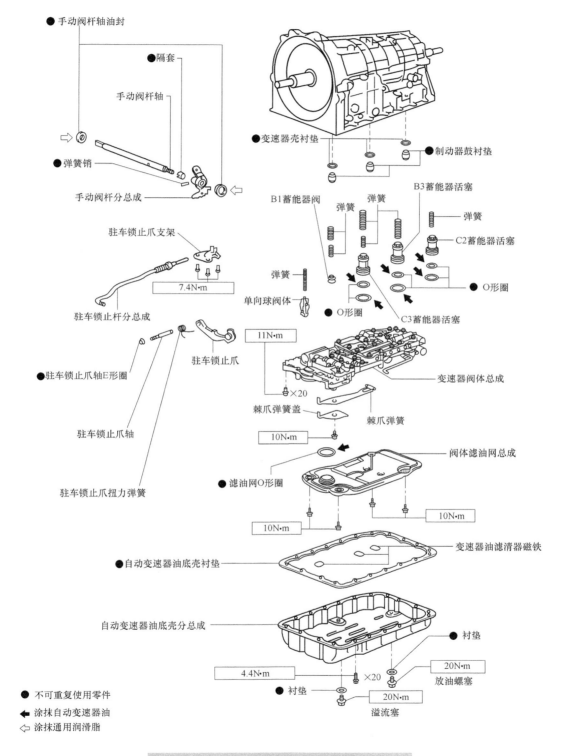

图 5-1-42 A760E 自动变速器部件分解图（一）

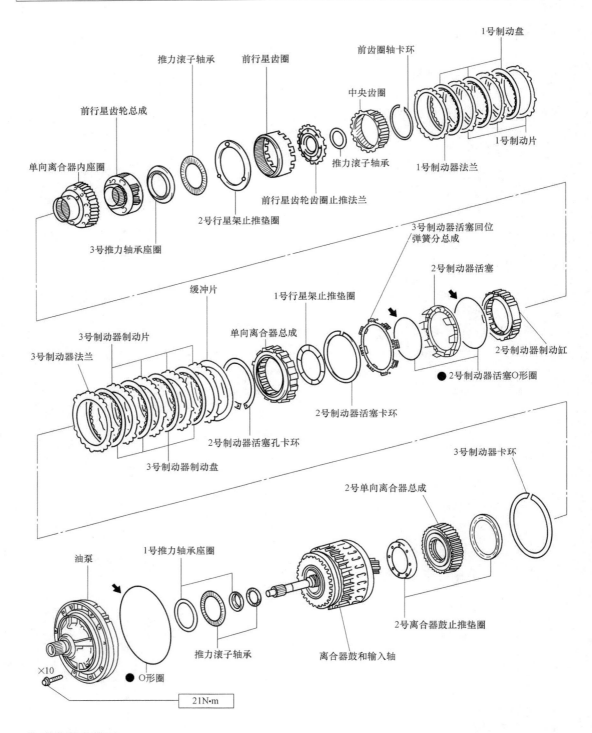

图 5-1-43 A760E 自动变速器部件分解图（二）

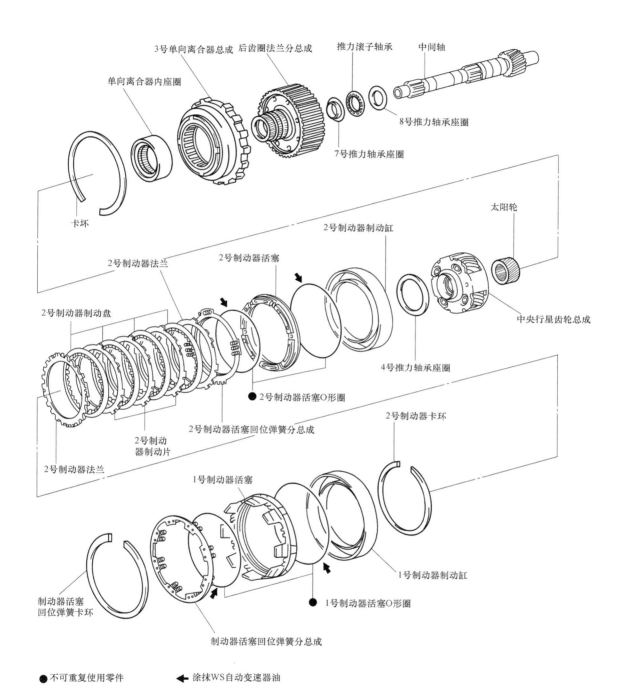

图 5-1-44　A760E 自动变速器部件分解图（三）

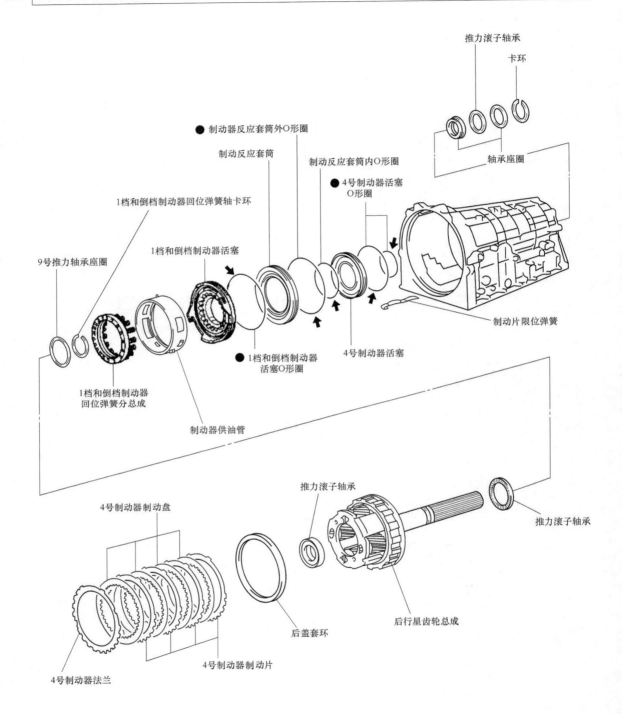

图 5-1-45　A760E 自动变速器部件分解图（四）

10. 轴承及止推垫片的位置

变速器内各轴承及止推垫片的位置如图 5-1-46 所示。轴承规格见表 5-1-12。

图 5-1-46　变速器内各轴承及止推垫片的位置

表 5-1-12 轴承规格　　　　　　　　　　　　　　（单位：mm）

标记	前圈直径（内侧/外侧）	推力轴承直径（内侧/外侧）	后圈直径（内侧/外侧）
A	74.2/87.74	71.9/85.6	—
B	38.0/57.0	43.4/58.3	—
C	—	55.7/76.4	—
D	—	—	53.7/74.0
E	33.4/49.0	32.1/49.35	32.1/49.0
F	—	21.5/40.8	—
G	—	43.6/61.0	47.1/67.1
H	37.0/52.3	34.6/52.0	—
I	36.9/49.7	36.1/52.5	36.1/51.0

任务二　上海别克君越、君威、雪佛兰科鲁兹—6T30/6T45 自动变速器检修

案例链接（二）别克君越 2.4 行驶中 3 档不能升 4 档

[经过] 2014 年 1 月 24 日，2010 年生产的上海别克君越 2.4，搭载 6T45 自动变速器，行驶了 100 500km，刚过保修期。车主反映，汽车在行驶中突然 3 档不能升 4 档。

[故障诊断] 上午 9 时，笔者亲自开车过去修（公司离他那儿有 20km）。在回来的路上，笔者路试已经感觉到起步慢，1—3 档 40km/h 也慢，4 档上不去。回来后，立刻进行常规检查，然后连接 70000861 故障诊断仪，对车辆电气系统进行故障检测，进入"维修快速读入自适应值"。检查出故障码为 DTC P0752 和 DTC P0797。安装 EN21867 压力表检查主油压，发动机 3000r/min 只有 1200kPa（正常的油压为 1860～2275kPa）。于是，打算将自动变速器拆下解体修理。下面是 6T45 自动变速器整个检修过程。拆开自动变速器后发现，自动变速器油很脏，预感情况不妙。又用检测仪 DT—48616 检测。另外，行星架与齿圈连接的一组离合器摩擦片快要烧坏了，如图 5-2-1 和图 5-2-2 所示。

图 5-2-1 自动变速器油很脏

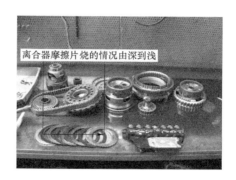

图 5-2-2 离合器摩擦片快要烧坏

> **特别提示：**
> - DTC P2719 为 C 类故障码。
> - 变速器控制模块冻结变速器自适应功能。
> - DTC P2720 和 P2721 为 A 类故障码。
> - 根据检测到的故障，变速器控制模块将变速器默认设置为限制换档模式，即 2 档和倒档。

一、画 6T45 传动原理图

1. 根据 6T45 实物画传动原理图

拆开 6T45 后，按照实物画图。图 5-2-3 是传动立体图。图 5-2-4 是其传动简图（画简图即可）。

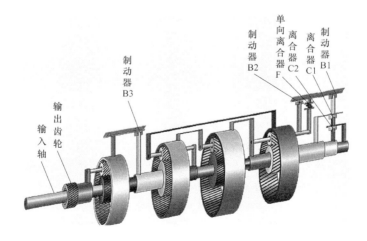

图 5-2-3 传动立体图

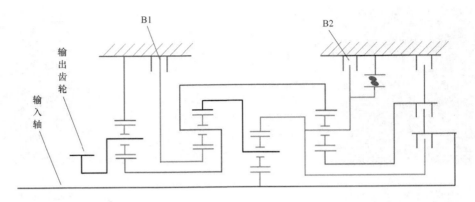

图 5-2-4 传动简图

2. 根据 6T45 传动原理图进行档位分析

6T45 各档关键执行组件工况（档位分析）见表 5-2-1，各档传动比见表 5-2-2。

表 5-2-1 关键执行组件工况

D1/1	D2	D3	D4	D5	D6	R
B1	B1	B1	B1	C2	C2	C1
B2	B3	C1	C2	C1	B3	B2
F	—	—	—	—	—	—

表 5-2-2 各档传动比

档 位	传动比	档 位	传动比
1 档	4.584	5 档	1
2 档	2.964	6 档	0.746
3 档	1.912	R 档	2.94
4 档	1.446	—	—

[**故障追踪**] 拆开自动变速器后发现，行星架与齿圈连接的一组离合器摩擦片快要烧坏了。如果只是从表面现象看，离合器摩擦片烧坏，更换一组新片重新组装上去不就行了吗？可说不定过段时间又会烧坏！现在看来这是一种治标不治本的做法。

这组离合器片使用 10 万 km 都没事，为什么现在就快烧坏了呢？除根据 6T45 变速器实物画出的传动原理图做档位分析，根据烧坏的离合器摩擦片（制动片也一样）进行整组更换外，还要根据原因进行追踪调查，如图 5-2-5 所示。

[**执行元件**]（执行元件是指离合器和制动器）进油通道上的守护神——电磁阀；换档质量的好坏，首先要看执行元件进油通道上的电磁阀的性能怎样？过去往往有一种错误的认识：认为解体后的变速器用万用表测量电磁阀，特别像"传感器、电磁阀之类用万用表的电阻档就可以鉴别好坏"，或用合适的交变电压测量开关式电磁阀性能，但很多时候不会发现有问题。除非完全短路或断路用万用表才能测量得到。这在检测过去的开关电磁阀时有些作用。如今开关电磁阀用量极少，现在汽车自动变速器上使用的电磁阀 90% 以上是线性电磁阀，要鉴别其性能好坏，必须用电磁阀测试机进行检测。如果还用老方法，将会给维修工作带来误判和大量返工。

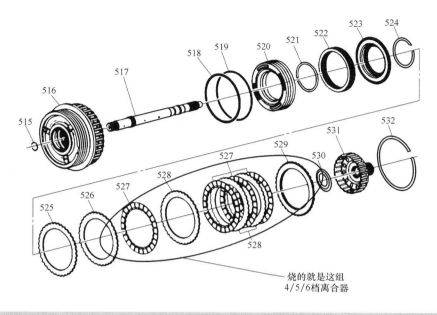

图 5-2-5　4/5/6 档离合器总成

515—涡轮轴卡环　516—3/5 档倒档和 4/5/6 档离合器壳体总成　517—涡轮轴　518—4/5/6 档离合器活塞外密封件　519—4/5/6 档离合器活塞外密封件　520—4/5/6 档离合器活塞　521—4/5/6 档离合器活塞内密封件　522—4/5/6 档离合器活塞回位弹簧总成　523—4/5/6 档离合器活塞挡油板总成　524—4/5/6 档离合器活塞挡油板卡环　525—4/5/6 档离合器（波形）片　526—4/5/6 档离合器压盘　527—4/5/6 档离合器（带摩擦材料）片总成　528—4/5/6 档离合器片　529—4/5/6 档离合器底板　530—反作用托架毂推力轴承总成　531—反作用托架毂总成　532—4/5/6 档离合器底板卡环

　　至此，将已经检查出的故障码 DTC P0752、DTC P0797 和烧坏的摩擦片一一对应，并找出对应的电磁阀为 1# 压力控制电磁阀（4/5/6 档）和 4# 换档电磁阀，如图 5-2-6 所示。

　　[检测电磁阀与阀板]　拆下电磁阀，并把电磁阀安装到电磁阀测试机上（先选择电磁阀型号通道模块），再判断一下此电磁阀是开关阀还是线性阀。可以通过观察显示屏上的油压指示坐标进行观看。如果频率很快上下跳动（油压上升下降很快，说明是开关阀），油压上升下降很慢为线性阀。如果是线性阀，可用手工调频检查一下它的占空比是多少。线性阀的占空比一般在 5%~35%，然后固定占空比上下限值，将此信息存储起来以备需要时调出直接使用。设置油液温度 50~80℃，开始自动检测，如图 5-2-7 所示。从检测图可以看出 4# 换档电磁阀卡死在 20% 左右不动，导致换档执行元件油压力不够，离合器打滑。

　　另外，还可以用一个好的电磁阀做测试进行比较。好的电磁阀的一条蓝色坐标是延着模板坐标框线（曲线）的中心位置缓慢地上到固定点，然后又缓慢地下降到固定点，如图 5-2-8 所示。

　　1# 电磁阀的工作情况也不稳定，如图 5-2-9 所示。其他电磁阀都很好。对于好的电磁阀可以进行脉冲清洗继续使用。对于阀板也要全面拆开清洗重新组装，还要进行阀板油压试验。有些地方还需要微量调整，有些阀孔或阀芯磨损过度要作大修处理（就是铰孔换阀芯）使其达到新件工艺的 90%。

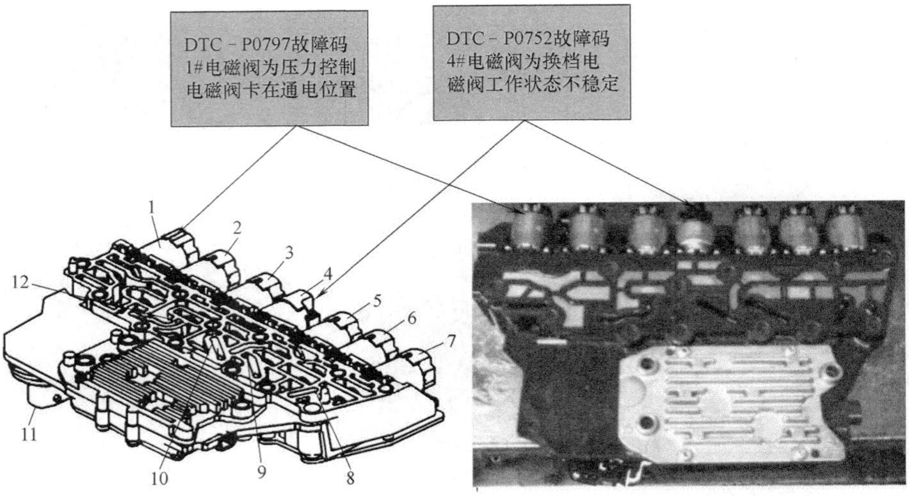
DTC－P0797故障码
1#电磁阀为压力控制
电磁阀卡在通电位置
DTC－P0752故障码
4#电磁阀为换档电
磁阀工作状态不稳定
1
2
3
4
5
6
7
8
9
10
11
12

图 5-2-6　自动变速器控制模块（TCM）

1—压力控制电磁阀 3（R1/456）　2—压力控制电磁阀 2（35R）
3—变矩器离合器（TCC）压力控制（PC）电磁阀
4—换档电磁阀 1（通电/断电）　5—压力控制电磁阀 5（1234）
6—压力控制电磁阀 4（26）　7—管路压力控制电磁阀
8—变速器油压力（TFP）开关 3（26）　9—变速器油压力（TFP）开关 2（35R）
10—变速器油压力（TFP）开关 1（1234）
11—贯穿连接器　12—变速器油压力（TFP）开关 4（456/R1）

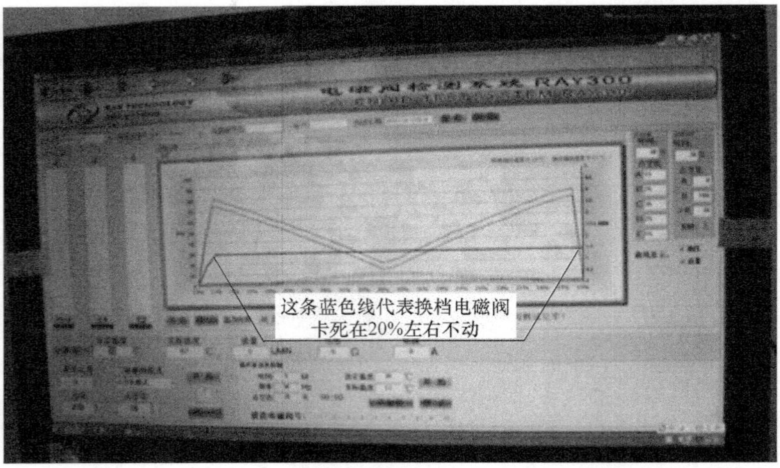
这条蓝色线代表换档电磁阀
卡死在20%左右不动

图 5-2-7　4#换档电磁阀卡死在 20% 左右不动

项目五 复合式自动变速器检修 **161**

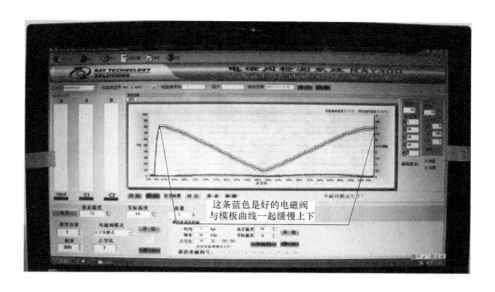

图 5-2-8 好的电磁阀测试比较

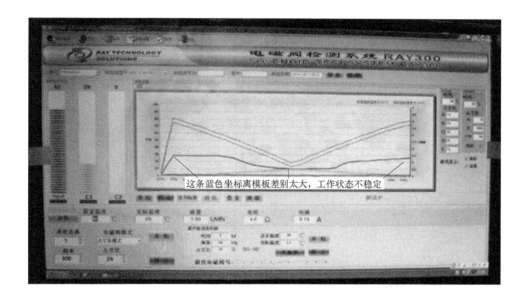

图 5-2-9 1#电磁阀的工作情况不稳定

二、6T45 维修手册提供的部分资料

1. 6T45 自动变速器识别信息

6T45 自动变速器识别信息如图 5-2-10 所示。

图 5-2-10　6T45 自动变速器识别信息
1—自动变速器的代码　2—车型年　3—变速器型号　4—变速器系列
5—生产厂原代码　6—压制年份　7—儒略历日期　8—换档/管路（A/B）
9—数字序列从每天 00：01 的 0001 开始

2. 变速器一般说明

6T40/45 液压自动变速器是全自动、6 档、前驱式电子控制变速器。它主要包括一个 4 件式变矩器、一个复合式行星齿轮组、机械式离合器总成以及液压和控制系统。根据转矩大小将变速器分为两种不同的规格。不同规格之间具有共同的结构，部件的区别主要取决于尺寸。

行星齿轮系提供 6 个前进档传动比和一个倒档。传动比的改变是全自动的，利用位于变速器内的变速器控制模块（TCM）来实现。

变速器控制模块接收并监测不同电子传感器的输入信号，并使用这些信号使变速器在最佳时刻换档。变速器控制模块指令换档电磁阀和可变排气压力控制电磁阀，以控制换档正时和换档感觉。变速器控制模块还控制变矩器离合器的接合和分离，从而使发动机实现最佳的燃油经济性，同时不降低车辆性能。所有电磁阀，包括变速器控制模块，组装成一个独立的控制电磁阀总成。液压系统主要包括一个齿轮泵、一个控制阀体总成和壳体。液压泵保持离合器活塞做功所需的工作压力，以接合或分离摩擦部件。这些摩擦部件在接合或分离时保证了变速器的自动换档质量。变速器使用的摩擦部件包括 3 套制动器、2 套离合器。其中，有一套多片式制动器和一个单向离合器的组合，通过齿轮系提供 7 种不同的传动比，6 个前进档，和 1 个倒档。输出齿轮组然后通过分动器主动齿轮、分动器从动齿轮和差速器总成向车轮传递转矩。

前进档位（D）应在所有正常行驶条件下采用，以获得最高的传动效率和最佳的燃油经济性。前进档允许变速器在 6 个前进档传动比的任一个传动比下运行。踩下加速踏板或在手动模式范围中手动选择一个较低的档位，即可通过减档或增档传动比来实现安全超车。驾驶人换档控制（DSC）或电子档位选择（ERS）：此位置（M—手动/L—低速档）允许驾驶人使用 DSC/ERS 系统。当变速杆移动到该位置时，驾驶人可通过使用转向盘或变速杆上的开关来加档或减档。加档需要按"＋"按钮。

3. 油泵总成
6T45 油泵总成如图 5-2-11 所示。

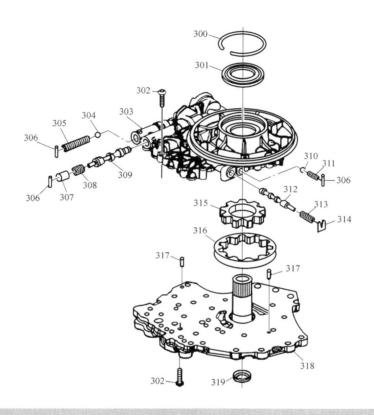

图 5-2-11　6T45 油泵总成
300—变矩器油封固定件　301—变矩器油封总成　302—自动变速器油泵盖螺栓　303—自动变速器油泵体
304—泵喷射球阀　305—泵喷射阀弹簧　306—压力调节阀孔塞固定件　307—压力调节阀孔塞
308—压力调节阀弹簧　309—压力调节阀　310—变矩器离合器喷射球阀
311—变矩器离合器喷射球阀弹簧　312—变矩器离合器控制阀
313—变矩器离合器控制阀弹簧　314—变矩器离合器控制阀弹簧固定件
315—自动变速器油泵主动齿轮　316—自动变速器油泵从动齿轮
317—油泵盖至油泵体定位销　318—自动变速器油泵盖总成
319—变矩器油封总成

4. 控制阀体总成
6T45 控制阀体总成如图 5-2-12 和图 5-2-13 所示。

5. 衬套、轴承和垫圈定位图
6T45 衬套、轴承和垫圈定位图如图 5-2-14 所示。

6. 密封件定位图
密封件定位图如图 5-2-15 和图 5-2-16 所示。

164 汽车自动变速器原理与检修

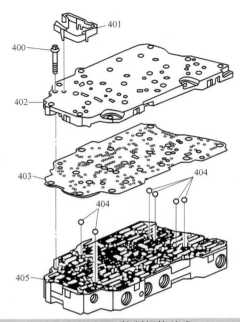

图 5-2-12　6T45 控制阀体总成（一）

400—控制阀体螺栓　401—控制电磁阀支架　402—阀筒状盖板　403—筒状盖板至阀体隔板总成
404—控制阀体单向球阀　405—控制阀体总成

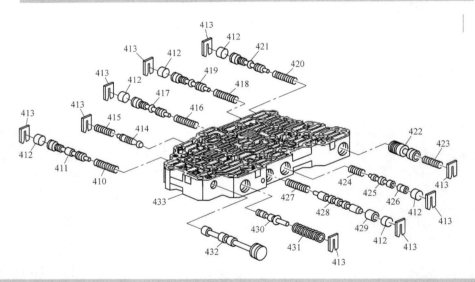

图 5-2-13　6T45 控制阀体总成（二）

410—倒档和 4/5/6 档离合器调节阀弹簧　411—倒档和 4/5/6 档离合器调节阀　412—离合器阀孔塞　413—阀弹簧固定件
414—1/2/3/4 档离合器助力阀　415—1/2/3/4 档离合器助力阀弹簧　416—1/2/3/4 档离合器调节阀弹簧
417—1/2/3/4 档离合器调节阀　418—2/6 档离合器调节阀弹簧　419—2/6 档离合器调节阀
420—3/5 档倒档离合器调节阀弹簧　421—3/5 档倒档离合器调节阀　422—离合器活塞挡板进油调节阀
423—离合器活塞挡板进油调节阀弹簧　424—变矩器离合器调节器接合阀弹簧　425—变矩器离合器调节器接合阀
426—变矩器离合器调节器接合往复阀　427—离合器选择阀弹簧　428—离合器选择阀　429—默认超越往复阀
430—执行器进油量限制阀　431—执行器进油量限制阀弹簧　432—手动阀　433—控制阀体总成

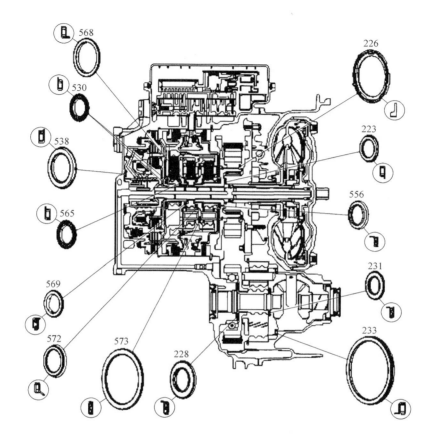

图 5-2-14　6T45 衬套、轴承和垫圈定位图
223—主动链轮轴承总成　226—主动链轮止推垫圈
228—主动链轮轴承总成　231—差速器太阳齿轮至差速器壳体轴承总成
233—前差速器外壳轴承总成　530—反作用托架毂推力轴承总成
556—输出轴太阳齿轮推力轴承总成　565—反作用太阳齿轮推力轴承总成
568—输入轴托架推力轴承总成　569—输入轴太阳齿轮推力轴承总成
572—输入轴太阳齿轮推力轴承总成
573—输出轴托架推力轴承总成　538—3/5 档倒档和 4/5/6 档离合器壳体推力轴承

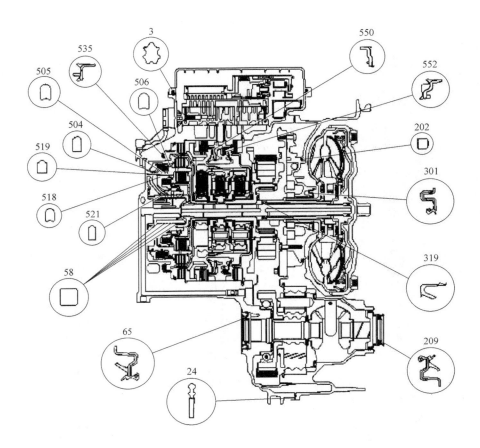

图 5-2-15 密封件定位图（一）
3—控制阀体盖衬垫 24—变矩器壳体衬垫
58—3/5 档倒档和 4/5/6 档离合器油封环 65—驱动轴油封总成
202—变矩器和差速器壳体密封件 209—前轮驱动轴油封总成
301—变矩器油封总成 319—变矩器油封总成
504—3/5 档倒档离合器活塞内密封件 505—3/5 档倒档离合器活塞内密封件
506—3/5 档倒档离合器活塞挡板密封件 518—4/5/6 档离合器活塞外密封件
519—4/5/6 档离合器活塞外密封件 521—4/5/6 档离合器活塞内密封件
535—2/6 档离合器活塞总成 550—低速档和倒档离合器活塞
552—1/2/3/4 档离合器活塞

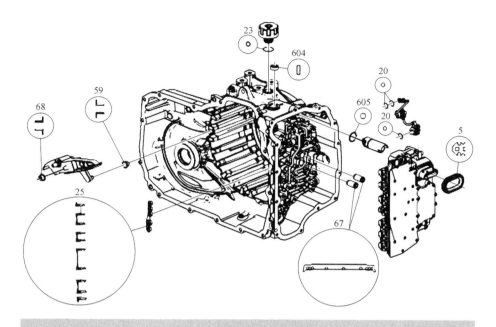

图 5-2-16 密封件定位图（二）
5—控制阀体盖孔密封件　20—自动变速器输入轴转速传感器 O 形密封圈　23—加注口盖密封件
25—自动变速器油泵密封件总成　59—传动机构润滑液密封件
67—1/2/3/4 档与低速档和倒档离合器油道　68—传动机构润滑液密封件
604—手动换档轴密封件　605—驻车棘爪执行器导管密封件

[竣工试车与维修总结] 晚上，变速器已经在总成试验台上做过试验，确认正常后装车。装检测仪路试并进行（匹配工作）恢复数据和学习。至此，圆满完成任务，故障彻底排除，如图 5-2-17 所示。

[维修启发] 前面已经讲过，当自动变速器出现故障时，千万不要继续强迫行驶，否则会有自动变速器烧毁的危险。这个故障案例（图 5-2-5）摩擦片烧坏的颜色由深到浅，恰恰证明了这一点。因为措施比较及时，只行驶了约 550km 路程。修理过程中只是更换了一组离合器片、两个电磁阀、一个大修包和 8.5 的 ATF，避免了更大的经济损失。

图 5-2-17 试车故障彻底排除

修理自动变速器，维修手册、专用工具和检测设备一个都少不了。自动变速器修理的常规工作在这里就不一一说明了。但要注意以下 5 点：

1) 完成变速器相关维修后，执行"维修快速读入自适应值"。
2) 不要使用砂纸或鬃毛刷清洁密封面，因为砂纸会产生影响变速器功能的细砂。
3) 清洗变速器部件后，要用压缩空气吹干。不要使用抹布或纸巾擦干任何变速器部件。抹布上起毛会导致部件出现故障。

4）不要重复使用清洗溶剂。之前用过的清洗溶剂有粉末沉淀物，会损坏部件。预备程序：

① 用清洗溶剂彻底清洗变速器壳体总成，包括壳体螺纹。

② 清洗衬垫密封面。清除所有残余的衬垫材料。

③ 检查所有螺纹孔。必要时，修理任何损坏的螺纹。

5）组装时平面推力轴承、滚道、各种内部衬垫最好用凡士林，不用润滑脂。

案例链接（三）别克君威 2.4 入倒档冲击且入 3 档、5 档不灵敏

[经过] 一辆新款上海通用别克君威，配置 2.4L 的 LE5 发动机，搭载 6T40E 自动变速器。行驶里程为 138 009km。故障现象为入倒档冲击过大，且入 3 档、5 档不灵敏。

[故障诊断] 首先确认故障现象，的确如客户所述，踩制动踏板换倒档，冲击猛烈。换前进档入 3 档、5 档不灵敏。换前进档试车，自动模式升降档在 3 档和 5 档慢。在着车状态下断开变速器控制模块连接器再换前进档、倒档与自动模式一样。这给人的感觉是断开变速器控制模块连接器换前进档、倒档都是以纯液压的方式工作，也没有变化。

首先连接 GDS + MDI，读取自动变速器故障码为 DTC P0777。检查变速器油位，正常，但有烧片的焦糊味。根据先易后难，由简入繁的原则，应先检查变速器电控部分。查资料得知：这是由于离合器压力控制（PC）电磁阀 2 卡在通电位置。经客户同意，将变速器解体检查。拆开自动变速器后发现离合器钢片导槽已经划伤，膜片弹簧断为三段，一组钢片摩擦片烧坏，如图 5-2-18 所示。

图 5-2-18　离合器检查

（1）隐形故障码说明

离合器压力控制电磁阀 2 是控制电磁阀（带阀体和变速器控制模块）总成的一部分。控制电磁阀（带阀体和变速器控制模块）总成没有可维修的零件。压力控制电磁阀 2 是一个常高压力控制电磁阀，向 3 档/5 档/倒档离合器调节阀提供油压，此调节阀调节 3 档/5 档/倒档离合器的变速器油压。变速器控制模块通过调节排出油液来控制电磁阀压力。当变速器控制模块指令电磁阀断电时，油液将停止排出，且 3 档/5 档/倒档压力变高。当指令离合器压力控制电磁阀 2 通电时，将调节变速器油的排放量。变速器控制模块通过高电平侧驱动器（HSD）向电磁阀供电。高电平侧驱动器保护由变速器控制模块提供电源的电路和部件。如果电路过载，驱动器将关闭。卸除过载后，高电平侧驱动器将重新设置。变速器控制模块以输入轴转速传感器（ISS）和输出轴转速传感器（OSS）发送的数据为基础，计算传动比。变速器控制模块将每个指令档位的已知变速器传动比和计算出的传动比进行比较。设置故障码的条件如下：

1）DTC P0776：当指令 3 档/5 档/倒档离合器接合持续 4.0s，且变速器输入轴转速大于

预期的输入轴转速 33r/min 时，变速器控制模块检测到正在接合的离合器传动比错误或突然增大。

2）DTC P0777：当指令 3 档/5 档/倒档离合器分离持续 1.2s，且变速器输入轴转速小于预期的输入轴转速 40r/min 时，变速器控制模块检测到正在分离的离合器传动比错误或卡滞。此故障码是 A 类故障码。设置故障码后，变速器控制模块指令管路压力达到最大值，禁用变矩器离合器，冻结变速器自适应功能，禁用触动式加减档。

（2）用电磁阀机检测

1）将油温设定为 80℃。

2）安装相应的电磁阀模板。

3）手动找出电磁阀有效工作范围（线性阀预设占空比上限值和下限值）频率设为 200~300Hz，脉宽 300ms。

4）做循环检测，观察坐标，程序检测，与标准做比较。开关阀与线性阀可根据手动调试观察。

5）检查下控制阀体总成是否有阀芯卡滞、损坏、划伤孔或有碎屑。

6）检查 3 档/5 档/倒档离合器总成是否损坏。

7）控制电磁阀是否不良。

将变速器控制模块和电磁阀总成从变速器上拆下，拆下每一个电磁阀，用电磁阀测试机检测发现 2 号电磁阀无论通电和断电均处于通电状态，而且很不规则。可以确定离合器压力控制电磁阀 2 确实已经失效。图 5-2-19 为故障电磁阀曲线。

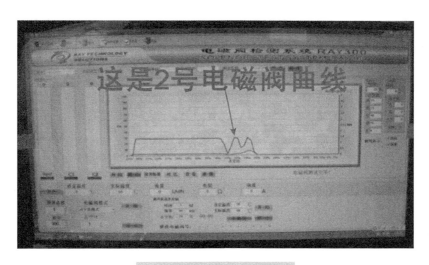

图 5-2-19　故障电磁阀曲线

更换一个控制电磁阀（电磁阀有原厂产和翻新产品，质量差别较大，要注意辨认），做油路板检测，合格。

[竣工试车与维修总结]　变速器已在总成试验台上做过试验确认正常后才装车。通过以上故障可知，虽然变速器控制模块的自学习功能很强大，在 3 档/5 档/倒档离合器波形片损坏的情况下，前进档换档时和正常车相比都感觉还是有明显差别。在更换了控制电磁阀和一

组离合器片、波形片后，由于压力控制电磁阀2和变速器控制模块还未达到完美匹配。这时车辆虽然能开，但是不能交给客户使用，还要通过装检测仪路试并进行数据恢复和学习，确认完全达到新车技术状况的90%才能交车。

任务三　宝马 X3—6L45E 自动变速器检修

案例链接（四）　宝马 X3 入档后不能行驶

[经过] 2013 年 7 月 16 日。公司里拖来了一辆宝马 X3，它搭载的 AT 型号为 6L45E。据车主介绍，发动机工作正常，车辆前一段时间行驶中每个档的车速都不符合要求，后来车速越来越慢，直至现在走不动。通过检查发现没有油压，于是决定将自动变速器拆下并解体大修。下面通过这个故障案例一起来寻找答案。

图 5-3-1 是拆下的 6L45E 自动变速器。

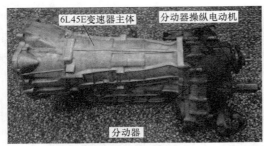 

a) 6L45E 自动变速器　　　　　　　　　b) 打开的 6L45E 自动变速器

图 5-3-1　拆下的 6L45E 自动变速器

一、6L45E 自动变速器特点

宝马 X3 和凯迪拉克赛威搭载的 6L45E 自动变速器在传动结构上与其他相似型号自动变速器比较，只是超速离合器 C3 的安装位置不同而已。它是一款 6 个前进档 1 个倒档的电控自动变速器。下面这些型号自动变速器的传动结构基本相似。

1）宝马 X3 搭载的 6L45E 自动变速器。
2）上海通用 2007 款凯迪拉克赛威 SLS 和凯雷德 ESCALADE 搭载的 6L50/80E 自动变速器。
3）德国 ZF 公司生产的 6HP26（无单向离合器）、大众 09G/09D 自动变速器。
4）日本 AISIN（爱信）公司生产 TF-60SN/TR-60SN 自动变速器。

6L45E 自动变速器是由一个拉维娜行星齿轮排加上一个减速行星齿轮排组合而成。凯雷德驾驶室如图 5-3-2 所示。6L45E 自动变速器剖视图如图 5-3-3 所示。其传动原理如图 5-3-4 所示。其传动简图如图 5-3-5 所示。

图 5-3-2 凯雷德驾驶室

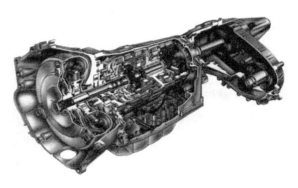

图 5-3-3 6L45E 自动变速器剖视图

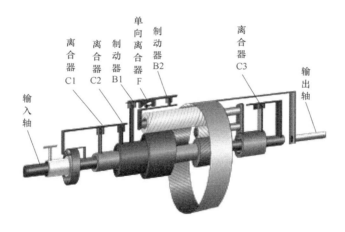

图 5-3-4 6L45E 自动变速器传动原理

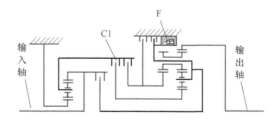

图 5-3-5 6L45E 自动变速器传动简图

各档位关键执行组件工况见表 5-3-1。各档传动比见表 5-3-2。

表 5-3-1　关键执行组件工况

D1/1	D2	D3	D4	D5	D6	R
C1	C1	C1	C1	C2	B1	C2
B2	B1	C2	C3	C3	C3	B2
F	—	—	—	—	—	—

表 5-3-2　各档传动比

档　位	传动比	档　位	传动比
1 档	4.065	5 档	0.853
2 档	2.371	6 档	0.674
3 档	1.551	倒档	3.2
4 档	1.157	—	—

二、6L45E 自动变速器检修

根据故障现象，决定将自动变速器拆下进行大修。由于自动变速器的使用者不能完全地将变速器的各种故障现象描述出来，那么只要是还能行驶的车辆，就要进行初期的路试。现在的问题是宝马车根本就不能行驶。

1）不能行驶也要连接诊断仪，用故障诊断仪检测，分析动态数据。

2）通过油压试验，判断变速器内部机械故障。

将 6L45E 自动变速器解体，把各部分零件用煤油清洗干净后发现有比较明显的 3 处故障点，见表 5-3-3。

表 5-3-3　比较明显的 3 处故障点

序　号	具体故障内容和原因	图　示
1	由于没有油压，拆开发现油泵端面有又深又宽的沟槽，沟槽深度大于 0.05mm	油泵端面磨损沟槽
2	小离合器 C3 摩擦片、钢片都烧毁。根据以上档位传动图可以看出，小离合器 C3 与输入轴是刚性连接，不能向公共行星架传递动力。没有 4—6 档。参考图 5-3-4 和图 5-3-5	小离合器C3(K3)烧毁

(续)

序　号	具体故障内容和原因	图　　示
3	前进档离合器 C1、倒档 C2 也已烧毁。根据以上档位传动图可以看出，离合器 C1 接合将动力连接到后排太阳轮实现 1、2、3 档。离合器 C2 接合将动力连接到前排太阳轮实现倒档。这样看来，离合器 C1、C2、C3 都已烧毁当然不会有动力输出 参考图 5-3-4、图 5-3-5 和表 5-3-1	前进档离合器C1和倒档离合器C2也已烧毁

[小结与反思] 很多汽车维修人员在拆开自动变速器后看到琳琅满目的零部件时并不知道它们是"干什么的"，这是能否修好自动变速器的一个关键问题。行星齿轮机构自动变速器既有外啮合齿轮又有内啮合齿轮，而且 4 个前进档以上都是串联、并联或混联，它们工作起来有些齿轮转得快、有些齿轮转得慢、有些顺转、有些反转、（行星齿轮反转、行星架还可以顺转）、有些公转、有些自转、有些执行元件（就是离合器、制动器）还会在几个档共用。这些机构一旦出现问题必定导致变速器不能正常行驶。这个宝马故障变速器的导火索是由于油泵端面磨损导致主油压过低。离合器 C1、C2、C3 在负荷下强行摩擦产生高温而烧毁，最后不能动弹。

任务四　宝马 523、捷豹 ZF8HP70 自动变速器

一、ZF8HP30/45/70/90 自动变速器特点

搭载在宝马车中的 8AT 全是由采埃孚（ZF）提供的，而不是宝马厂家自己研发生产的。不过，虽然 ZF 也为其他车企提供 8AT，但谁也不像宝马那种大手笔全系采购。不管是轿车还是 SUV，从 1 系到 7 系，从 X1 到 X6，甚至连轿跑车 Z4 均使用的是 ZF 家的 8HP 系列变速器。宝马成为了 ZF 最大的买家，ZF—8HP 也变相成为宝马家族变速器的一员。下面就来重点介绍一下目前最普及的 8AT—ZF—8HP 系列，如图 5-4-1 所示。

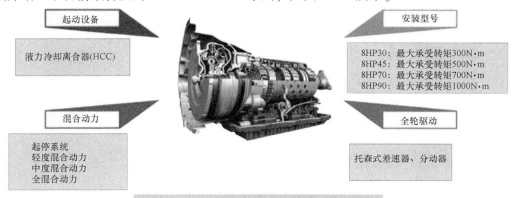

图 5-4-1　ZF8HP30/45/70/90 自动变速器

二、湿式起动离合器（HCC）

湿式离合器剖视图如图 5-4-2 所示。

图 5-4-2　湿式离合器剖视图

相比变矩器而言，这种湿式离合器的质量惯性矩更小，尤其符合运动车型的高转矩要求。此外，由于 HCC 的加入，大大降低了液力变矩器的作用，从而可减少更多元件和独立控制机构，进而降低了质量，油耗也有所减少。据悉，8HP 比上一代 6AT 油耗降低了 6%。

利用灵活的模块化理念，ZF8HP 系列可承受最大 300N·m、500N·m、700N·m 以及 1000N·m 不等的 4 款产品，可满足所有车型的配备需求。除此之外，ZF8HP 还能应用在各种后驱、四驱以及混合动力车型上。8AT 体积并不比 6AT 大，如图 5-4-3 所示。

图 5-4-3　8AT 体积并不比 6AT 大

与 6AT 变速器相比，ZF8HP 降低了 1-2 档之间的速比差（由 1.78 降至 1.5），这样能进一步改善起动时间，同时还减少顿挫感（几乎感觉不到换档冲击）。其速比范围也从 6.04 提升到了 7.04，并通过降低转速参数优化了油耗。同时还可以在任意档位间实现跨越一个或两个档位的升降档。据官方介绍，所有档位的传动效率均高于 98%。

更高的档位设置能带来更出色的平顺性、燃油经济性，但 ZF8HP 在控制系统上的设计，使 8AT 并不会因为档位数过多而影响驾驶乐趣。事实恰恰相反，更短的起动时间，更直接的动力传输，以及对驾驶意图更准确的判断和敏捷的响应，使它一样适合于那些拥有运动特征的车型。看到这里，也就不难理解为什么宝马会不遗余力地全系采购 ZF 的 8AT。

除此之外，ZF8HP 自动变速器的优势还体现在可以直接集成混合动力模块，而无须改变安装尺寸。原因是 ZF 在设计 8AT 之初，便是按目前所有的混合动力功能设计的，因此在安装时对基础传动系统的设计不用作任何更改。因此，全混合动力版的 8HP 所需的安装空间与传统版本相同。混合动力电动机搭配如图 5-4-4 所示。

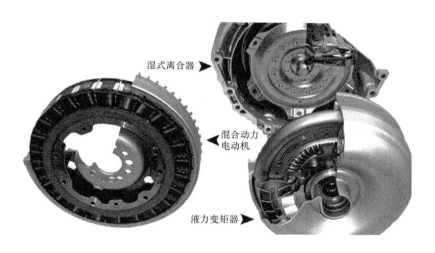

图 5-4-4　混合动力电动机搭配

三、速比范围及其意义

速比范围指的是最大速比和最小速比的比值，即最低档速比除以最高档速比。简单来说，更大的速比范围可以带来更好的高速燃油经济性。行星齿轮排解剖如图 5-4-5 所示。ZF8HP 传动原理图、简图如图 5-4-6 所示。关键执行组件工作情况见表 5-4-1。

表 5-4-1　关键执行组件工作情况

D1	D2	D3	D4	D5	D6	D7	D8	R
K1	K3	K1	K2	K1	K1	K1	K2	K2
B1	B1	K3	K3	K2	K2	K2	K3	B1
B2	B2	B2	B2	B2	C3	B1	B1	B2

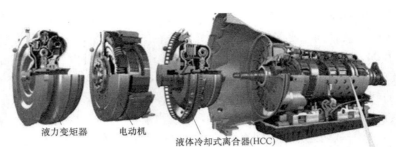

液力变矩器　　电动机　　液体冷却式离合器(HCC)

在起动系统中，由于HCC的介入，可以完全忽略通过液力变矩器内部换档元件的起步过程。从而使其拥有了极快的起动和换档速度。据悉，可在0.2s以内，这跟以换档迅速著称的双离合几乎相当，稳定程度却好了很多

图 5-4-5　行星齿轮排解剖图

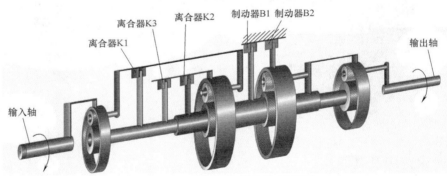

a) 宝马7系8HP8档AT传动原理图

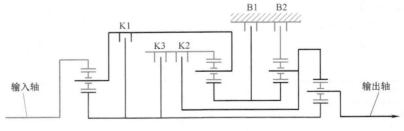

b) 宝马7系8HP8档AT传动简图

图 5-4-6　ZF8HP 传动原理图、简图

8HP70 各档位传动比见表 5-4-2 所示。

表 5-4-2　8HP70 各档传动比

档　位	传　动　比	档　位	传　动　比
1	4.699	6	1
2	3.130	7	0.839
3	2.104	8	0.667
4	1.667	R	3.032
5	1.285		

[小结] 当 10AT 还在"纸上谈兵",9AT 还处于"零星之火",8AT 可谓是青春正当时。它拥有媲美双离合的换档速度、CVT 的燃油经济性、MT 的动力传递感,同时还保留了 AT 自身的稳定性,看看它在各大豪华车企中高端车型上的应用,也就不难想象其实力不凡了吧。

 知识扩展:ZF9HP28 和 ZF9HP48 传动路线与档位分析

本来还陶醉在 8HP 的余兴未尽时,突然又冒出一个 9HP 来。

目前,9HP 已有两个型号:输入转矩 280 为 N·m 的 9HP28(由两个拉维娜式,即 4 个行星齿轮排组合)主要匹配 1.4T、1.6T 乃至 2.0T 之类的中小排量增压发动机或 3.0L 排量以下的自然吸气发动机;9HP48(双重复合式行星齿轮排组合)则用来与 2.0T 及 2.0T 以上的涡轮增压发动机、3.0L 以上的自然吸气发动机组成搭档,如图 5-4-7 所示。

图 5-4-7　9HP48 双重复合式行星齿轮排组合

ZF9HP48 自动变速器特点

1)D1/D2/D3/D4 档的变化。D1 档是 3 级减速,3 排太阳轮驱动行星架围绕齿圈减速。

而 D2 档是 4 排齿圈驱动行星架围绕太阳轮减速（稍快）3 级减速，D3 档是 3、4 排连成一整体，2 排减速至 1 排减速输出（二级减速），D4 档是一排齿圈驱动行星架减速输出（一级减速）。

2）D6/D7/D8/D9 档关键是 2 排齿圈。2 排行星架主动，行星齿轮逆时针转、太阳轮顺时针转，齿圈顺时针转，速度慢速、稍慢、静止、逆转，形成了档位。

3）倒档。4、3 排（辛普森看法）行星架逆时针转，导致 2 排行星架逆时针转，1 排齿圈逆时针转驱动行星架逆时针转输出。9HP48 传动简图如图 5-4-8 所示。换档执行元件（档位分析）和传动比见表 5-4-3。

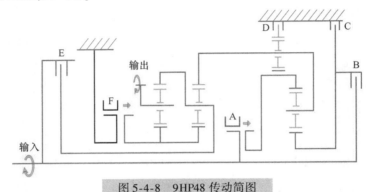

图 5-4-8　9HP48 传动简图

表 5-4-3　换档执行元件和传动比

执行元件	D1：DFA	D2：CFA	D3：BFA	D4：EFA	D5：BEA	D6：CEA	D7：DEA	D8：CDE	D9：DBE	R：DBF
传动比	4.7	2.48	1.9	1.38	1	0.8	0.7	0.58	0.48	R：3.8

任务五　奔驰车系搭载 722.9 和 725.0 自动变速器传动原理与档位分析

一、722.9 自动变速器特点

722.9 自动变速器搭载于奔驰 C 系/230、280、260，CLS/300、350、500、550，E 系/230、280、300L、350、500，SL300、350，还有 G、GL、ML，R 级及 S 级等几十款车型上。722.9 自动变速器有 7 个前进档和 2 个倒档，由 4 个行星齿轮排组成，一共有 7 个换档执行元件，其中 4 个制动器和 3 个离合器。722.9 变速器与之前变速器比较，有如下优点：

1）减少燃料消耗。每百公里平均能降低 0.6L 的油耗。

2）提供了较高换档质量。0~100km/h 加速时间缩短 0.3s，而 60~120km/h 加速性能亦有提高，同时换档却更加柔和。

3）换档更便利。所有这些都归功于 722.9 变速器带来更密的速比和更宽的变速范围。

此外，在合适条件下，液力变矩器内的锁止离合器能在任何一个档位锁止，从而避免了无谓的功率损耗，提高传动效率。在强制降档过程中，它能跳档减档，譬如说从 7 档直接减到 5 档再到 3 档，从而简化操作，提升加速性能。

722.9 自动变速器实物解剖如图 5-5-1 所示，传动示意图如图 5-5-2 所示。

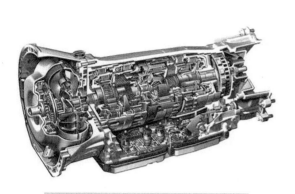

图 5-5-1　722.9 自动变速器实物解剖

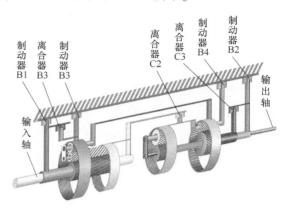

图 5-5-2　722.9 自动变速器传动示意图

二、722.9 自动变速器传动原理与档位分析

1. D1 档的传动路线和档位分析

图 5-5-3 是 D1 档传动立体图。德国的离合器用字母 K 代表，我们还是用 C 代表，为了方便理解，我们按照动力的传递关系进行叙述：

前行星齿轮排：（1—2 排）前行星齿轮排是一个拉维娜式复合行星齿轮机构和 2 个单排行星齿轮机构组合在一起，包括一个共轴的大小太阳轮，两个齿圈前面第一排是一个与短行星齿轮内啮合的大齿圈，第二排是一个与长行星齿轮内啮合的小齿圈，公共行星架是用来向第四排输出。

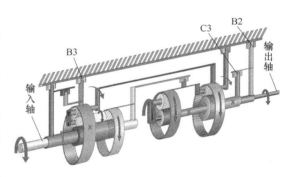

图 5-5-3　D1 档传动立体图

1）动力由第二排齿圈顺转输入，制动器 B3 制动了前排大齿圈，行星架第一次减速向第四排齿圈顺转输入。公共太阳轮反向空转。

2）制动器 B2 制动了第三排太阳轮，由于离合器 C3 接合第四排太阳轮也被固定，那么，第四排齿圈顺转输入，太阳轮固定，行星架二次减少向第三排齿圈顺转输出。

3）由于第三排齿圈与第四排行星架是一构件，齿圈顺转输入，太阳轮固定，行星架第三次减速向输出轴输出实现 1 档动力传递。

理解：第 1—2 排齿圈输入，公共行星架第一次减速输出。第四排齿圈输入，太阳轮固定，行星架第二次减少输出。第三排齿圈输入，太阳轮固定，行星架第三次输出。

关键执行元件：B3、B2、C3。D1 档传动原理如图 5-5-4 所示。

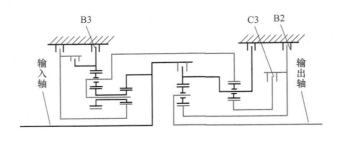

图 5-5-4　D1 档传动原理

2. D2 档的传动路线和档位分析

图 5-5-5 是 D2 档传动立体图。

图 5-5-5　D2 档传动立体图

1）动力由第二排齿圈顺转输入，制动器 B1 制动了公共太阳轮，这样行星排是齿圈输入，太阳轮固定，行星架第一次减速向第四排齿圈输出。2 档输出时行星架输出速度比 1 档快的原因是太阳轮固定（因为 1 档太阳轮在反向空转）。

2）制动器 B2 制动了第三排太阳轮，由于离合器 C3 接合第四排太阳轮也被固定，那么，第四排齿圈顺转输入，太阳轮固定，行星架二次减速向第三排齿圈顺转输出。

3）由于第三排齿圈与第四排行星架是一构件，齿圈顺转输入，太阳轮固定，行星架第三次减速向输出轴输出，实现 2 档动力传递。

理解：第 1～2 排齿圈输入，公共行星架第一次减速输出。第四排齿圈输入，太阳轮固定，行星架第二次减速输出。第三排齿圈输入，太阳轮固定，行星架第三次输出。

关键执行元件：B1、B2、C3。D2 档传动原理如图 5-5-6 所示。

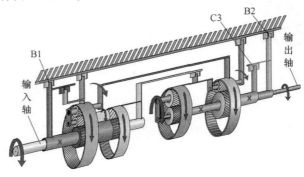

图 5-5-6　D2 档传动原理

3. D3 档的传动路线和档位分析

图 5-5-7 是 D3 档传动立体图。

1）动力由第二排齿圈顺转输入，离合器 C1 接合将齿圈与公共太阳轮连接起来 1∶1 向后面输出。

2）制动器 B2 制动了第三排太阳轮，由于离合器 C3 接合第四排太阳轮也被固定，那么,第四排齿圈顺转输入,太阳轮固定,行星架第一次减少向第三排齿圈顺转输出。

3)由于第三排齿圈与第四排行星架是一构件,齿圈顺转输入,太阳轮被固定,行星架第二次减速向输出轴输出实现 3 档动力传递。

理解:第 1~2 排齿圈输入又 1:1 输入,拉维娜公转向第四排输出。第四排齿圈输入,太阳轮固定,行星架第一次减速输出。第三排齿圈输入,太阳轮固定,行星架第二次输出。

关键执行元件:C1、B2、C3。D3 档传动原理如图 5-5-8 所示。

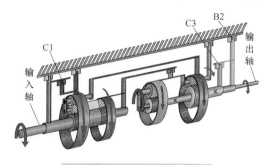

图 5-5-7　D3 档传动立体图　　　　图 5-5-8　D3 档传动原理

4. D4 档的传动路线和档位分析

图 5-5-9 是 D4 档传动立体图。

动力由第二排齿圈顺转输入,离合器 C1 接合将齿圈与公共太阳轮连接起来 1:1 向后面输出。离合器 C2 接合将动力接到第三排齿圈上。第四排也 1:1 空转。现在只有第三排太阳轮被 B2 制动,齿圈输入,行星架第一次减速输出,实现 4 档动力传递。

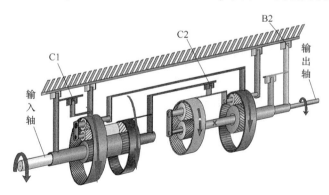

图 5-5-9　D4 档传动立体图

关键执行元件:C1、C2、B2。D4 档传动原理如图 5-5-10 所示。

5. D5 档的传动路线和档位分析

图 5-5-11 是 D5 档传动立体图。

输入轴输入,离合器 C1 接合将齿圈与公共太阳轮连接起来 1:1。离合器 C2 接合将动力接到第三排齿圈上,离合器 C3 接合把第四

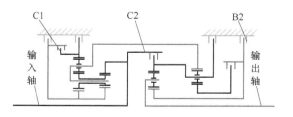

图 5-5-10　D4 档传动原理

排、第三排太阳轮也连接起来这样整个传动都为1∶1公转输出直接档。

关键执行元件：C1、C2、C3。D5档传动原理如图5-5-12所示。

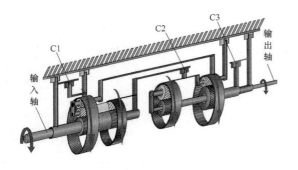

图5-5-11　D5档传动立体图

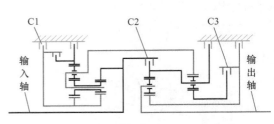

图5-5-12　D5档传动原理

6. D6档的传动路线和档位分析

图5-5-13是D6档传动立体图。离合器C2接合1∶1直接从第三排齿圈输入，前1~2排拉维娜也有一个齿圈在输入。由于公共太阳轮制动，行星架输出，在看起来是一个减速输出，但我们还要整体联系起来分析，第四排在向太阳轮输入加速关系。前面拉维娜B1制动太阳轮减速。

关键执行元件：B1、C2、C3。D6档传动原理如图5-5-14所示。

说明：前面拉维娜B1制动太阳轮，行星排行星架减速输出，最终第三排行星架超速输出。

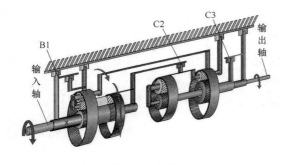

图5-5-13　D6档传动立体图

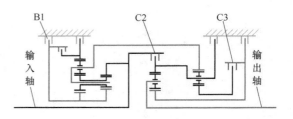

图5-5-14　D6档传动原理

7. D7档的传动路线和档位分析

图5-5-15是D7档的传动立体图。离合器C2接合1∶1直接从第三排齿圈输入，前1~2排拉维娜也有一个齿圈在输入。由于边将齿圈制动，行星架输出，在看起来是一个减速输出，但我们还要整体联系起来分析，第四排在向太阳轮输入加速关系而且比6档更快。前面拉维娜B3制动拉维娜的第一排大齿圈减速。

关键执行元件：B3、C2、C3。D7档传动原理如图5-5-16所示。

说明：前面拉维娜B3制动大齿圈，行星排行星架减速输出，最终第三排行星架超速输出。

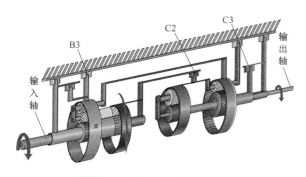

图 5-5-15　D7 档传动立体图

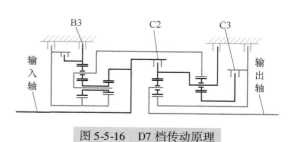

图 5-5-16　D7 档传动原理

8. R1 档的传动路线和档位分析

图 5-5-17 是 R1 档传动立体图。奔驰 722.9 自动变速器有两个倒档，即：一个慢倒档 R1，一个快倒档 R2。

1）R1 档传动路线。动力由输入轴经前面拉维娜的小齿圈顺转输入，制动器 B3 制动拉维娜大齿圈，公共行星架以第一次减速度向后第四排齿圈输出，拉维娜的太阳轮在反向空转（这个与前进 1 档一样）。（减速）

2）由于制动器 B4 制动了第四排行星架和第三排齿圈，另一方面离合器 C3 的接合将三四排太阳轮连接起来。这样，第四排已经通过了减速的齿圈在顺转输入，行星架制动，行星齿轮内啮合自转（顺转）第四排太阳轮与其外啮合会反转。（有点超速）

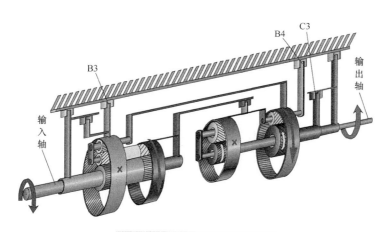

图 5-5-17　R1 档传动立体图

3）第三排：（第四排太阳轮反转，通过离合器 C3 传给第三排太阳轮也会反转输入）第三排太阳轮反转输入，齿圈固定，行星架再次减速反转输出实现 R1 档动力传递。

关键执行元件：B3、B4、C3。R1 档传动原理如图 5-5-18 所示。

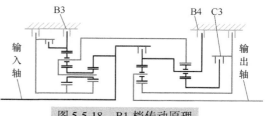

图 5-5-18　R1 档传动原理

9. R2 档的传动路线和档位分析

图 5-5-19 是 R2 档传动立体图。R2 档传动路线：动力由输入轴经前面拉维娜的小齿圈顺转输入，制动器 B1 制动拉维娜太阳轮，公共行星架以第一次减速度向后第四排齿圈输出（这个与 D2 档一样）（减速）。由于制动器 B4 制动了第四排行星架和第三排齿圈，另一方面离合器 C3 的接合将第三、四排太阳轮连接起来。这样，第四排已经通过了减速的齿圈在顺转输入，行星架制动，行星齿轮内啮合自转（顺转）第四排太阳轮与其外啮合会反转（有点超速）。第三排：（第四排太阳轮反转，通过离合器 C3 传给第三排太阳轮也会反转输入）第三排太阳轮反转输入，齿圈固定，行星架再次减速反转输出实现 R2 档动力传递。

关键执行元件：B1、B4、C3。R2 传动原理如图 5-5-20 所示。关键执行组件工况见表 5-5-1。传动比见表 5-5-2。

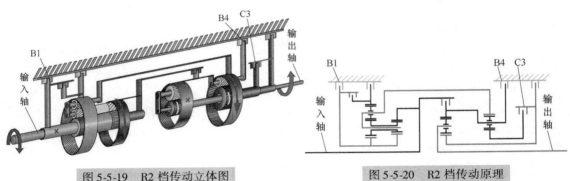

图 5-5-19　R2 档传动立体图　　　　图 5-5-20　R2 档传动原理

表 5-5-1　关键执行组件工况

D1	D2	D3	D4	D5	D6	D7	R1	R2
C3	C3	C3	C1	C1	C2	C2	B3	B1
B2	B1	C1	C2	C2	C3	C3	B4	B4
B3	B2	B2	B2	C3	B1	B3	C3	C3

表 5-5-2　传动比

档　位	传　动　比	档　位	传　动　比
1	4.337	6	0.820
2	2.859	7	0.728
3	1.921	R1	3.416
4	1.368	R2	2.231
5	1	—	—

三、725.0 自动变速器传动原理与档位分析

奔驰公司的 725.0（又叫 9G-Tronic）这款自动变速器有 4 个行星齿轮排和 6 个换档执行

元件，可以实现 9 个前进档和 1 个倒档。梅赛德斯-奔驰已获得了这一具体配置的全球专利，梅赛德斯工程师认为这是最好的配置。图 5-5-21 是 725.0 解剖图。奔驰 725.0 传动原理如图 5-5-22 所示。关键执行组件工况见表 5-5-3。传动比见表 5-5-4。

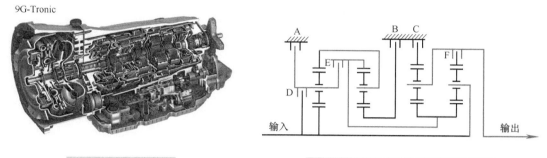

图 5-5-21　解剖图　　　　　　　　图 5-5-22　奔驰 725.0 传动原理图

表 5-5-3　关键执行组件工况

D1	D2	D3	D4	D5	D6	D7	D8	D9	R
B	D	B	B	B	E	B	A	A	A
C	C	C	C	D	D	E	E	B	B
E	E	D	F	F	F	F	F	F	C

表 5-5-4　传动比

档　　位	传　动　比
1	5.503
2	3.333
3	2.315
4	1.661
5	1.211
6	1.000
7	0.865
8	0.717
9	0.601
R	-4.932

综 合 练 习

填空题

1. 自动变速器主要有 4 种类型：＿＿＿＿＿＿、＿＿＿＿＿＿、＿＿＿＿＿＿

和_____。

2. 自动化的手动变速器 AMT 基于_____变速器，通过液压或电动装置及相应的_____单元实现对起步离合器和换档_____操作；国内常称之为机械式自动变速器（Automated Mechanical Transmission），由于换档时动力中断，所以在乘用车上_____采用。

3. 液力变矩自动变速器属于最早量产应用的自动变速器，所以英语名称直接用了自动变速器，后来为区分于其他类型的自动变速器，又常称之为_____自动变速器，或根据其特点称之为液力变矩自动变速器、_____自动变速器等。由于采用了液力变矩器，所以_____平稳，起步_____性能很好，采用_____系，可传递较大的转矩，利用集成于行星齿轮机构中_____、制动器的交叠控制实现平稳无动力中断换档；目前，9 档液力变矩自动变速器已经批量生产。

项目六 CVT（无级变速器）、DSG（双离合器直接换档）、平行轴自动变速器检修

任务一　本田 CVT、大众 CVT

一、CVT 的检修

案例链接（一）飞度前进档功能不正常

[经过] 一辆广州本田飞度搭载 CVT 变速器。行驶里程为 40000km。起动车辆后将变速杆换入 D 位，车辆不能向前行驶，踩下加速踏板后车辆才能缓慢向前行驶。将变速杆换入 R 位，倒档行驶功能正常。

[故障判断与排除] 连接诊断仪，对 CVT 进行自诊断，没有故障码。查看数据流，没有发现异常现象。连接油压表对 CVT 进行油压测试，发现倒档制动器工作油压正常。前进档离合器工作油压偏低。对故障进行分析，认为造成前进档离合器工作油压偏低的原因包括前进档离合器控制阀故障，液压阀体工作不良，前进档离合器过度磨损或泄压。重新查看 CVT 的数据流，确认前进档离合器控制阀的工作数据没有问题。拆下 CVT 进行分解检查，发现前进档离合器活塞磨损严重，有明显的泄漏现象，前进档离合器的摩擦片轻微烧损。更换前进档离合器组件，安装好 CVT，试车，故障症状完全消失，检修工作结束。

[故障总结] CVT 与行星齿轮式自动变速器不一样，它没有固定齿轮的执行元件，而是配置两个带轮，即主动带轮和从动带轮。主动带轮和从动带轮通过钢带连接在一起。为获得不同的传动比，带轮有效直径将连续变化。变速器控制模块（TCM）根据收集相关传感器信号对电磁阀进行控制，以执行相应的操作功能。当电磁阀被激活后，相对应的液压阀在油压作用下改变位置，从而实现离合器或制动器的接合与分离。与其他自动变速器相似，如果 CVT 发生故障，那么 D4 档位指示灯闪烁，以提醒驾驶人，故障码将储存在控制模块中。CVT 没有采用液力变矩器（日产车除外），而是采用起步离合器进行代替，实现车辆起步行驶功能。前进档和倒档的变换是通过前进档离合器和倒档制动器的作用来实现的。本例故障原因是前进档活塞离合器泄压，这与产品本身质量有关，因此故障有一定的普遍性。

1. 本田 CVT、德国大众 CVT 简介

CVT 为 Continuously Variable Transmission 的缩写，意为传动比可连续变化的变速器，国内一般译作"无级变速器"。目前，在国内采用 CVT 的主要车型有本田飞度和奥迪 V6 2.8，传动过程都是基于"双活塞带式传动"原理。奥迪和本田车上装载的均为 CVT。图 6-1-1 所示为无级变速器与发动机连接。图 6-1-2 所示为无级变速器剖视图。图 6-1-3 所示为大众无级变速器剖视。图 6-1-4 所示为大众无级变速器传动。

图 6-1-1　无级变速器与发动机连接

图 6-1-2　无级变速器剖视图

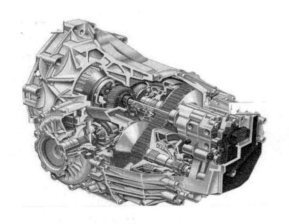

图 6-1-3　大众无级变速器剖视图

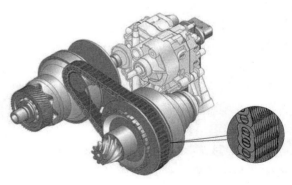

图 6-1-4　大众无级变速器传动

目前，德国大众奥迪车以及其他乘用车，已采用了钢带式无级变速器。无级变速器以其构造简单，提高汽车燃油经济性和改善驾驶的舒适性而愈来愈多地得到推广和应用。

最简单的无级变速器是 V 形钢带无级变速器。V 带将两个能够连续不断改变直径的带轮连在一起，通过改变输入、输出带轮的直径来实现无级变速。其变速原理如图 6-1-5 所示。

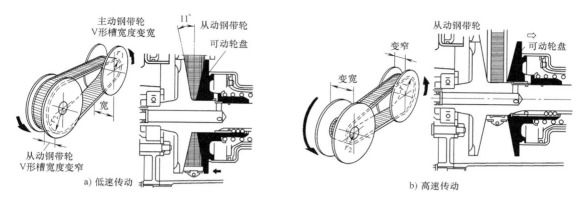

图 6-1-5 无级变速器变速原理

下面就以本田飞度无级变速器为例,说明无级变速器的结构、原理与检修。

2. 基本组成

(1) 本田飞度 CVT 基本功能

CVT 的基本功能与自动变速器的功能相似,其中最重要的是 CVT 能根据实际路况提供连续变化的传动比,以保证发动机在最佳的功率范围内运行。其档位有 6 个:P(PARK,驻车)、R(REVERSE,倒档)、N(NEUTRAL,空档)、D(DRIVE,前进档)、S(SECOND,第 2 档)和 L(LOW,低速档)。其各档位的功能见表 6-1-1。

表 6-1-1 本田飞度 CVT 各档位的功能

位 置	说 明
P	前轮锁定;驻车止动爪与从动带轮轴上的驻车齿轮啮合;起步离合器和前进档离合器均为分离状态
R	倒档;倒档制动器工作
N	空档;起步离合器和前进离合器均为分离状态
D	前进档;变速器自动进行调整,使发动机保持最佳转速,以便在所有条件下行驶
S	快速加速;变速器选择较宽范围的传动比,以取得更佳的加速效果
L	发动机制动和爬坡动力性能;变速器变换至最低传动比范围

(2) 飞度 CVT 的基本组成

本田飞度 CVT 采用主动与从动带轮以及钢带的电控系统,它具有无级前进档变速和二级倒档变速功能,装置总成与发动机直列布置。其基本组成可以分为机械传动、电子控制、液压控制、换档控制机构。其结构如图 6-1-6 所示。

1) 机械传动。主要有以下 4 条平行轴:输入轴、主动带轮轴、从动带轮轴以及主传动轴。输入轴和主动带轮轴与发动机曲轴呈直线布置。主动带轮轴和从动带轮轴均由带活动和固定两种轮面的带轮构成,两个带轮通过钢带连接。

输入轴由太阳轮、行星齿轮、齿圈及行星架组成。主动带轮轴包括主动带轮以及前进离合器。从动带轮轴包括从动带轮、起步离合器以及与驻车齿轮一体的中间从动齿轮。主传动轴位于中间主动齿轮与主减速从动齿轮之间。主传动轴由主减速主动齿轮和中间从动齿轮组成,中间从动齿轮用以改变旋向,因为主动带轮轴和从动带轮轴的旋向相同。当行星齿轮通过前进离合器和倒档制动器接合后，动力即由主动带轮轴传递至从动带轮轴，从而提供了 L、S、D 和 R 档位。

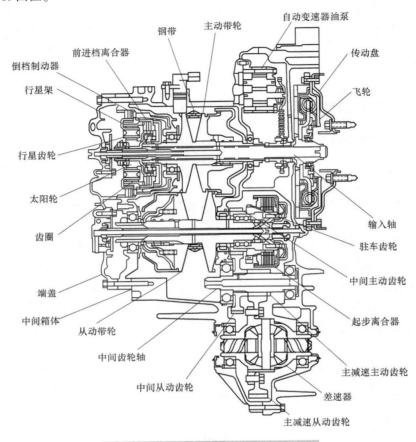

图 6-1-6　本田飞度无级变速器的结构

2）电子控制。电子控制系统由动力系统控制模块（PCM）、传感器和电磁阀组成。变档采用电子控制方式，从而确保了所有条件下的驾驶舒适性。PCM 位于仪表板下部，在杂物箱的后面。

3）液压控制。阀体类型包括主阀体、ATF 泵体、控制阀体、ATF 油道体以及手动阀体。ATF 泵体用螺栓固定在主阀体上，主阀体则用螺栓固定在壳体上；控制阀体位于壳体外部，ATF 油道体定位在主阀体上，并与控制阀体、主阀体以及内部液压回路相连；手动阀体定位在中间壳体上。ATF 油泵为摆线式，其内转子通过花键与输入轴联接。带轮和离合器分别由各自的供油管供油，倒档制动器由内部液压回路供油。

4）换档控制机构。动力系统控制模块通过电磁阀，对带轮传动比变换进行控制，PCM 接收来自车辆各种传感器和开关的输入信号。PCM 操纵无级主动带轮压力控制阀和从动带轮压力控制阀，以改变带轮控制压力；主动带轮控制压力施加于主动带轮上，从动带轮控制压力施加至从动带轮上，以使带轮传动比在其有效范围内进行变换。

3. 主要部件

单排双级无级变速器主要部件有前进档离合器、倒档制动器、行星齿轮、带轮、起步离合器，如图 6-1-7 所示。

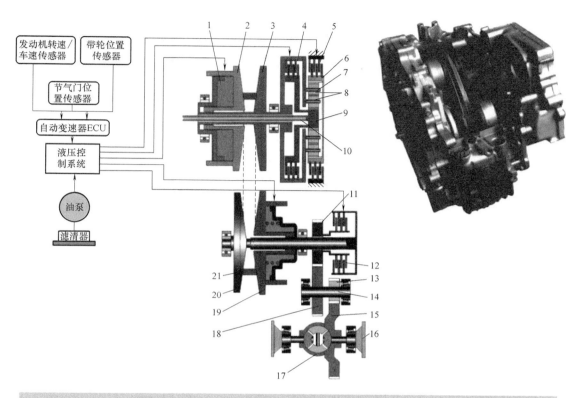

图 6-1-7　单排双级无级变速器主要部件

1—主动带轮伺服液压缸　2—主动带轮滑动盘　3—主动带轮固定盘　4—前进档离合器　5—倒档制动器　6—齿圈
7—行星架　8—行星齿轮　9—太阳轮　10—输入轴　11—中间减速主动齿轮　12—起步离合器
13—主减速器主动齿轮　14—中间轴　15—主减速器从动齿轮　16—驱动轴法兰盘　17—差速器
18—中间减速从动齿轮　19—从动带轮滑动盘　20—从动带轮固定盘　21—钢带

（1）行星齿轮

CVT 的行星齿轮机构有单排单级和单排双级两种形式，如图 6-1-8 所示。它们均由 3 个元件组成，即太阳轮、齿圈、行星架与行星齿轮，如图 6-1-9 所示。

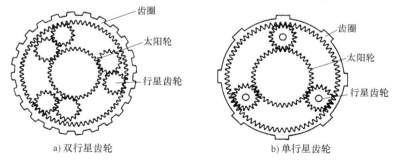

a) 双行星齿轮　　　b) 单行星齿轮

图 6-1-8　两种形式行星齿轮机构

太阳轮通过花键与输入轴连接，小行星齿轮安装在行星架上；行星架位于输入轴端部的太阳轮上。齿圈位于行星架内侧，它与前进离合器毂相连。太阳轮通过输入轴将发动机动力输入至行星齿轮，行星架输出发动机动力。行星齿轮机构仅用于改变带轮轴的旋转方向。

图6-1-9　行星排

在D、S和L位（前进档范围）时，由于前进档离合器工作将使输入太阳轮和输出齿圈锁在一起旋转，这样行星齿轮不自转，也不绕太阳轮公转，因而行星架将以相同的速度转动（1∶1）。

在R位（倒档范围）时，倒档制动器将行星架锁定，太阳轮驱动行星齿轮转动，行星齿轮自转但不绕太阳轮公转，行星齿轮驱动齿圈沿太阳轮相反的旋向旋转。

（2）离合器/倒档制动器

1）起步离合器。起步离合器与中间主动齿轮啮合/分离，它位于从动带轮轴的端部，安装位置如图6-1-6所示。起步离合器所需液压由位于从动带轮轴内的自动油管提供。

该型自动变速器因无液力变矩器，因此失去了自动离合器的作用。为使在停车状态下，发动机能带档怠速运转，且在起步加速时，能有液力变矩器打滑调控的作用，采用了起步离合器，其作用相当于自动变速器中的液力变矩器，可以在起步加速或带档停车时，保证发动机能稳定运转。

从以上分析可知，这种作用是通过控制CVT起步离合器压力控制阀开闭的大小，而间接控制电控系统加给起步离合器液压的大小，以使离合器有不同程度的打滑。因此，加强起步离合器的润滑和冷却是十分必要的，为此在起步离合器的毂上钻有很多径向的小孔，如图6-1-10所示。

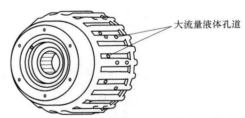

图6-1-10　起步离合器毂钻孔示意图

从图6-1-10可知，这些小孔是为加大离合器润滑油的流量而设计的。如果起步离合器片磨损严重或油压不足，汽车将无法行驶；如果起步离合器卡在接合位置，将导致发动机怠速熄火。

2）前进档离合器。前进档离合器与太阳齿轮啮合/分离，工作时将输入太阳轮和输出齿圈锁在一起，它位于主动带轮轴的端部，安装位置如图6-1-7所示。前进档离合器所需液压通过其位于主动带轮轴内的自动油管提供。

3）倒档制动器。处于R位时，倒档制动器将锁定行星架，倒档制动器位于行星架周围的中间壳体内部，安装位置如图6-1-7所示。倒档制动器盘安装在行星架上，而倒档制动片安装在中间壳体上，倒档制动器的液压通过一个与内部液压回路相连的回路提供。

4）带轮。主动带轮和从动带轮通过钢带连接，每个带轮均有一个活动面和一个固定面，如图6-1-11所示。

飞度无级变速器传动比的变化是靠改变主、从动带轮的传动直径来实现线性变化的，带轮有效传动比将随接收到的来自车辆各种传感器和开关的输入信号而变化，主、从动带轮直

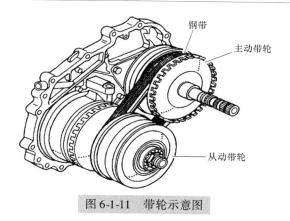

图 6-1-11 带轮示意图

径的改变是靠电控液压来完成的。

要得到高带轮传动比时，从图 6-1-12 可知，只要增大主动带轮工作直径，相应减小从动带轮的直径，便可提高车速。当 ECU 控制主动带轮处于高油压而从动带轮处于低油压时，主动带轮 V 形槽便在液压作用下减小槽宽，使工作直径增大，而从动带轮因低压而增大槽宽，使从动带轮工作直径减小，于是便获得低高速。需得到低带轮传动比时，由图 6-1-13 可知，此时主动带轮处于低油压作用，于是 V 形带轮的槽宽增大，工作直径减小，而从动带轮处于高油压作用，于是从动带轮槽宽减小，工作直径增大，因此实现高传动比输出，即减速输出。

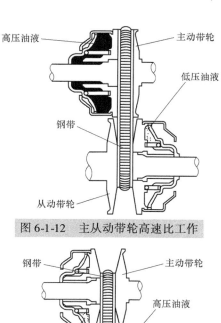

图 6-1-12 主从动带轮高速比工作

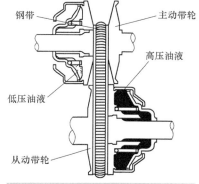

图 6-1-13 主从动带轮低速比工作

4. 无级变速器的分解

（1）无级变速器结构

飞度无级变速器的分解图如图 6-1-14 所示。

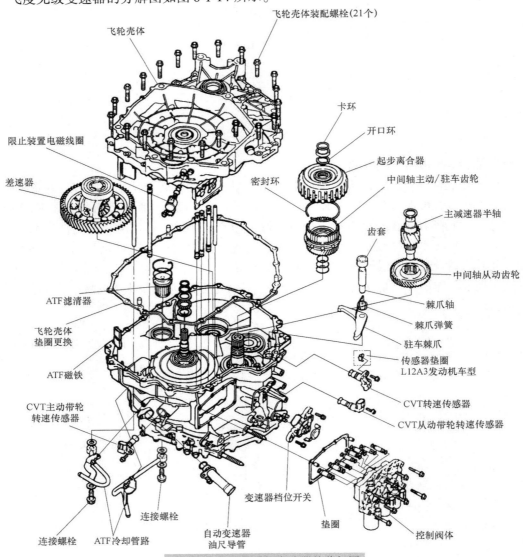

图 6-1-14　飞度无级变速器的分解图

（2）所需专用工具

1）起步离合器拆卸专用装置 07TAE—P4VR120。

2）倒档制动器弹簧压缩机 07TAE—P4VR110。

二、奥迪 01J 无级变速器的结构组成

案例链接（二）变速器中部异响伴随打滑

[经过] 一辆奥迪 A6 2.8，搭载 01JFR2 型无级变速器，发动机起动后，无论在任何档

位都会从变速器中部发出异响,并且行车急加速时有打滑现象。

[故障判断与排除] 通过对故障现象进行分析,这种响声很有可能是油泵产生的,因为在 P 位和 N 位时只有输入轴带动油泵旋转。于是拆下变速器的后尾壳、变速器控制单元、阀体和油泵。经检查,发现油泵驱动环损坏,主动齿轮内部的衬套严重磨损。由于衬套磨损会产生大量的金属屑,决定拆下变速器进行彻底清洗。至于变速器急加速为什么会打滑,原因是油泵磨损泄压而导致的。在清洗变速器并更换油泵后,故障排除。

案例链接(三) 奥迪 A6 2.8 低速、中速发抖

[经过] 一辆奥迪 A6 2.8,搭载 01JFR2 型无级变速器,车速在 10km/h、30km/h、50km/h 及 70km/h 时车辆有抖动感。

[故障判断与排除] 根据该车的故障现象,我们对变速器进行了解体维修。在大修过程中,我们发现从动摩擦带轮的 2 个锥面和链条已有不同程度的磨损,且被磨损的部位主要是从动摩擦带轮的下锥面。它们为什么会磨损呢?根据该款变速器传动系统的结构特点,可以判定是由于锥面和链条间的压力不够,变速器在运行中造成打滑所致。维修该车故障的关键是要找到压力不够的原因,经过分解变速器进行检查,最终确定故障原因为油泵磨损。油泵外齿已经烧蚀,且油泵外壳也已经磨损,在更换油泵、摩擦带轮和链条后,故障彻底排除。

案例链接(四) 奥迪 A6 2.4 大修后 D 位反应慢,加速有冲击

[经过] 一辆奥迪 A6 2.4,搭载 GHL 型无级变速器。由于变速器进水,该车在其他修理厂进行了变速器大修,但大修后出现了变速器入 D 位反应慢、加速有冲击现象。

[故障判断] 经过路试,根据该车的故障现象进行分析,认为导致该车变速器产生故障的原因主要在 3 个方面:

1) 电控系统。依据上述分析,首先利用故障诊断仪 VAS5051 对变速器控制系统进行检测,但没有发现故障码。然后利用故障诊断仪读取了相关数据流,发现有 ADP RUN(自适应正在运行中)显示。

2) 机械故障。很有可能是离合器烧损。后来利用诊断仪对变速器控制单元进行了设定,但故障现象没有好转。由于通过诊断仪没有发现问题。便着手检查变速器。经对变速器进行认真检查,发现前进离合器供油管头部有凹瘪的痕迹,凹瘪处将特氟隆油环卡住,从而导致油路泄压。

3) 阀体油路。根据该款变速器的油路图可知:
① 前进档供油路线为油泵→离合器控制阀→安全阀→手动阀→前进档离合器。
② 倒档离合器供油路线为油泵→离合器控制阀→安全阀→手动阀→倒档离合器。将这两条供油路线相比较,故障原因可能是手动阀或离合器存在泄漏。

[故障排除] 在更换油管后,故障现象消失,利用故障诊断仪读取数据流,变速器已经进入 ADP OK 状态。经试车故障排除。

[故障总结] 通过对多台 01J 型无级变速器的维修,发现该款变速器的油泵比较容易出现问题。据了解,新款变速器的油泵已经由原来的齿轮泵改进为叶片泵,这种油泵运行更为稳定。

奥迪01J无级变速器，主要由减振缓冲装置、动力连接装置和速比调节变换器解体零件等组成。Multitronic 钢片链条由 1 000 多个钢片和 75 个副链销构成，在结构上比单一的钢带更加牢固，从而保证了发动机转矩输出的稳定传递，如图 6-1-15 所示。

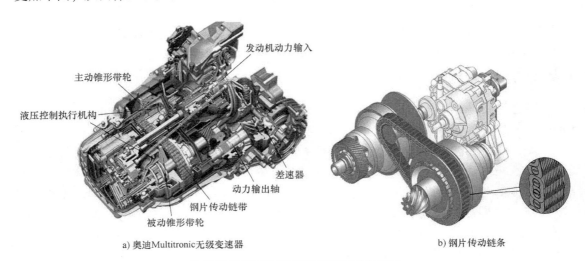

图 6-1-15　奥迪01J无级变速器解剖图

发动机输出转矩通过飞轮减振装置或双质量飞轮传递给变速器，前进档和倒档各有一组湿式摩擦组件，即前进档离合器和倒档制动器，两者均为起动装置。倒档的旋转方向是通过行星齿轮系改变的。发动机转矩通过减速档齿轮传递到变速器，并由此传递到主减速器，电子液压控制阀体和变速器控制单元集成为一体，位于变速器内部。各系统的作用如图 6-1-16 所示。

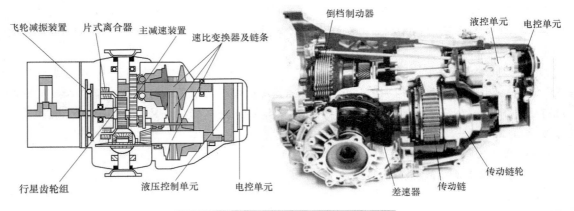

图 6-1-16　奥迪01J无级变速器结构简图

1. 飞轮减振装置

在往复式内燃机中，不均匀的燃烧会引起曲轴扭振，扭振被传递到变速器中会引起共振，同时会产生噪声，易使变速器部件出现过载，飞轮减振装置和双质量飞轮可减缓因发动机与变速器之间动力连接而产生的扭振，并保证发动机无噪声运转。

奥迪 V6 2.8L 发动机转矩就是通过飞轮减振装置传递到变速器的，如图 6-1-17 所示。

奥迪 A4 1.8L 四缸发动机运转不如六缸发动机平稳，因此四缸发动机使用双质量飞轮，如图 6-1-18 所示。

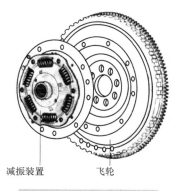

图 6-1-17 飞轮减振装置

图 6-1-18 双质量飞轮

2. 前进档离合器/倒档制动器

奥迪 CVT 的起动装置是前进档离合器和倒档制动器，并配合使用反向行星架机构来实现前进档和倒档的，它们只做起动装置，不改变速比，而在自动变速器中它们的功能是实现各档速比的。

与以往的多级自动变速器使用变矩器传递转矩不同，在奥迪 CVT 设计原理中，前进档和倒档均采用不同的离合器和制动器，这些组件被称为"湿式钢片离合器"或"湿式钢片制动器"，在多档自动变速器中是用来实现换档功能，称为"换档执行组件"；而在无级变速器当中，"湿式钢片离合器"和"湿式钢片制动器"是用于起步和将转矩传递给辅助减速档齿轮（其实就是转矩传递装置），如图 6-1-19 所示。起步和转矩传递过程由电子液压控制单元监控和调整。

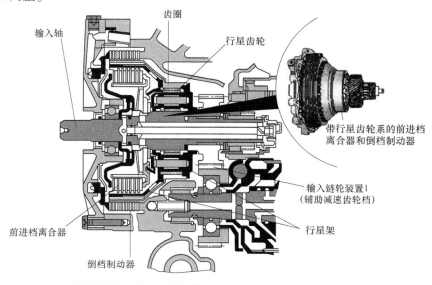

图 6-1-19 前进档离合器/倒档制动器及行星齿轮装置

3. 行星齿轮装置

奥迪 CVT 中行星齿轮装置被制成反向齿轮装置，如图 6-1-20 所示，其唯一功能是倒档时改变变速器输出轴的旋转方向。

前进档时，行星齿轮系的变速比为 1∶1，作为输入元件的太阳轮与输入轴和前进档离合器钢片连接；作为输出元件的行星架与辅助减速档齿轮组的主动齿轮和前进档摩擦片相连，齿圈和倒档制动器摩擦片相连接，倒档制动器钢片和变速器壳体相连接，如图 6-1-21 所示。

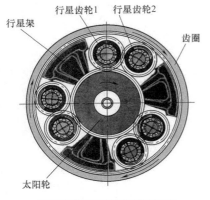

图 6-1-20　行星齿轮装置

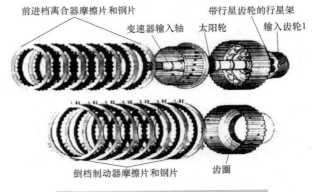

图 6-1-21　前进档离合器和倒档制动器

4. 大众 01J 无级变速器测量值通道

大众 01J 无级变速器测量值通道功能查询见表 6-1-2。

表 6-1-2　大众 01J 无级变速器测量值通道功能查询

001 1　制动灯开关 2　制动检测开关 3　变速杆锁止电磁阀 N110 4　车速	005 1　变速杆位置 2　起动锁至接通关闭 3　倒车灯开关接通关闭 4　15 号接线柱供电电压
002 1　变速杆位置 2　多功能开关的霍尔传感器位置 P ZP R ZN N D S 出现故障时显示 ER 3　tiotrnic 识别 P 0101；ZP 0100；R 0110；ZN 0010；N 0011；D 1010；S 1000 如果显示其他数字组合为有故障 4　换入档位	006 1　变速杆位置 2　压力调节 2—N216 中的电流 3　压力调节 1—N215 中的电流 4　电磁阀 1—N88 中的电流
003 1　变速杆位置 2　Tiptronic 识别 3　换高档开关 4　换低档开关	007 1　发动机转速 2　变速器输入转速 3　变速器输出转速 G196 4　同步标志 SY 表示变速器输入轴上的前进/倒档离合器已闭合并且不再滑动；AS 表示变速器输入轴上的前进/倒档离合器已分离或变速器处于起动阶段
004 1　变速杆位置 2　行驶方向显示 3　输出转速 1 4　输出转速 2	008 1　加速踏板位置 2　变速器输出转速实际值 3　变速器输入转速规定值 4　变速器输入转速实际值

项目六 CVT（无级变速器）、DSG（双离合器直接换档）、 平行轴自动变速器检修 | 199

(续)

009	3 发动机转矩
1 加速踏板位置	4 离合器转矩
2 强制减档开关	018
3 发动机实际转矩	1 转距传感器压力 0~25DAR
4 发动机转速	2 离合器规定转矩 -40~640N·m
010	3 离合器实际压力
1 前进档离合器特性曲线自适应 0.25~0.32A 低于 0.25A，ATF 回路不正常；高于 0.32A，ATF 泵不正常	4 压力调节 N215 中的电流
	019
2 前进档自适应状态 匹配成功显示 ADP	1 转矩传感器压力 0~25DAR
3 G93 油温 -40~150℃	2 压力调节 N215 中的电流
4 离合器规定转矩	3 空调状态
011	4 空
1 倒档离合器特性曲线自适应	020
2 自适应状态	1 发动机转速
3 油温	2 发动机带速转速规定值
4 离合器规定转矩	3 变速器带速转速规定值
012	4 空
1 前进档离合器特性匹配	021
2 前进档离合器最大转矩	1 驱动轴输入转矩
3 前进档离合器特性曲线自适应 0.25~0.32A，低于 0.25A，ATF 回路不正常；高于 0.32A，ATF 泵不正常	2 实际发动机转矩
	3 发动机规定转矩
4 空	4 转矩梯度 0~2550N·m
013	022
1 离合器压力补偿匹配值	1 ABS 接通/关闭
2 压力转矩传感器补偿匹配值	2 EDL 接通/关闭
3 油温	3 TCS 接通/关闭
4 冷却液温度	4 ESP 接通/关闭
017	125
1 加速踏板位置	1 通过 CAN 接收发动机信息
2 发动机转速	2 通过 CAN 接收 ABS 信息

  奥迪 A4、A6 已经装备 CVT，称之为 01J 或 Multitronic。该款 CVT 没有液力变矩器作为发动机转矩传递元件，这就意味着当车辆起步或停车时，前进档离合器和倒档离合器必然有滑磨。当踩下或松抬加速踏板时，离合器接合，主从动链轮开始工作，以提供合适的传动比。在摩擦带轮和离合器工作过程中会产生热量，若变速器冷却系统受阻将会引起挂档冲击故障；在手动模式 4 档，发动机转速 2000r/min 以下，定速巡航时将有几秒的振动，但在手动模式 3 档，同样巡航车速下则不发生该故障。清洗冷却系统，更换 ATF 和外部滤芯，将会解决该故障。为什么散热器和滤芯首先受阻？该故障是前进档离合器失效的先兆，开始的解决办法是用 7 片的摩擦片去替代 6 片的摩擦片（修理包零件号为 ZAW398001），同时用 CD-ROM（零件号为 8EO.960.961J）去刷新 TCM 单元。而现在，你需要 VIN 将前进档离合器毂和行星齿轮作为一个总成更换。

5. 如果你决定更换散热器和外部滤芯及 ATF，在工作前后，必须执行下述程序：

1）检查油面，若需要利用 V.A.S5162（专用工具）添加。

2）车辆悬空，利用双手检查车轮是否自由旋转。

3）观察仪表档位指示灯，从 1 档至最高档温度和加速，车速不要超过 56km/h。

4）手动切换至1档。

5）缓踩制动踏板直至停车。

6）踩制动踏板，换入R位。

7）缓踩加速踏板至倒档车速达至19km/h。

8）缓踩制动踏板直至停车。

9）将变速杆放至D位，重复2）至8）程序，5次以上。

10）结束操作，换入P位并熄火。

11）通过CAS5162换油及加油。

12）重复2）至9）程序，结束，落车，然后路试，同时还要进行变速器自适应过程，这项工作应在维修工作完成后随时进行，尤其是蓄电池线拔过后，其步骤如下：

① ATF滤清器在65℃或以上，自适应才能正确进行。

② 路面交通流量要小，以便操作自如。

③ 换入D位，部分负荷前行20m，然后踩制动踏板至完全停车，继续踩制动踏板10s以上，变速杆仍在D位。

④ 换入R位。

⑤ 放松制动踏板，部分负荷倒行20m，然后踩制动踏板至完全停车，继续踩制动踏板10s以上，变速杆仍在R位。

⑥ 重复上述步骤5次（在D位和R位）。当换油和自适应完成时，车辆应正常工作，若故障不能消除或很快重现，最后的机会是更换离合器片。

01J无级变速器大部分故障以更换TCU和阀体解决，其维修难度体现在电液高度集成上，下手的地方实在有限，因此"数据流"阅读理解和"自适应"操作尤其重要。自适应包括前进档自适应和倒档自适应。

三、日产环形无级变速器简介

20世纪90年代末，日产开始自行设计并生产CVT，并且生产出了环形无级变速器（roller-based CVT），被命名为Extroid。由于有液力变矩器，因此可以搭载在拥有更高转矩性能的车上，比如当时的日产第10代Gloria和第11代Skyline GT—8。

第11代Skyline GT—8 V35环形无级变速器变速机构主要由输入盘、输出盘和中间传力滚轮组成。两滚轮始终与两锥形金属盘保持接触，滚轮的位置由液压调控，根据传力滚轮位置的不同，可改变动力输出的传动比。环形无级变速器实物如图6-1-22所示。

图6-1-23所示为环形无级变速器的工作原理，左右两边的为传力滚轮，上下两个为动力的输入与输出轴，中间的是锥形盘。随着传力滚轮上下移动，与锥形盘接触点发生变化，两个锥形盘的转速也会相应改变，从而实现变速。

图6-1-22 环形无级变速器实物

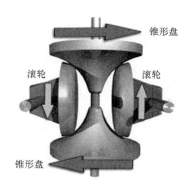

图 6-1-23 环形无级变速器的工作原理

四、奥迪 A4/A6/01J 自动变速器检修

1. 电控元件位置

（1）诊断接口

诊断接口位于驾驶人侧下方仪表板护板的下面。

（2）自动变速器控制单元 J217

自动变速器控制单元 J217 固定在自动变速器后端，直接安装在液压控制油路板上，如图 6-1-24 所示。

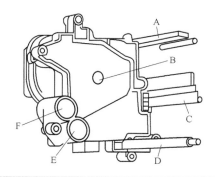

图 6-1-24　自动变速器控制单元 J217
A—自动变速器输出转速传感器 1（G195）和自动变速器输出转速传感器 2（G196）　B—齿轮油温度传感器 G93
C—多功能开关 F125　D—自动变速器辅助转速传感器 G182　E—自动变速器液压压力传感器 1（G193）
F—自动变速器液压压力传感器 2（G194）

（3）液压控制单元

液压控制单元用螺栓固定在自动变速器后端，自动变速器控制单元 J217 直接装在液压控制单元上。

液压控制单元上有集成部件：自动变速器调压阀 1（N215 离合器电磁阀）、自动变速器调压阀 2（N216 传动比电磁阀）、电磁阀 1（N88）、离合器冷却阀、最低压力阀、限压阀、离合器控制阀、控制压力阀。

（4）变速杆传感器控制单元 J587 和 Tiptronic 开关 F189

变速杆传感器控制单元 J587 和 Tiptmnic 开关安装在同一个部件中。插接器如图 6-1-25 所示。

控制单元 J587 和 Tiptronic 开关 F189 如图 6-1-26 所示。

（5）变速杆锁止电磁阀 N110

变速杆锁止电磁阀 N110 安装在换档操纵机构，如图 6-1-27 所示。

（6）强制降档开关 F8

如图 6-1-28 所示。

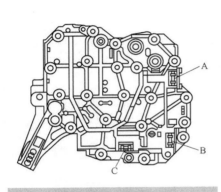

图 6-1-25　插接器
A—自动变速器调压阀 1（N215）的插接器
B—自动变速器调压阀 2（N216）的插接器
C—电磁阀 1（N88）的插接器

图 6-1-26　控制单元 J587 和 Tiptronic 开关 F189

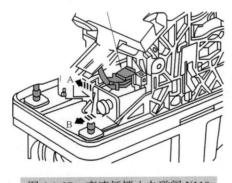

图 6-1-27　变速杆锁止电磁阀 N110

图 6-1-28　强制降档开关 F8

1）对于安装了柴油发动机的汽车，强制降档开关 F8 与加速踏板位置传感器 G79 组成一个单元作为开关。

2）对于安装了汽油发动机的汽车，加速踏板位置传感器 1（G79）和加速踏板位置传感器 2（G185）的特定数值保存在发动机控制单元中。加速踏板位置传感器集成在加速踏板模块内，如图 6-1-29 中箭头所示。当加速踏板位置传感器损坏时，必须更换加速踏板模块。

（7）自动变速器 P 位开关 F305

由两个微型开关组成的自动变速器 P 位开关 F305 安装在换档操纵机构内，如图 6-1-30 所示。

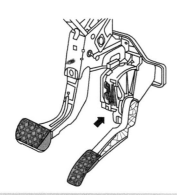

图 6-1-29 强制降档开关 F8 位置

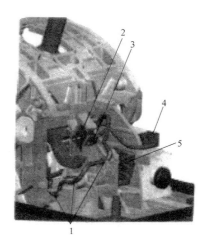

图 6-1-30 P 位开关 F305
1—换档操纵机构上的导线 2—微型开关
3—凸缘 4、5—插接器

(8) 定速巡航装置开关 E45

定速巡航装置开关 E45 安装在组合开关上，如图 6-1-31 所示。

(9) 变速杆位置显示屏 Y6

变速杆位置显示屏 Y6 安装在组合仪表中，如图 6-1-32 所示。

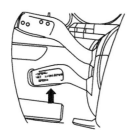

图 6-1-31 定速巡航装置开关 E45 位置

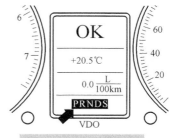

图 6-1-32 显示屏 Y6

经验与技巧

1) 当出现轻微故障时，显示屏完全亮起。

2) 当出现重大故障时，显示屏闪烁。

3) 无显示时，表示导线损坏或变速杆位置显示屏 Y6 损坏。如果变速杆位置显示屏 Y6 损坏，则必须更换组合仪表。

(10) 变速杆位置显示单元 Y26

变速杆位置显示单元 Y26 安装在中控台内，如图 6-1-33 所示。

(11) 拆卸

在不拆卸自动变速器总成的情况下，拆下自动变速器控制单元 J217。

1) 拆下密封盖。

2) 旋出螺栓，如图 6-1-34 中箭头所示，拉出自动变速器控制单元 J217。

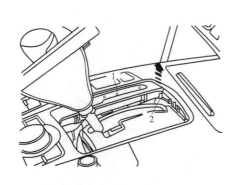

图 6-1-33 变速杆位置 Y26
1—变速杆位置显示单元 Y26　2—止动弹簧

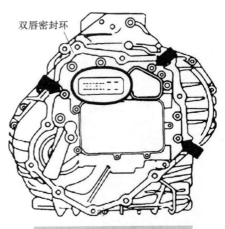

图 6-1-34 旋出 J217 螺栓

3) 将双唇密封环从自动变速器控制单元 J217 上取下。

> **经验与技巧**
> 存放自动变速器控制单元 J217 时，因其上面有传感器，因此要注意不要损坏控制单元上的传感器。

（12）安装

安装按与拆卸相反的顺序进行，同时注意下列事项：

1) 清洁传感器 A、C 和 D 上的污物和金属屑。

2) 清洁换档轴。

3) 在安装自动变速器控制单元 J217 之前，在液压控制单元的 O 形环上涂 ATF。

4) 安装自动变速器控制单元 J217 时，注意不要歪斜。

5) 控制单元背面的插接器 A、B 和 C，必须卡止在液压控制单元上，如图 6-1-35 所示。

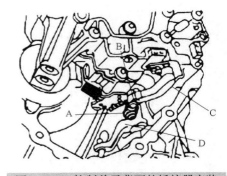

图 6-1-35 控制单元背面的插接器安装
A—弹簧　B—滚子　C—滑块　D—换档轴

6) 拧紧螺栓，安装密封盖。安装后必须进行以下工作：

① 新的自动变速器控制单元 J217 设码。

② 新的自动变速器控制单元 J217 进行匹配。

（13）清洁换档轴

1) 清洁。

① 拆卸密封盖。

② 拆下自动变速器控制单元 J217。

③ 清洁换档轴的卡槽。如图 6-1-35 中箭头所示。彻底清洁磁铁的接触面，使之没有金属铁屑或类似的其他脏物。注意：弹簧 A 和滚子 B 要正确固定。

④ 必要时，清除传感器 A、C 和 D 上的污物和金属屑。

2）安装。

① 安装自动变速器控制单元 J217。

② 安装密封盖。

③ 拆卸和安装液压控制单元。

3）拆卸。

① 拆下密封盖。

② 拆下自动变速器控制单元 J217。

③ 将变速杆位置滑块 C 向下从液压控制单元的支座孔中拉出，将弹簧 A 从换档轴 D 上摘下。

④ 旋出螺栓并取下液压控制单元，如图 6-1-36 所示。

> **注意：**
> 绝对不允许在液压控制单元背面以泵轴承受液压控制单元的质量，或者在此位置上将控制单元高举，否则叶片泵内部叶片会受压，这样会使泵提前损坏。

4）安装。安装按以拆卸相反的顺序进行，同时注意下列事项：

① 如图 6-1-37 所示，更新轴向密封元件 A（4 件）和 B。

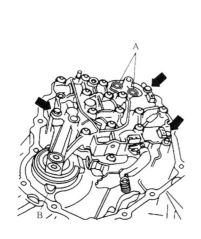

图 6-1-36　安装
A—密封环　B—固定凸耳

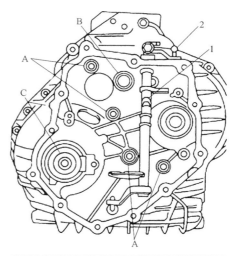

图 6-1-37　更新轴向密封元件
A—轴向密封元件　B—控制活塞　C—盖板
1—换档凸块　2—换档轴连杆

② 在安装轴向密封元件前涂 ATF。轴向密封元件 A 必须小直径朝着自动变速器装入定位位置。

③ 安装盖板 C，同时注意固定凸耳。盖板背面的固定凸耳必须插入自动变速器表面上的小孔内。

④ 将换档轴连杆 2 向前压到底，以使换档凸块 1 几乎处于垂直位置（略微向右倾斜）。

⑤ 在液压控制单元的背面将控制活塞 B 完全向内（左侧）压入，直至其卡入装配弹簧 A 内，如图 6-1-38 所示。

⑥ 将液压控制单元装入自动变速器内，此时不得歪斜。

> **注意：**
> 装上液压控制单元时，换档凸块1（图6-1-37）应卡入控制活塞B上的空槽内。

⑦ 用手拧入短螺栓。该螺栓（图6-1-36）比其他两个螺栓短。

⑧ 检查盖板的位置是否正确。固定凸耳 B（图6-1-36）必须放入自动变速器上的专用孔内。

2. 检查控制活塞的功能

在卡盘 C 或者换档轴连杆上反复向左和向右移动换挡轴。此时，控制活塞 B 必须响应向外和向内摆动，如图 6-1-39 中箭头所示。若控制活塞不移动，说明换档凸块未卡入液压控制单元背面控制活塞的凹槽，需再次取下液压控制单元，然后重新装入。

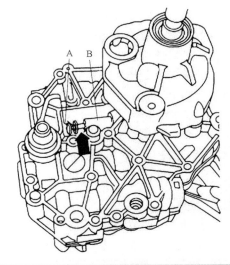

图6-1-38　直至将控制活塞卡入装配弹簧 A 内
A—弹簧　B—控制活塞

拧紧螺栓，如图 6-1-39 中箭头所示。

3. 安装变速杆位置滑块

1）将滚子 B 的凸肩向下安装在变速杆位置滑块 C 上，如图 6-1-35 所示。

2）把弹簧 A 挂入换档轴和变速杆位置滑块。

3）将变速杆位置滑块推入液压控制单元壳体内的支座孔中。

4）将换档轴连杆 2 向前及和向后切换到极限位置，如图 6-1-37 所示。

5）卡盘将向前或向后移动，此时必须让滚子 B（图 6-1-35）卡入各凹槽内。变速杆位置滑块此时应分步向前或向后移动。滚子凸肩必须向下装入，以使其无法向上拉出。

图6-1-39　活塞 B 的内外移动
A—定位　B—控制活塞　C—卡盘

6）清洁换档轴，安装带有新 O 形环的自动变速器控制单元 J217，安装密封盖，然后加注 ATF。

4. 拆卸和安装输入轴

（1）需要用到的专用工具

常用的专用工具为拉拔工具 T40050，如图 6-1-40 所示。

（2）拆卸

1）彻底排放 ATF。如图 6-1-41 中箭头所示，旋出螺栓，用塑料锤小心地敲击输入轴的法兰盖板，使输入轴的法兰盖板从密封件上脱开。

2）如图 6-1-42 所示，将拉拔工具 T40050 安装在自动变速器输入轴上，并保证其安装牢固。

图6-1-40　拉拔工具 T40050

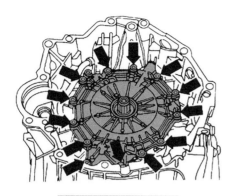

图 6-1-41 旋出螺栓

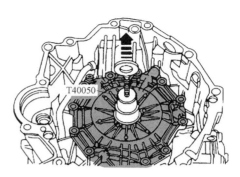

图 6-1-42 安装拉拔工具 T40050

如图中箭头所示,把拉拔工具 T40050 上的输入轴及法兰端盖和前进档离合器从自动变速器壳体中拉出。

> **注意:**
> ① 输入轴不允许放在凸出的油管上,如图 6-1-43 中箭头所示,否则会损坏油管。损坏的油管会造成起动困难或自动变速器失灵。
> ② 倒档离合器的摩擦片不允许从自动变速器壳体中取出。

(3) 安装

安装按与拆卸相反的顺序进行,同时注意下列事项:

1)检查自动变速器组件的磨损程度,清洁自动变速器壳体和法兰端盖上的密封面。

2)如图 6-1-44 中箭头所示,检查自动变速器壳体上是否有用于法兰端盖定位的定位套及其固定情况。

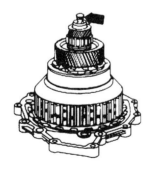

图 6-1-43 凸出的油管

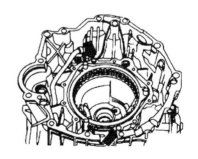

图 6-1-44 定位套及其固定情况

3)如图 6-1-45 中箭头所示,检查密封垫的状态,必要时更换。注意密封环的安装位置,要使密封唇指向法兰盖板。

4)放置纸密封垫。

5)如图 6-1-46 所示,用直尺校准倒档离合器的摩擦片,使啮合齿完全成一条直线。

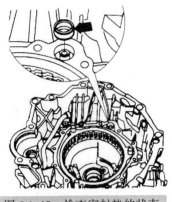

图 6-1-45　检查密封垫的状态

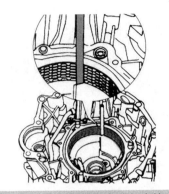

图 6-1-46　校准倒档离合器的摩擦片

6）检查油管的安装尺寸。在完全插装上油管后，油管末端至输入轴的尺寸约为 11.5mm。若尺寸较小，则可能是油管损坏，因为油管压入过深而造成末端损坏，如图 6-1-43 中箭头所示。

7）将整个输入轴装入自动变速器壳体，此时应略微来回转动输入轴，直至倒档离合器的所有摩擦片全部卡入，同时略微抬起输入轴，如图 6-1-47 所示。

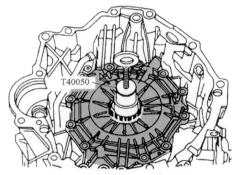

图 6-1-47　来回转动输入轴

8）在安装到最后几毫米时，向左转动输入轴，以便输入轴能卡入中间传动机构的斜齿内。

9）以交叉方式逐步拧紧螺栓，如图 6-1-41 中箭头所示。

10）添加 ATF，在安装自动变速器之后检查并校正 ATF 的油位。

5. 拆卸和安装输入轴盖板

（1）需要用到的专用工具

需要用到的专用工具为密封环拉拔器 T40014（图 6-1-48）和压力台架 T40099（图 6-1-49）。

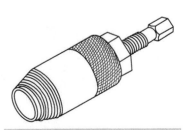

图 6-1-48　密封环拉拔器 T40014

图 6-1-49　压力台架 T40099

（2）拆卸

在输入轴已拆下的情况下，进行如下操作：

1）向上拉出油管，以避免损坏油管。

2）如图 6-1-50 中箭头所示，检查压力台架 T40099 的 8 个螺栓。螺栓必须用 25N·m 的力矩拧入。

3）将输入轴放入压力台架 T40099 内，用手将密封环拉拔器 T40014 拧入输入轴密封环内，直至此工具牢固地卡入轴密封环内，然后用开口扳手拧紧此工具。

4）如图 6-1-51 中箭头所示，拧入后部螺栓即可将轴密封环拉出一部分。

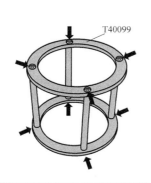

图 6-1-50　检查压力台架 T40099 的 8 个螺栓

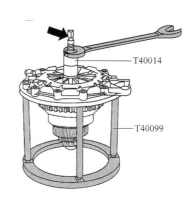

图 6-1-51　拧入后部螺栓

5）用开口扳手固定住，使密封环拉拔器 T40014 重新又牢固地卡入轴密封环内，拧入螺栓继续拉出轴密封环。重复这一过程，直至轴密封环完全拉出。

6）如图 6-1-52 所示，拆下输入轴盖板卡环，测量并记录拆下的卡环厚度。安装时，必须用同样厚度的新卡环替代旧卡环。

7）清洁盖板密封面，如图 6-1-53 中箭头所示。

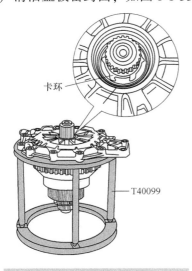

图 6-1-52　拆下输入轴盖板卡环

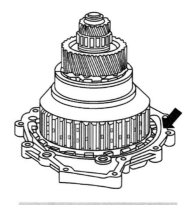

图 6-1-53　清洁盖板密封面

8）图 6-1-54 为输入轴剖视图。用冰雾喷剂对输入轴进行冷却，以使盖板及球轴承 2 容易压出。

9）清洁压力台架 T40099 的表面，将输入轴放入压力台架 T40099 内。输入轴的密封面必须平齐，保持输入轴密封面和压力台架 T40099 表面之间的清洁。

10）另外从外面用冰雾喷剂冷却轴，如图 6-1-55 中箭头所示，以使盖板及轴承较易压出，从而不易损坏。

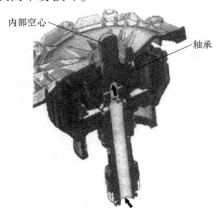

图 6-1-54　输入轴剖视图

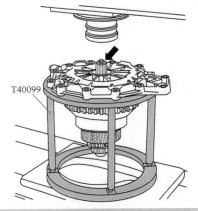

图 6-1-55　从外面用冰雾喷剂冷却轴

11）将输入轴连同压力台架 T40099 一起放到液压压力机的压板上。压力台架 T40099 应尽可能大面积地平放在液压压力机上。

12）从下面固定住轴，同时用液压压力机将轴从盖板上压出，如图 6-1-56 所示。

13）将输入轴放置在装配工具 T10219/1 上。

(3) 安装

1）将轴承装入输入轴的盖板中，如图 6-1-57 所示。

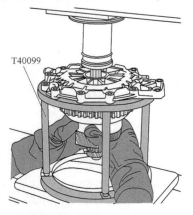

图 6-1-56　用液压压力机将轴从盖板上压出

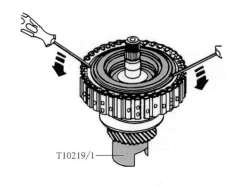

图 6-1-57　将轴承装入输入轴

2）将输入轴盖板安装在输入轴上，用手尽可能往上压，如图 6-1-58 所示。

3）将输入轴放在压板 VW401 上。

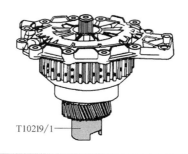

图 6-1-58 将输入轴盖板安装在输入轴上

> **注意:**
> 将输入轴平直且以对中的方式放入液压压力机的压杆下面,否则在压上盖板时输入轴会翻到一侧。

4) 用液压压力机将输入轴盖板 A 与管件 VW416b 按压到输入轴上,直至极限位置,如图 6-1-59 所示。

5) 安装输入轴盖板卡环。在安装时,必须用同样厚度的新卡环替代旧卡环 A,如图 6-1-60 所示。安装时,检查卡环的位置是否正确。

6) 安装油管

① 判断自动变速器组件的磨损程度。更换油管上的 O 形环,如图 6-1-61 所示。油管与 O 形环事先压在输入轴上,必须能感觉到油管卡止,油管上的转子叶片(箭头 A)必须全部在输入轴上。

② 将油管压在输入轴上直至下面的极限位置。在完全插装上油管后,末端至输入轴的尺寸约为 11.5mm。若尺寸较小,则可能是油管损坏,因为油管压入过深,造成末端破损;若尺寸较大,则说明压入深度不够。

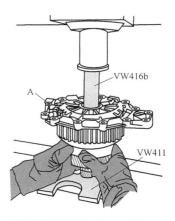

图 6-1-59 将输入轴盖板 A 与管件按压到输入轴上

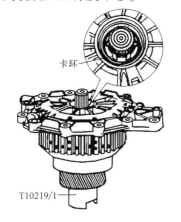

图 6-1-60 安装输入轴盖板卡环

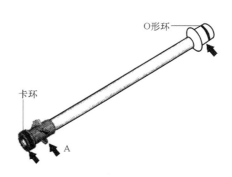

图 6-1-61 安装油管

6. 将球轴承装入输入轴的盖板中

输入轴盖板结构如图 6-1-62 所示。

（1）拆卸

1）拆下卡环 A，如图 6-1-63 所示。

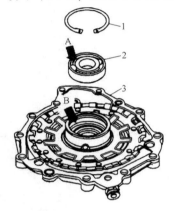

图 6-1-62　输入轴盖板结构
1—卡环（测量并每次都要更新）
2—轴承（每次都要更新）
3—输入轴盖板

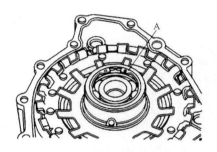

图 6-1-63　拆下卡环
A—卡环

2）测量并记录拆下的卡环厚度。注意在安装时必须用同样厚度的新卡环替代旧卡环。

3）将输入轴盖板放在压力台架 T40099 上并放置在液压压力机下面，如图 6-1-64 所示。

4）用管件 VW 416b 将轴承从输入轴盖板内压出，如图 6-1-64 所示。

图 6-1-64　将轴承从输入轴盖板内压出

（2）安装

1）检查盖板密封面和盖板有无损坏。

2）密封面的表面不允许有损坏，输入轴盖板不允许有断裂或裂纹。如果密封面或盖板已损坏，则更换输入轴盖板。

3）如密封面和盖板没有损坏，需更换球轴承。

首先清洁盖板内的球轴承座,并注意球轴承的位置;球轴承的护圈必须向下指向盖板的方向。

球轴承的开口一侧必须指向上方,在安装轴承时必须能看到卡环槽露出,若球轴承安装错误,则可能干扰行驶过程,随后有可能损坏自动变速器。

4)将滚珠轴承齐平装上,同时用手尽可能压入。

5)将输入轴盖板放在 VW401 上,用管件 2010 将滚珠轴承压到极限位置,如图 6-1-65 所示。

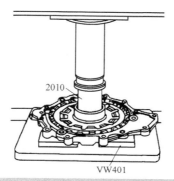

图 6-1-65　将滚珠轴承压到极限位置

6)安装时,必须用同样厚度的新卡环替代旧卡环。

7)检查卡环的位置是否正确,必要时重新再压一下滚珠轴承或使用较薄的卡环。

7. 用摩擦片修理输入轴

注意:

摩擦片的数量应与要求一致,若用错误数量的摩擦片修理会造成车辆输入轴损坏。

(1) 用 7 个摩擦片修理的自动变速器

该自动变速器与 4 缸 1.9L TDI 发动机、4 缸 2.0L TDI 发动机、6 缸 2.5L TDI 发动机、6 缸 3.0L MPI 汽油发动机和 6 缸 3.2L FSI 汽油发动机配套使用。

(2) 用 6 个摩擦片修理的自动变速器

该自动变速器与所有其他的发动机配套使用。

8. 带 7 个摩擦片的输入轴结构

带 7 个摩擦片的输入轴结构如图 6-1-66 所示。

(1) 拆装需要用到的专用工具、检测仪器以及辅助工具

拆装需要用到的专用工具、检测仪器以及辅助工具有压板 VW401、密封环拉拔器 T40014、装配工具 T10219/1、管件 2010、管件 VW416b、压力台架 T40099、两把直尺 T40100、4 个量块 T40101、用于带 7 个摩擦片输入轴的两个塞尺 T40102,数字式深度游标卡尺、V.A.S6087 及冰雾喷剂,如图 6-1-67 所示。

(2) 拆解输入轴

在自动变速器已拆下的情况下拆装输入轴。

1)拆下输入轴。从输入轴上拆下输入轴盖板,放置在装配工具 T10219/1 上。

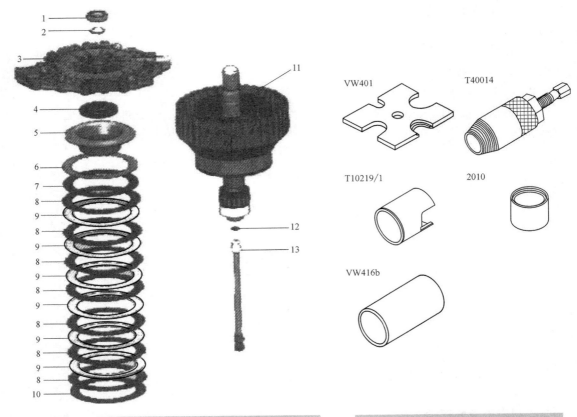

图6-1-66 带7个摩擦片的输入轴结构
1—输入轴密封环 2—输入轴盖板卡环 3—输入轴盖板 4—活塞
5—压盘 6—波形弹簧垫圈 7—上部调整摩擦片
8—摩擦片（7件） 9—外摩擦片（6件） 10—下部调整摩擦片
11—输入轴液压缸 12—O形环 13—油管

图6-1-67 需要用到的部分专用工具、
检测仪器以及辅助工具

2）用两把螺钉旋具小心地抬高压板及活塞。注意压板和活塞的内侧工作面（箭头C）或密封面（箭头A）在拆卸和安装轴时不允许触碰，如图6-1-68所示。

3）将压板和活塞小心地向上放到轴的上方，如图6-1-69所示。同时压板和活塞的内侧工作面不允许与轴接触。

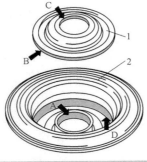

图6-1-68 工作面、密封面与轴不允许接触
1—活塞 2—压板

图6-1-69 将压板和活塞向上放到轴上方
1—压板 2—活塞 3—轴

(3) 拆卸摩擦片组

摩擦片组的拆卸如图 6-1-70 所示。

1) 取下波形弹簧垫片 5。

2) 从输入轴液压缸 A 中取出上面的调整摩擦片 4。

3) 测量调整摩擦片 4 的厚度并将值记录下来。

4) 从输入轴液压缸 A 中取出所有摩擦片 2 和外摩擦片 3。旧式的输入轴只安装了 6 个摩擦片和 5 个外摩擦片,它们必须用带有 7 个摩擦片和 6 个外摩擦片的新摩擦片组来替换。

5) 从输入轴液压缸 A 上取出最下面的调整摩擦片 1。

6) 测量调整摩擦片 1 的厚度并将值记录下来。

注意:

所有使用过的调整摩擦片、外摩擦片和摩擦片都必须更换,不允许再次安装,否则无法保证输入轴的功能。波形弹簧垫片可以重新使用。

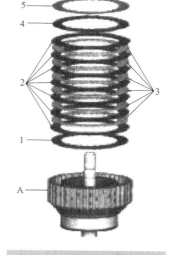

图 6-1-70 拆卸摩擦片组
1、4—调整摩擦片 2—摩擦片
3—外摩擦片 5—波形弹簧垫片

(4) 组装输入轴

1) 更换输入轴盖板内的球轴承。

2) 调整输入轴并确定间隙。

3) 将输入轴放置在装配工具 T10219/1 上,如图 6-1-71 所示。

4) 将确定的下部调整摩擦片 1 装入输入轴液压缸 A。

5) 现在交替地以相同的定向分别安装一个衬面摩擦片 2 (7 件) 和一个外摩擦片 3 (6 件,厚度 1.9mm),如图 6-1-72 所示。

(5) 摩擦片对准

注意:

摩擦片必须对准安装,即没有外齿的部位必须始终相互重叠。只有按此方法进行调整才正确,必要时为了安装时对准,必须在液压缸上进行标记。

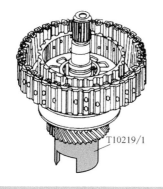

图 6-1-71 将输入轴放置在装配工具上

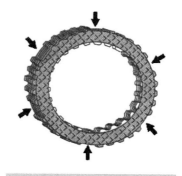

图 6-1-72 摩擦片必须对准安装

1) 将确定的下部调整摩擦片 4 装入输入轴液压缸 A。

2）最后安装波形弹簧垫片 5，如图 6-1-70 所示。

3）如图 6-1-68 所示，将活塞 1 压入压板 2 到极限位置。

4）如图 6-1-69 所示，将压板 1 和活塞 2 小心地向下放到轴 3 上方。同时压板 1 和活塞 2 的内侧工作面不允许与轴接触。

5）将压板和活塞均匀地压入输入轴直至极限位置。

(6) 用塞尺 T40102 检查间隙

1）如图 6-1-73 所示，将两个塞尺 T40102 放入压板下面。

2）用管件 VW416b 向下按压压板 A 至极限位置。

3）将两把塞尺 T40102 沿箭头方向呈圆形地在压板下面来回移动。两把塞尺 T40102 不允许歪斜；必须检查整个圆形面；两把塞尺 T40102 必须移动平顺，没有任何微小的阻力。若塞尺 T40102 以箭头方向移动时有阻力，则重新调整输入轴。

注意：
必须通过塞尺 T40102 检查间隙，否则自动变速器会在重新安装之后出现起动困难。

4）若塞尺 T40102 以箭头方向移动时未受阻，则依次安装输入轴、输入轴盖板、输入轴密封环（图 6-1-74），并加注 ATF。

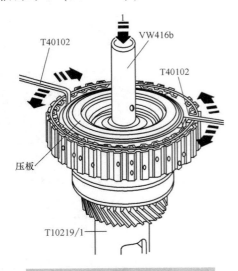

图 6-1-73　用塞尺 T40102 检查间隙

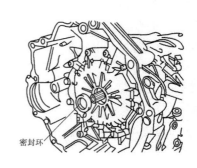

图 6-1-74　安装输入轴、输入轴盖板、输入轴密封环

9. 通过确定间隙用 7 个摩擦片调整输入轴

(1) 测量离合器

确定离合器从最上面的调整垫片到轴上接合环（压板接合面）间的间距 K。波形弹簧垫片 1 安装在摩擦片组下面，以便于测量间距，如图 6-1-75 所示。

1）将输入轴放在装配工具 T10219/1 上，如图 6-1-71 所示。

2）如图 6-1-76 所示，将与旧的调整摩擦片有相同厚度的新的下部调整摩擦片 1 装入输入轴液压缸。

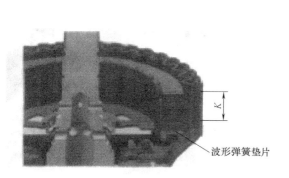

图 6-1-75 安装摩擦片组间距 K

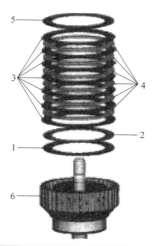

图 6-1-76 安装摩擦片组
1—下部调整摩擦片 2—波形弹簧垫片 3—衬面摩擦片
4—外摩擦片 5—上部调整摩擦片 6—输入轴液压缸

3）安装波形弹簧垫片 2，波形弹簧垫片只是为了测量才安装在下面，在装配时应重新安装在最上面部位。

4）分别安装一个衬面摩擦片 3（7 件）和一个外摩擦片 4（6 件，厚度 1.9mm）。

5）最后将与旧的调整摩擦片有相同厚度的新的上部调整摩擦片 5 装入输入轴，如图 6-1-76 所示。

6）将 4 个量块 T40101 放在上面的调整摩擦片上，如图 6-1-77 所示。

7）在每 2 个量块 T40101 上面的中心位置处放上一把直尺 T40100，如图 6-1-78 所示。

8）用数字式深度游标卡尺 V.A.S 6087 测量调整摩擦片并记录测量值 A，如图 6-1-79 所示。测量时，数字式深度游标卡尺 V.A.S 6087 必须平靠在两把直尺 T40100 上。

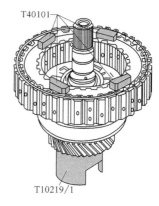

图 6-1-77 将 4 个量块 T40101 放在上面

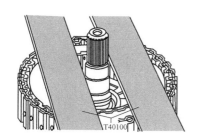

图 6-1-78 在每 2 个量块放上一把直尺

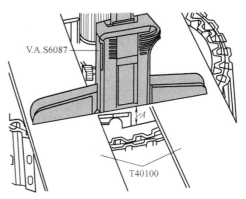

图 6-1-79 测量调整摩擦片并记录测量值 A

9）用数字式深度游标卡尺 V. A. S6087 测量轴上的接合环（压板的接合面）并记录测量值 B，如图 6-1-80 所示。

10）将两个测量值 B 和 A 相减，$B-A$ 即离合器间距 K。波形弹簧垫片 1 安装在摩擦片组下面用于测量，如图 6-1-75 所示。

11）在输入轴另一侧重复测量，按同样的方法算出离合器间距 K。

12）将 4 个量块 T40101 和两把直尺 T40100 在输入轴上部错位 90°，重复测量。

13）根据确定的 4 个离合器间距 K，求出平均值 M_K。

（2）测量压板

1）检查压板有无损坏，必要时更换。翻转压板，将它放置在平整且干净的表面上。

2）将两个量块 T40101 放在已清洁过的压板工作面上，如图 6-1-81 所示。量块 T40101 必须整个表面贴在干净的工作面上，不允许靠在边缘上。

3）将直尺 T40100 放在量块 T40101 的中心。用数字式深度游标卡尺 V. A. S6087 测量上面的工作面并记录测量值 A，如图 6-1-82 所示。

4）用数字式深度游标卡尺 V. A. S6087 测量下面的工作面并记录测量值 B，如图 6-1-83 所示。

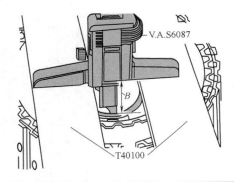

图 6-1-80　测量轴上接合环并记录测量值 B

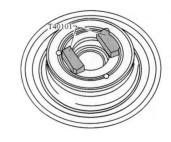

图 6-1-81　将两个量块放在工作面上

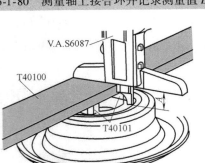

图 6-1-82　测量上面的工作面并记录测量值 A

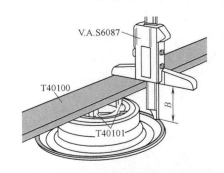

图 6-1-83　测量下面的工作面并记录测量值 B

5）将这两个测量值 B 和 A 相减，得出压板上两个工作面之间的距离 D，即 $B-A=D$。

6）将压板分别错位 120°，重复测量其他两个位置。

7）根据 3 个测量值，求出压板的平均值 M_D。

(3) 确定间隙（表6-1-3）

表6-1-3 确定间隙

项 目	计 算 值
① 压板的平均值 M_D（数字1+数字2+数字3）/3	
② 离合器测量的平均值 M_K（数字1+数字2+数字3+数字4）/4	
间隙（①-②）	

(4) 下一步操作

1) 若未达到标准值，其操作如下：

① 测得数值过小。相应地放入较薄的调整摩擦片，必要时还需更换下面的调整摩擦片。在安装好新的调整摩擦片之后再检查间隙。

② 测得数值过大。相应地放入较厚的调整摩擦片，必要时还需更换下面的调整摩擦片。在安装好新的调整摩擦片之后再检查间隙。

可用的调整摩擦片分别为1.90mm、2.15mm、2.65mm、2.90mm、3.15mm。间隙可通过上下调整摩擦片进行调整。

2) 若达到标准值，其操作如下：

① 从输入轴液压缸A中取出所有的调整摩擦片、摩擦片、外摩擦片和波形弹簧垫片5、4、3、2、1，如图6-1-76所示。

注意：

为了调整输入轴，波形弹簧垫片2只允许安装在下面的调整摩擦片1的上面，在组装输入轴时，波形弹簧垫片还是安装在最上面位置。

② 组装输入轴。

a. 输入轴的磨损评定。输入轴的结构如图6-1-66所示。

ⓐ 检查活塞4和压盘5的磨损情况。

ⓑ 检查输入轴液压缸的工作面和密封面有无磨损，检查摩擦片造成的磨损痕迹。

ⓒ 检查油管13的磨损情况。

b. 对活塞和压板进行磨损检查。

ⓐ 如图6-1-68所示，从压板2上拔出活塞1。

ⓑ 检查压板的工作面或密封面有无磨损。若工作面或密封面（箭头A）有凹槽、划伤或弯折磨合痕迹，则须更换压板2；若工作面或密封面（箭头D）有凹槽、划伤或弯折磨合痕迹，则须更换压扳2和活塞1。

ⓒ 检查活塞1外圈上的密封环有无损伤，见箭头B。检查轴上活塞1内圈上的工作面，见箭头C。

若密封环已损坏，或者活塞的工作面有凹槽、划伤、弯折磨合痕迹、因磨损而导致的厚度不均匀，则须更换活塞1。

c. 检查输入轴液压缸的工作面和密封面有无磨损。

ⓐ 检查输入轴的工作面或密封面有无磨损，如图6-1-84

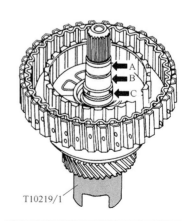

图6-1-84 检查工作面有无磨损

中箭头 A 所示。

> **注意：**
> 因轴密封环而产生轻微的磨合痕迹是正常的。

ⓑ 检查输入轴盖板内的滚珠轴承工作面有无磨损，如图 6-1-84 中箭头 B 所示。
ⓒ 检查轴上的密封环有无磨损，如图 6-1-84 中箭头 C 所示。
若密封环磨损或者轴上的工作面有严重的磨合痕迹或凹槽，则必须更换输入轴。
d. 检查输入轴液压缸内圈上有无因磨损而出现磨合痕迹。
如图 6-1-85 中箭头所示，若输入轴油缸内圈上摩擦片有磨合痕迹，则须更换输入轴。
e. 油管磨损评定。
油管磨损评定如图 6-1-86 所示。

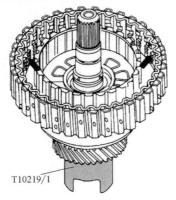

图 6-1-85　检查液压缸内圈上磨损痕迹

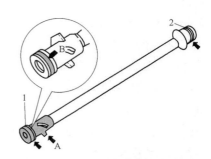

图 6-1-86　油管磨损评定
1—密封环　2—O 形环

ⓐ 检查油管上的密封环 1 有无损坏。密封环必须留有一个间隙（箭头 B）。若间隙完全没有了，则必须更换油管。
ⓑ 检查油管上的工作面和转子叶片（箭头 A）有无磨损、撕裂和损坏。若密封环 1 或转子叶片已损坏或者工作面上出现严重的磨合痕迹或凹槽，则须更换油管。O 形环 2 每次都必须更新。
3）检查引流泵中的油管工作面。

10. 射流泵的磨损判断

在输入轴已拆下的情况下检查射流泵的磨损情况。

检查射流泵的油管工作面是否有磨痕、划伤或损坏，如图 6-1-87 中箭头所示。射流泵油管工作面上不允许出现明显的阶梯状的磨痕或划伤。若在整条油管的工作面上出现明显的阶梯状磨痕或者损坏，则必须更新射流泵。

> **注意：**
> 必须检查油管。

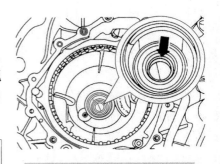

图 6-1-87　检查射流泵工作面

任务二　大众 DSG 自动变速器检修

一、DSG 自动变速器检修

案例链接（五）　大众奥迪车系自动变速器出现动力中断

[经过]　一辆 2008 款一汽-大众迈腾 2.0T，搭载大众公司生产的 02E 型 6 档湿式双离合变速器，简称 DSG 变速器，如图 6-2-1 所示。

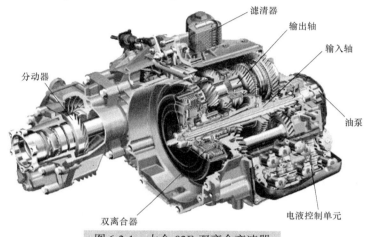

图 6-2-1　大众 02E 双离合变速器

汽车高速行驶，在车速 120km/h 左右松抬加速踏板后再继续踩加速踏板时，出现动力中断现象，即发动机空转现象，变速器好像进入空档一样。有时在正常加速行驶时车速达到 120km/h 以上也会出现这样的问题。当出现故障时，只能靠边减速停车，停车后重新把变速杆换入前进档或倒档位置，可还是不能行驶，但关闭点火开关再次起动后又恢复正常，而且车速再次达到 120km/h 以上时故障现象也不会轻易出现。因此什么时间故障再现，根本没有任何规律，纯属偶发性故障。此故障的出现是很可怕的，如果车辆行驶在高速公路上突然失去动力，可能会存在较大的安全隐患，因此即使是偶发性故障也需要及时解决。

[故障判断与排除]　首先，要在了解该变速器的基本控制原理后才能作出相应的判断。DSG 采用的是两个离合器和 6 个前进档的传统齿轮传动作为动力传递部件，其中两个离合器取代了自动变速器的液力变矩器作为发动机的动力传递部件，因此也没有离合器踏板；而齿轮同步器则作为传动比切换变化的动力传递部件。

由此判定，该故障的可能原因在于：

① 两个离合器突然停止工作。

② 所有齿轮同步器突然被切换到空档位置。根据这种偶发性故障来分析机械方面的可能性几乎为零，很有可能跟整个电液控制有关。这样，接下来先简单了解一下双离合器的控制和换档控制，然后再作决定。

（1）离合器控制

DSG 变速器最主要的部位是双离合器及电液控制单元，特别是离合器的控制尤为重要。

DSG 变速器的多片湿式双离合器是由电子液压控制系统来操控的。其结构和液压式自动变速器中的离合器相似，但是尺寸要大很多。利用液压缸内的油压和活塞压紧离合器，油压建立是由 ECU 指令电磁阀（N215 和 N216）来控制的，两个离合器的工作状态是相反的，在整个切换控制过程中采用重叠控制，但绝对不会发生两个离合器同时接合的情形，如图 6-2-2 所示。

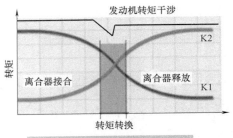

图 6-2-2 双离合器控制原理

双离合器除了具有交替重叠控制以外，还像奥迪 01J 型无级变速器所具有的"冷却控制""过载保护控制""安全切断控制"以及"匹配控制"等。

(2) 换档控制

由于双离合器的使用，可以使变速器同时有两个档位在啮合，使换档操作更加快捷。因为这种变速器实际上与传统的手动变速器没有太大的区别，大部分仍是机械齿轮传递，只不过同步器上的换档拨叉是由 ECU 通过指令电磁阀利用液压的方式来驱动的，而且每一个换档拨叉上都有其位置传感器，因此 ECU 可以通过该传感器来感知其确切位置并作出相应的切换指令。

DSG 变速器的工作过程比较特别，在 1 档起步行驶时，离合器 K1 接合，通过输入轴 1 将动力传递到 1 档齿轮再输出到差速器。由于离合器 2 是分离的，这条路线实际上还没有动力在传输，是预先选好档位主要为接下来的升档做准备。当变速器进入 2 档后退出 1 档，同时 3 档预先接合，所以在工作过程中，总是有两个档位是接合的，一个正在工作，另一个则为下一步做好准备，如图 6-2-3 所示。

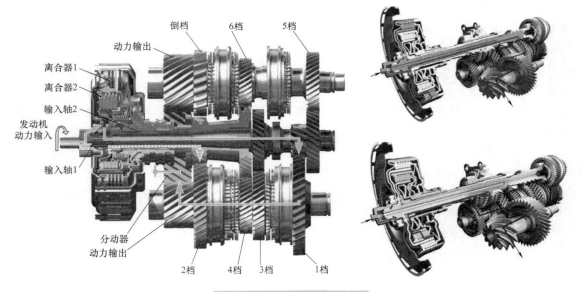

图 6-2-3 变速器的工作过程

DSG 变速器在降档时，同样有两个档位是接合的，如果 4 档正在工作，则 3 档作为预选档位而接合。变速器的升档或降档是由 ECU 进行判断的，踩加速踏板时 ECU 判定为升档过程,做好升档准备;当踩制动踏板时,ECU 判定为降档过程做好降档准备。换档拨叉是通过液压方式来驱动的,并由"锁止阀"来锁定其由液压驱动后的位置,防止两端无液压时自动退回空档位置。对双离合器控制变速器的控制原理了解后得知,该故障的形成绝对不会是换档方面的原因,因为变速器的 4 个换档拨叉不会同时进入 N 位。那么,能够导致车辆不能行驶的故障只能是连接发动机动力源的"离合器"或者是系统油压问题(系统主油压问题的可能性很小)。如果两个离合器都不参与工作,便会无动力输出,因此很有可能是电控系统启动了"安全切断"功能,当 ECU 通过监测离合器压力传感器的反馈信息的油压过高时(达到极限值时),ECU 便切断了对离合器的供油。

[案例小结] 在双离合器控制变速器中的"安全切断"功能的主要表现是,当其中一个离合器压力传感器反馈给 ECU 的离合器压力过高时,便切断该离合器的油压,那么会通过另外一个离合器来完成动力传递,但车辆可能会以固定的档位仍然能够行驶。例如,监测离合器 K1 压力(K1 压力由 N215 电磁阀来调节)传感器 G193 反馈给 ECU 过高油压信息时,ECU 则激活安全控制电磁阀 N233,以切断 K1 的供油,如图 6-2-4 所示。

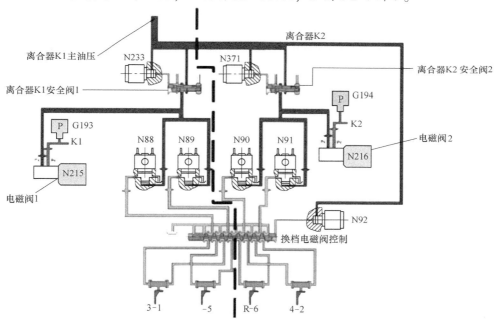

图 6-2-4 安全切断阀

由于是偶发性故障,所以离合器本身应该不会存在问题,包括两个离合器的压力调控功能(N215 和 N216 分别调控两个离合器 K1 和 K2),同时两个油压传感器(G193、G194)几乎不可能同时反馈错误的高油压信息。因此问题范围就逐渐缩小在电液控制方面。

DSG 自动变速器检测与诊断方法与大众自动变速器的检测与诊断技术相同,这里就不再重复。

从变速器换档、离合器接合、变速器油的冷却至油压调节和安全保护,至此最后决定需要更换电液控制单元总成,如图 6-2-5、图 6-2-6 和图 6-2-7 所示。更换后通过匹配学习,故障排除。

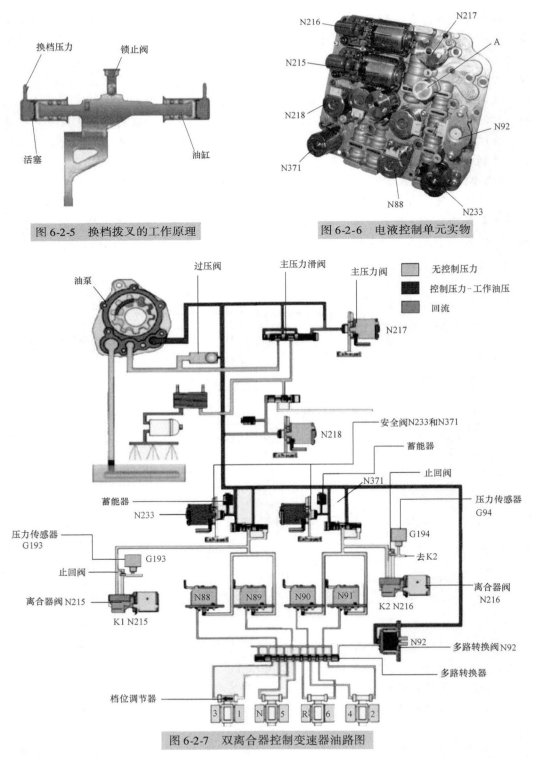

图 6-2-5 换档拨叉的工作原理

图 6-2-6 电液控制单元实物

图 6-2-7 双离合器控制变速器油路图

1. DSG 自动变速器

近年来,大众、沃尔沃、宝马、保时捷、奔驰等欧系车的巨头们开始猛推 DSG,其市场呼声越来越高。尤其是大众，无论是高端豪华品牌奥迪Q5，还是中高级车型迈腾、速腾、高尔夫、尚酷等车型均搭载了DSG，并宣布将全面"DSG化"。DSG到底有何独特魅力吸引众多以技术见长的欧系车的巨头们的青睐？据大众技术开发部相关负责人介绍，DSG最早起源于赛车运动，经过大众汽车集团的全新研发和改进，巧妙地将手动变速器的灵活性、经济性与传统自动变速器的方便性、舒适性结合在一起，使其成为目前世界上最先进的智能变速器，并且成功地应用在了普通乘用车上。其换档耗时不到0.3s，而F1车手的最快换档时间也要0.5s，因此DSG的换档动作迅速而平顺，瞬间完成，不产生动力间断。德国大众自2003年起量产，立刻受到市场的欢迎。截至目前，全球搭载DSG的车型已接近200万辆，其市场前景一片光明。

DSG的优点：加速没有动力中断，驾驶乐趣高，比传统手动变速器还快，燃油经济性突出。DSG综合了传统手动变速器和自动变速器的各自优点，就像是两个变速器合二为一，一个离合器控制单数档位齿轮，另外一个离合器控制双数档位齿轮。也就是说，当变速器换入1档时，2档齿轮就已经啮合，等到换档时机一到，第二离合器就与发动机输出轴接合而换入2档。与此同时，由第一离合器所控制的3档齿轮组也完成啮合等待换档指令。在整个换档期间两组离合轮流工作，确保最少有一组齿轮在输出动力，令动力不会出现间断的状况。DSG各档传动特点见表6-2-1。

表6-2-1 DSG各档传动特点

说 明	传 动 图 例
变速器的标记： MGC或GKF代表变速器代码 16.04.09代表生产日期是2009年4月16日 14代表制造厂代号 08：28代表生产时间 0239代表生产序列号	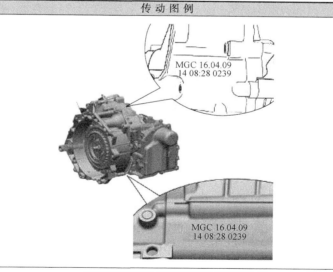
DSG（Direct Shift Gearbox，直接换档变速器）属于DCT（Dual Clutch Transmission，双离合器变速器）的一种，它最早应用在1985年的奥迪赛车上面，而直到20世纪90年代末，大众公司才和博格华纳联手生产出适用于大批量生产的双离合变速器，并在2002年率先应用在大众高尔夫R32上	 这是双离合器实物

(续)

说　明	传动图例
从结构上讲，DSG 是基于手动变速器衍生而来的，所以传统 AT 中的液力变矩器就不复存在了。这也使得 DSG 在动力传递过程中损失更小，换档也更直接且迅速。其中两个离合器交替轮换工作的方式，跟接力赛上运动员交接棒的过程十分类似。DSG 双离合最精髓的地方在于变速器中有两个离合器互相配合工作，当 K1 连接时 K2 处于预合状态，一旦转速达到一定程度，K2 便会立即接合，完成换档动作。随即变成 K1 预合，如此往复	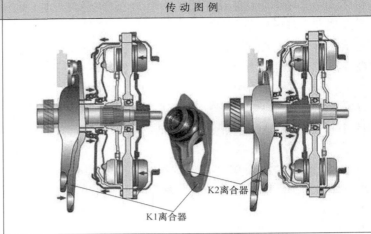
双离合器变速器省略了传统手动变速器的离合器踏板，改由电子控制液压系统对两个离合器进行控制。右图为双离合器变速器解剖图。DSG 中含有两套电子控制的离合器，当变速器运作时，一组齿轮被啮合，而接近换档时，下一组段的齿轮已经被预选，但此时这组离合器仍处于分离状态	
6 档湿式双离合跟 7 档干式双离合都有哪些区别？ 从字面上来看，很容易理解"6 档"和"7 档"体现在档位数不同，而这"湿式"和"干式"表示什么意思就不是尽人皆知的了。其实也不难想象，用一句话概括，就是两者对变速器机油量的需求不同。湿式需求量更多，而干式则相对就少一些。用比较直观的数据表示的话，DQ250（6 档湿式）大概需要 7.2L 变速器油，而 DQ200（7 速干式）则仅需 1.7L 变速器油	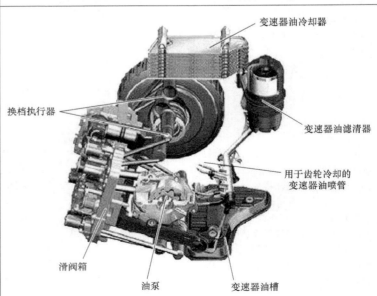

(续)

说　　明	传 动 图 例
机电控制模块（右图为7档干式DSG） 　　机电控制模块被喻为是整套DSG的大脑。通过传感器、运算/控制芯片以及液压单元和执行器来控制换挡拨叉，从而切换档位。跟6档湿式DSG不同的是7档干式DSG在机电模块中还设置了油压控制模块和蓄能器，这里的机油只对机电控制模块进行冷却，专门负责保持"头脑"的冷静与清醒。而双独立油路设计也是7档干式DSG与众不同的精髓所在	
这里需要注意的是，大众7档干式DSG和6档湿式DSG由于供油方式的不同，在结构上也有所区别。由于DQ250使用单一的油液，机油用量较大，所以设计了机油槽、压力机油滤清器、机油冷却器以及机油泵等设备。而这些对于7档干式双离合的DQ200则是不需要的。 　　另外，由于档位数不同，7档DSG有3根输出轴而6档DSG只有2根	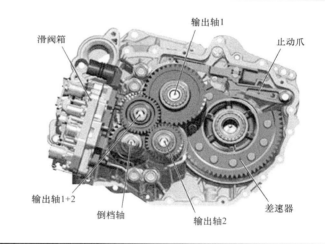

2. DSG自动变速器控制系统

电-液控制单元集成在机电一体控制模块中，在控制模块中，包括电磁阀、压力控制滑阀、液压选择阀以及多路转换器。此外，在液压模块中还有一个压力释放阀，它防止油压升到足以损坏液压选择阀的程度时起作用。机电控制模块信息收集与执行机构，需要采集并处理庞大的信息量来做出决策。

二、各阀的故障判断及作用

1. 各阀的故障判断

1）4个电磁阀位于机电控制装置的电液控制单元内。这些阀是开/关式阀门，用于调节换档执行器多位滑阀的所有油压。当断电时，电磁阀关闭，没有液压提供给换挡执行装置。

N88—1号换档电磁阀：常闭型开关电磁阀，电阻大约为8Ω，在1档和5档时传送油压。

N89—2 号换档电磁阀：常闭型开关电磁阀，电阻大约为 8Ω，在 3 档和空档时传送油压。

N90—3 号换档电磁阀：常闭型开关电磁阀，电阻大约为 8Ω，在 2 档和 6 档时传送油压。

N91—4 号换档电磁阀：常闭型开关电磁阀，电阻大约为 8Ω，在 4 档和倒档时传送油压。

2）5 号多路转换电磁阀 N92 为常闭型开关电磁阀，电阻为 15~20Ω，用来推动阀体中的多路转换阀，位于机电控制装置的电液控制单元内，使档位执行元件选择不同的档位。当激活这个电磁阀时，2 档、4 档和 6 档可以换档。当不激活电磁阀时，1 档、3 档、5 档和倒档可以换档。如果受信号故障的影响，多位滑阀处于休息位置，油压不再能激活这个阀门，可能出现换档不正确，也可能使车辆不与任何档位齿轮啮合。

3）双离合器油压阀就是 1 号油压控制阀 N215 和 2 号油压控制阀 N216，位于机电控制装置的电液控制单元内，这两个油压阀是调节阀，为多片式双离合器产生控制油压。N215 用于多片式离合器 K1，N216 用于多片式离合器 K2。

N215—油压控制电磁阀 1，处于限压位置，电阻大约为 5Ω。

N216—油压控制电磁阀 2，处于限压位置，电阻大约为 5Ω。

发动机转矩是计算离合器油压的基础。根据多片式双离合器的实际摩擦系数控制模块调节离合器油压。如果有一个油压控制阀发生故障，变速器的相应油路关闭，这个故障将在仪表板上显示，随发动机转矩而变化。它的失效会导致离合器提前损坏。如在作用位置上失效，会在车辆制动时导致发动机熄火。

4）主油压控制电磁阀 3N217，处于作用位置，电阻为 5Ω，调节系统主油压，位于机电控制装置的电液控制单元内。它是一个调节阀，用于调节机电控制装置液压系统的主油压，计算主油压最重要的因素是双离合器油压，这取决于发动机转矩、冷却液温度和发动机转速，用来校正主油压。控制模块连续调节当前工况的主油压。因此，信号故障的影响、主油压控制阀故障，将会使用最大的主油压。故障表现为燃油消耗可能增加，换档可能变得粗暴。如失效，会进入关闭位置，主油压会维持在最高值。

5）油压控制电磁阀 4N218，处于作用位置，电阻为 5Ω，调节两个离合器的冷却油压。位于电液控制单元内，这是一个调节阀，用于控制液压滑阀，以便调节离合器冷却油压。为了控制这个油压阀，控制模块会使用多片式双离合器油温传感器 G509 的信号。如果受信号故障的影响，油压控制阀不能驱动，最大冷却油量流经多片式离合器。此时外部温度低，这可能导致换档问题以及较多的燃油消耗。离合器油温发送器 G509 作用在此电磁阀上。在最小流量位置上失效会使离合器过热。在最大流量位置上失效，则会在周边温度较低时产生入档接合困难。

6）油压控制电磁阀 5N233，处于作用位置，电阻为 5Ω，用来隔离第 1 部分齿轮传动系统的安全电磁阀，使这部分传动系统无法得到档位。如失效，则只有 2 档。

7）N371—油压控制电磁阀 6，处于作用位置，电阻为 5Ω，用来隔离第 2 部分齿轮传动系的安全电磁阀，如失效，则只有 1 档和 3 档存在。N233 和 N371 这两个阀都是安全调节阀，调节机电控制装置阀体内的滑阀。当变速器油路发生安全的相关故障时，溢流阀切断变速器油路的相应液压，使这部分传动系统无法得到档位。

2. 各阀的作用

各种信号传感器和执行机构/电磁阀的作用见表6-2-2。

表 6-2-2 各种信号传感器执行机构/电磁阀的作用

序号	说　明	图　例
1	变速杆控制单元	Tiptronic控制所使用的霍尔效应传感器；变速杆传感器控制器；霍尔效应传感器
2	当取下印制电路板，就可以看到各个换档电磁阀 N89, N90, N91	N90, N89, N92, N91
3	6 档 DSG（湿式离合器）电控单元	档位传感器 G487,G488,G489,G490；变速器输出速度传感器 G195 G196；输入轴传感器 G501 G502；压力传感器 G193 G194；离合器油温传感器 G509；变速器输入速度传感器 G182；档位传感器；TIP开关；压力控制阀 N215 N216 N217；电磁阀 N88 N89 N90 N91 N92 N218 N233 N371；锁止电磁铁 N110

（续）

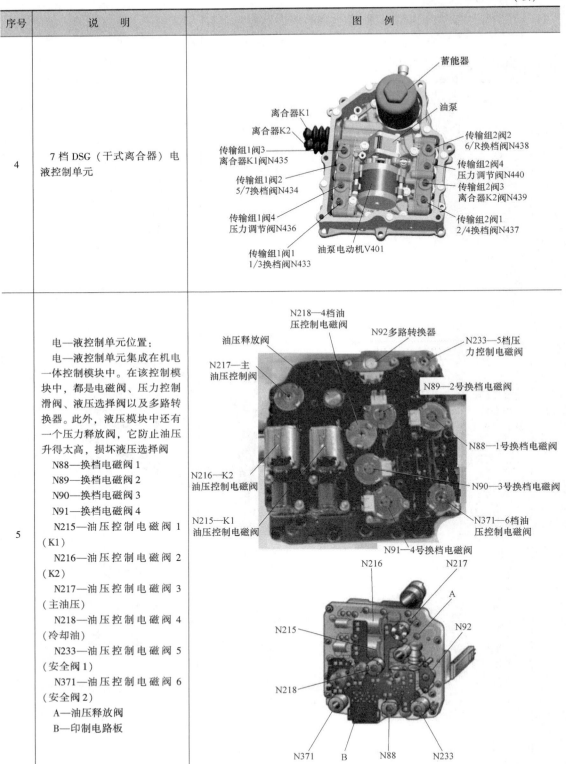

序号	说明	图例
4	7档DSG（干式离合器）电液控制单元	
5	电—液控制单元位置： 电—液控制单元集成在机电一体控制模块中。在该控制模块中，都是电磁阀、压力控制滑阀、液压选择阀以及多路转换器。此外，液压模块中还有一个压力释放阀，它防止油压升得太高，损坏液压选择阀 N88—换档电磁阀1 N89—换档电磁阀2 N90—换档电磁阀3 N91—换档电磁阀4 N215—油压控制电磁阀1（K1） N216—油压控制电磁阀2（K2） N217—油压控制电磁阀3（主油压） N218—油压控制电磁阀4（冷却油） N233—油压控制电磁阀5（安全阀1） N371—油压控制电磁阀6（安全阀2） A—油压释放阀 B—印制电路板	

图 6-2-8 所示是 G501 输入传感器 1 和 G502 输入传感器 2。图 6-2-9 所示是输入传感器 G182。图 6-2-10 所示是 G195 和 G196 输出轴信号传感器。

图 6-2-11 所示是机电一体控制系统中的霍尔传感器。压力传感器、滤网、钢球与球座如图 6-2-12 所示。

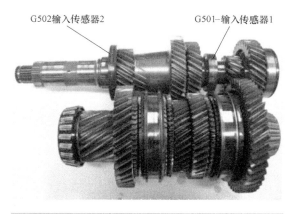

图 6-2-8　G501 输入传感器 1 和 G502 输入传感器 2

图 6-2-9　输入传感器 G182

图 6-2-10　G195 和 G196 输出轴信号传感器

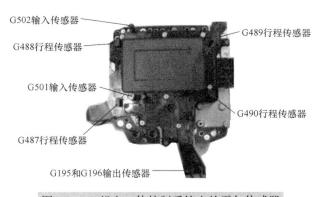

图 6-2-11　机电一体控制系统中的霍尔传感器

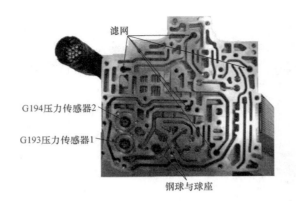

图 6-2-12　压力传感器、滤网、钢球与球座

在换档拨叉的两头分别装有一块永久磁铁。这使位于机电一体控制系统中的行程传感器可以测量到换档拨叉的精确位置。图 6-2-13 为磁性行程信号传感器。

图 6-2-13　磁性行程信号传感器

滑阀分布如图 6-2-14 所示。滑阀减振器位置分布如图 6-2-15 所示。

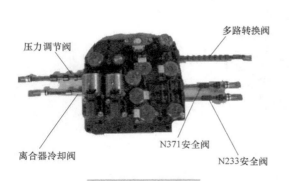 

图 6-2-14　滑阀分布　　　　　　图 6-2-15　滑阀减振器位置分布

双离合器的调节步骤：使用大众公司提供的 2mm 卡环包（VW # 02E 398 321）来调节离合器，见表6-2-3。

表6-2-3　大众公司提供的 2mm 卡环包

0.12mm（内轴读数） -0.04mm（外轴读数） +1.85mm（标准测量数据） =1.93mm（选择1.90mm 卡环） 注意：总是选择最接近的薄卡环，绝不要使用一个更厚的卡环

大众6档DSG各档位动力流向示意图如图6-2-16所示。

1档传动路线：
离合器K1→输入轴1→1档齿轮→
输出轴1→差速器

2档传动路线：
离合器K2→输入轴2→2档齿轮→
输出轴1→差速器

3档传动路线：
离合器K1→输入轴1→3档齿轮→
输出轴1→差速器

4档传动路线：
离合器K2→输入轴2→4档齿轮→
输出轴1→差速器

5档传动路线：
离合器K1→输入轴1→5档齿轮→
输出轴2→差速器

6档传动路线：
离合器K2→输入轴2→6档齿轮→
输出轴2→差速器

R档传动路线：
离合器K1→输入轴1→倒档齿轮轴→
倒档齿轮→输出轴2→差速器

图6-2-16　大众6档DSG各档位动力流向示意图

特别提示：

目前已知DSG的损坏有以下6种形式：
1）机电一体控制系统。板上的通孔被损坏；由过高的电压引起的。变速杆损坏；5档/空档定位衬套上的一个球卡滞在电磁阀上。6档同步环损坏。
2）油泵异响。在1000r/min时产生杂音、油泵轴上的齿轮啮合，更换油泵。在4000～6000r/min时，所有档位都出现脉冲式的杂音；检查油面高度，或者更换油泵。
3）漏油。从散热器漏油；更换散热器上油封，并检查配合表面上是否存在气孔。离合器外壳的密封圈开裂。

> **特别提示：**
> 4) 双离合器。蠕行和颤抖，油压补偿不正常，升档延迟；更换双离合器。
> 5) 紧急模式被激发。拐弯时汽车进入紧急模式；由于油面高度过低引起。
> 6) 离合器的匹配（重设适应值）。在任何修理后都需要通过使用VAG诊断仪对离合器进行适应值重设以进行匹配。

知识扩展：本田8档DCT

本田自家研发的8档湿式双离合变速器，这款变速器之前就获得了很高的关注度，而在车展期间东风本田也展示了这款变速器的模型，如图6-2-17所示。

图6-2-17 本田自家研发的8档DST

1. 全球首款8档双离合变速器

在双离合变速器领域，最常见的一般都是6档和7档两种，如福特的6档湿式双离合变速器、大众的7档干式双离合变速器等。而本田不仅成为了全球首次推出8档双离合变速器的车厂，也是该品牌首次推出这种规格的变速器，如图6-2-18所示。在官方的介绍中可以看到，这款变速器的最大优势还是其液力变矩器的独特设计，它在换档平顺性和换档速度方面找到了更好的解决办法。

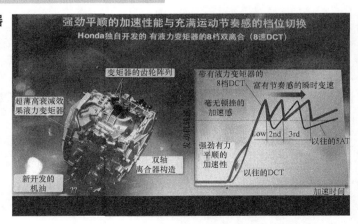

图6-2-18 全球首次推出这种规格的变速器

2. 动力传输更加"柔顺"的双离合变速器

不同于传统的双离合变速器离合器直接与传动轴相连，这款双离合配有AT才有的液力变矩器，这样的设计无疑会使换档动作更为平顺，在舒适性上会有更值得期待的表现，而由于与传动轴连动的工作改由液力变矩器承担，因此离合器可以做得更小，磨损也会变得更小，相较于其他类型的双离合器变速器而言，理论上这款变速器的可靠性会更高一些，如图6-2-19和图6-2-20所示。

图 6-2-19　动力传递更加柔顺

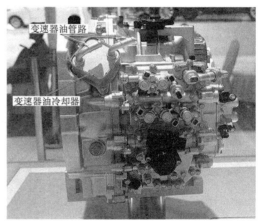

图 6-2-20　为横置式发动机设计搭载的 DCT

下面是本田8速双离合变速器的3个参数：

最大输入转矩：270N·m

最大传动比：6.367~7.0

离合器/伺服控制系统：液压控制

从图 6-2-20 中可以看出，这台变速器是为横置式发动机设计的，而本田之前所发布的消息称，这款变速器的油耗表现要比本田之前的 5AT 节省 8%，加速表现提升 10%，这样的表现也足以说明这款变速器所要传达的理念，那就是更加节省燃油、有更多的驾驶乐趣。

任务三　平行轴式自动变速器检修

案例链接（六）本田雅阁无倒档

本田雅阁自动变速器前进档完全正常，而换上倒档后汽车无法移动，且变速器内部有刺耳的金属刮擦声，经过分解自动变速器，发现倒档啮合套及倒档从动齿轮啮合面已被打坏，因而不能进入啮合。更换损坏件，变速器恢复正常。

一、本田雅阁电控自动变速器概述

如果提到本田发动机，相信很多人都能马上说出 VTEC，发烧友们还会跟你侃侃而谈 K20A 的红头魅力。其实，本田自动变速器也一直有它自己独特的技术，它叫作平行轴式自动变速器。无论是 4AT、5AT 还是 6AT，都是采用平行轴结构的变速器。本田的平行轴变速器就是在手动变速器的基础上发展而来，在原来同步器接合套的位置装上了几组多片离合器，液压换档机构取代了手动变速器的换档拨叉，离合器换成了液力变矩器。不过它也并不是将手动和自动变速器的优点集于一身，缺点是体积大、质量大，不利于高速行驶。

本田雅阁自动变速器的整体结构如图 6-3-1 所示。图 6-3-2 为齿轮配合关系和档位分析。图 6-3-3 为齿轮机构。

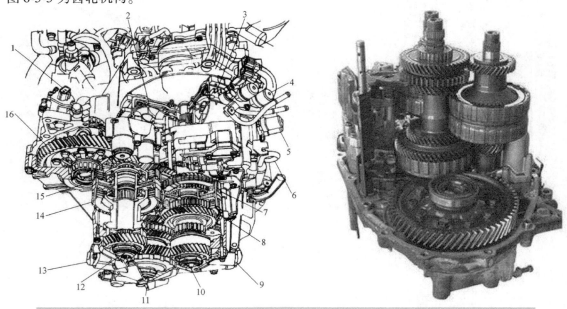

图 6-3-1　本田雅阁自动变速器的整体结构

1—车速传感器　2—变矩器　3—环齿轮　4—锁止控制电磁阀总成　5—换档控制电磁阀总成　6—量油尺　7—3 档离合器　8—4 档离合器　9—主轴速度传感器　10—主轴　11—副轴　12—辅助轴　13—副轴速度传感器　14—2 档离合器　15—1 档离合器　16—差速器总成

1. 定轴式齿轮变速传动机构

定轴式齿轮变速传动机构主要由平行轴、各档齿轮和湿式多片离合器（以下统称离合器）等组成。平行轴为 3 根，即主轴、中间轴和副轴。

项目六 CVT（无级变速器）、DSG（双离合器直接换档）、平行轴自动变速器检修　　**237**

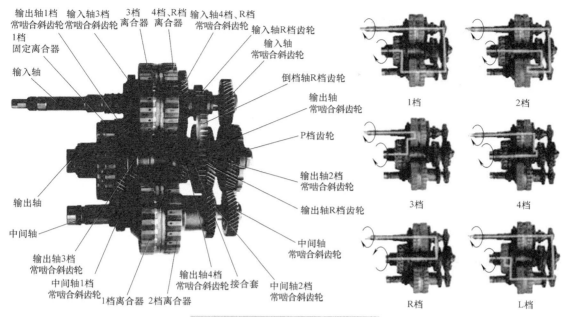

图 6-3-2　齿轮配合关系和档位分析

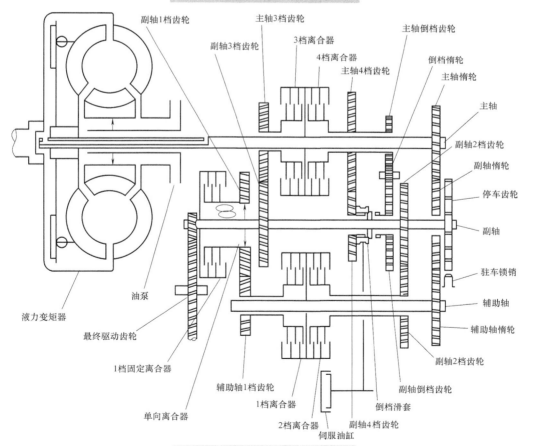

图 6-3-3　自动变速器的齿轮机构

2. 离合器

(1) 1档离合器

1档离合器可使1档齿轮实现啮合或脱离。1档离合器位于副轴中部,它与2档离合器背向相接。1档离合器由副轴内的ATF供油管提供液压。

(2) 2档离合器

2档离合器可使2档齿轮实现啮合或脱离。2档离合器位于副轴中部,它与1档离合器背向相接。2档离合器由来自副轴与液压回路相连的回路提供液压。

(3) 3档离合器

3档离合器可使3档齿轮实现啮合或脱离。3档离合器位于主轴中部,它与4档离合器背向相接,3档离合器由主轴内的ATF供油管提供液压。

(4) 4档离合器

4档离合器可使4档齿轮实现啮合或脱离。4档离合器与倒档齿轮一起位于主轴中部,4档离合器与3档离合器背向相接。4档离合器由主轴内的ATF供油管提供液压。

(5) 1档固定离合器

用于接合/分离1档或1档位置,它位于副轴的端部、变矩器的后面。1档固定离合器由副轴内的油道供给压力。

(6) 单向离合器

离合器固定在副轴的1档齿轮和3档齿轮中间,通过3档齿轮花键与副轴连接在一起,3档齿轮为它提供内座圈表面;1档齿轮为它提供外座圈表面;当动力从轴的1档齿轮传递给副轴的1档齿轮时,单向离合器锁止;在D4、D3、2位置的1档、2档、3档和4档时,1档离合器和1档齿轮保持啮合。

当2档、3档、4档离合器/齿轮在D4、D3、2位置作用时,单向离合器分离,这是因为副轴上的齿轮增加的转速超过了单向离合器锁止的"转速范围"。

3. MAXA自动变速器的档位选择

MAXA自动变速器的变速杆有7个位置,即P(驻车)、R(倒档)、N(空档)、D4(1—4档)、D3(1—3档)、2(2档)和1(1档),具体说明见表6-3-1。

表6-3-1 MAXA自动变速器变速杆各档位说明

档 位	说 明
P	驻车档。前轮锁定,驻车制动锁块与中间轴上的制动齿轮啮合,所有离合器均分离
R	倒档。倒档接合套与中间轴倒档齿轮和4档离合器啮合
N	空档。所有离合器均分离
D4	自动档(1—4档)。用于一般行驶,起步行驶时,变速器将从1档开始,根据车辆的行驶速度和节气门位置(负荷),自动实现1—4档的变换。减速停车时,则自动实现4—1档的变换。在3档和4档时,锁止控制机构起作用
D3	自动档(1—3档)。用于高速公路上的快速行驶、上下坡行驶以及一般行驶。起步行驶时,变速器将从1档开始,根据车辆的行驶速度和节气门位置自动实现1—3档的变换。减速停车时则自动实现3—1档的变换。在3档时锁止控制机构起作用
2	2档。保持在2档行驶,不换至高档也不降至低档。用于车辆利用发动机制动时或车辆在松软道路上的行驶,以使车辆获得更好的行驶性能
1	1档。保持在1档行驶,不换至高档,用于车辆利用发动机制动时

注:变速杆在P位和N位时,发动机才能起动,否则说明自动变速器有故障。

二、电子控制系统

电子控制系统由 ECM、传感器和电磁阀组成。换档和变矩器的锁止均由电子控制，以保证在各种工况下都能舒适地驾驶。ECM 位于仪表板下方乘客脚挡处的地毯下面。电子控制系统的工作原理如下：

1. 换档控制

由 ECM 根据传感器传来的电信号来判断所选择的档位，并触发换档控制电磁阀 A 和 B 来控制换档。在上、下坡或减速时，采用坡度逻辑控制系统控制 D4 位置的换档。变速器在各档位时，换档控制电磁阀工作情况见表 6-3-2。

表 6-3-2　换档控制电磁阀工作情况

档位	换档控制电磁阀	A	B
D3、D4	1 档	OFF	ON
D3、D4	2 档	ON	ON
D3、D4	3 档	ON	OFF
D4	4 档	OFF	OFF
2	2 档	ON	ON
1	1 档	ON	OFF
R	倒档	ON	OFF

2. 锁止控制

发动机 ECU 通过传感器输入信号来确定变矩器是否锁止，并相应地触发锁止控制。锁止控制系统及工作情况见表 6-3-3。

表 6-3-3　锁止控制系统及工作情况

锁止情况	锁止控制电磁阀 A	B
不锁止	OFF	OFF
部分锁止	ON	OFF
半锁止	ON	ON
全锁止	ON	ON
减速时锁止	ON	负载工作（OFF←→ON）

此外，在电子控制系统中，还有坡道逻辑控制系统和减速控制。

三、自动变速器的分解

自动变速器右侧盖的分解如图 6-3-4 所示。

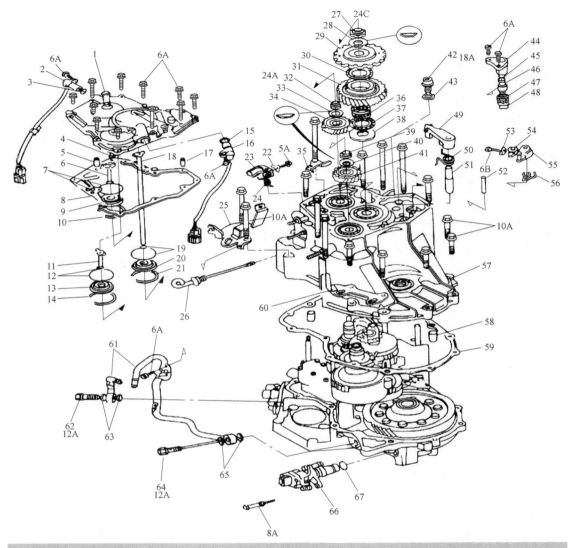

图 6-3-4 自动变速器右侧盖的分解图

1—右端盖 2—主轴转速传感器 3、4、7、12、15、19、45、48、67—O 形圈 5—定位销 6—4 档离合器供油管 8—右端盖衬垫 9—供油管导套 10、14、21—卡环 11—1 档离合器供油管 13—供油管导套 16—副轴转速传感器 17—定位销 18—1 档固定离合器供油管 20—供油管导套 22、53—锁止垫圈 23—节气门控制杆 24—节气门控制杆弹簧 25—节气门控制拉索支架/变速器吊耳 26—量油尺 27—副轴锁止螺母 28、33、40—锥形弹簧垫圈 29—驻车齿轮 30、37—推力滚针轴承 31—副轴惰轮 32—主轴锁止螺母 34—主轴惰轮 35—线束支架 36、47—滚针轴承 38—止推垫圈 39—辅助轴锁紧螺母 41—辅助轴惰轮 42—放油螺塞 43、63、65—密封垫圈 44—倒档惰轮固定器 46—倒档惰轮轴 49—驻车制动棘爪 50—驻车制动棘爪轴 51—驻车制动棘爪轴 52—驻车制动棘爪限位器 54—驻车制动限位器 55—驻车制动杆 56—驻车制动杆弹簧 57—变速器壳体 58—定位销 59—变速器壳体衬垫 60—变速器吊耳 61—自动变速器油位冷却管 62、64—连接螺栓 66—车速传感器

1) 拆下固定右端盖的 11 个螺栓,拆下右端盖。将专用工具套在主轴上,如图 6-3-5 所示,使驻车制动棘爪与驻车制动齿轮啮合。

2) 用錾子切开各轴锁紧螺母的锁片,如图 6-3-6 所示,即可拆下锁紧螺母和锥形弹簧垫圈。

主轴固定器
07GAB-PF50100或
07GAB-PF50101

图 6-3-5 专用工具的安装

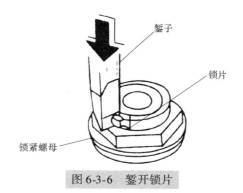

图 6-3-6 錾开锁片

特别提醒：
① 主轴锁紧螺母为左旋螺纹。
② 切勿让錾下的锁片碎屑落入自动变速器内。

3）拆下锁紧螺母后，从主轴上拆下专用工具。

4）如图 6-3-7 所示，从副轴上拆下驻车齿轮，然后再用拉力器从主轴和辅助轴上拆卸下惰轮。然后再从副轴上拆下副轴惰轮滚针轴承、推力滚针轴承及止推垫圈。再从外壳上依次拆下驻车制动棘爪、弹簧、轴和限位器。

5）从节气门阀控制轴上拆下节气门控制杆和弹簧。

6）从变速器吊耳上拆 ATF 冷却器管，最后拆下变速器壳的安装螺栓。

7）如图 6-3-8 所示，用 M5×0.8 螺栓拆下倒档惰轮轴和倒档惰轮轴固定架，即可移动倒档惰轮，使它与副轴和主轴倒档齿轮分离。如果不拆下倒档齿轮，就不能将变速器壳与变矩器壳分离。倒档惰轮的分离如图 6-3-9 所示。

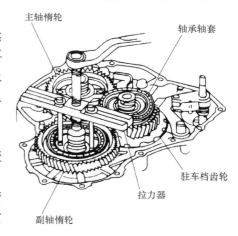

图 6-3-7 驻车齿轮拆卸

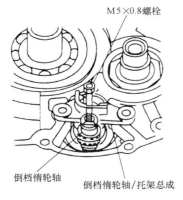

图 6-3-8 倒档惰轮轴的拆卸

图 6-3-9 倒档惰轮的分离

案例链接（七）雅阁倒档行驶时无力

[经过] 2002款本田雅阁自动变速器前进档完全正常，而换上倒档行驶时汽车无力，且变速器内部有刺耳的金属刮擦声。

[诊断与排除] 根据上述故障现象，初步判断为倒档啮合套未能与倒档从动齿轮啮合，而引起异响。经拆检，发现倒档啮合套及倒档从动齿轮啮合面已被打坏，因而不能进入啮合。

究其原因，可能是倒档啮合套，倒档拔叉上的伺服缸内密封圈损坏，漏油而使活塞压力不足，最终导致拔叉不能将啮合套推入正常位置而引起损坏。另一个原因则是操作不当，前进档行车时，将变速杆推入倒档位置，引起强烈冲击将啮合面打坏。

由于生产过程中经过严格检验，所以排除零件尺寸及装配方面的误差引起故障的因素。将伺服缸拆下，检查内部活塞及密封圈，并未发现有任何损伤。因此可以判定故障是操作不当引起的。更换损坏的零件，装好后试车，前进档及倒档均正常，故障排除。

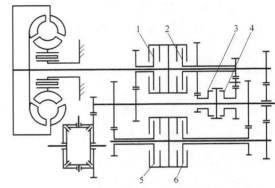

图 6-3-10 本田 MAXA 自动变速器传动图
1—3 档离合器 2—4 档和倒档离合器
3—4 档伺服从动齿轮 4—倒档伺服从动齿轮
5—1 档离合器 6—2 档离合器

资料链接：

（1）本田 MAXA 自动变速器的结构

本田 MAXA 自动变速器传动图如图 6-3-10 所示。其结构如图 6-3-11 所示。

（2）本田 MAXA 自动变速器的档位分析

本田 MAXA 自动变速器档位分析见表 6-3-4。

表 6-3-4 本田 MAXA 自动变速器档位分析

变速杆位置	档 位	3 档离合器	超速档倒档离合器	超速档滑套	倒档滑套	1 档离合器	2 档离合器
D4	1 档	—	—	—	—	接合	—
	2 档	—	—	—	—	—	接合
	3 档	接合	—	—	—	—	—
	4 档	—	接合	接合	—	—	—
3	1 档	—	—	—	—	接合	—
	2 档	—	—	—	—	—	接合
	3 档	接合	—	—	—	—	—
2	2 档	—	—	—	—	—	接合
1	1 档	—	—	—	—	接合	—
R	倒档	—	接合	—	接合	—	—
P/N	驻车档/空档	所有离合器均不接合					

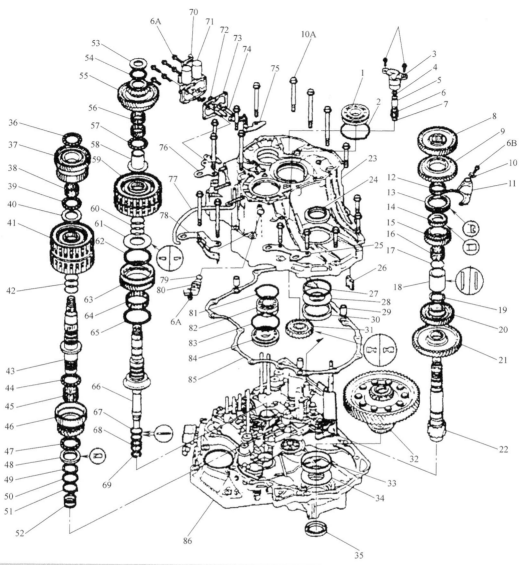

图 6-3-11 本田 MAXA 自动变速器的结构

1—中间轴变速器壳体轴承　2、17、51、81、83—弹簧卡环　3—倒档惰轮轴托架　4、7、42、60、72、79—O 形圈（更换）
5—倒档惰轮轴　6、12、16、38、45、56、64、68—滚针轴承　8—中间轴 2 档齿轮　9—中间轴倒档齿轮　10—锁紧垫圈（更换）
11—倒档换档拨叉　13—倒档接合套　14—倒档接合套套　15—中间轴 4 档齿轮　18—间隔套管　19—开口销 31mm
20—中间轴 3 档齿轮　21—中间轴 1 档齿轮　22—中间轴　23—变速器箱体　24—油封（更换）　25、76—变速器吊架
26—变速器磁体　27—止推垫片 76mm（有不同规格尺寸）　28、34—止推垫圈　29—定位销　30—圆锥滚子轴承外圈
31—倒档惰轮　32—差速器总成　33—圆锥滚子轴承外圈　35—油封（更换）　36、39、44、47、54、57、62、65—推力滚子轴承
37—副轴 2 档齿轮　40—止推垫片 37×55mm（有不同规格尺寸）　41—1 档/2 档离合器总成　43—副轴　46—副轴 1 档齿轮
48—花键连接式垫圈 38×56.5mm（有不同规格尺寸）　49—开口销 32mm　50—开口销定位环　52、67—密封圈
53—止推垫圈 27×47×5mm　55—主轴 4 档齿轮　58—4 档齿轮肩　59—3 档/4 档离合器总成
61—止推垫片 42×72mm（有不同规格尺寸）　63—主轴 3 档齿轮　66—主轴　69—定位环
70—线束夹支座　71—A/T 离合器压力控制电磁阀 A/B 总成　73—A/T 离合器压力控制电磁阀密封垫（更换）
74—ATF 供油管　75—变速器搭铁线端子支座/插头支座　77—通风管　78—变速器吊架/插头支座
80—中间轴转速传感器　82—主轴变速器壳体　84—副轴变速器壳体轴承
85—变速器壳体密封垫（更换）　86—液力变矩器壳体

综合练习

（一）填空题

1. 本田飞度无级变速器中倒档制动器的盘片弹簧安装在最_____方。
2. 前进档时，前进离合器_____，起步离合器_____，倒档制动器_____。
3. 带轮直径的大小靠_____改变。
4. 本田飞度无级变速器的行星齿轮机构有_____形式和_____形式。
5. 本田雅阁自动变速器变速杆有 7 个位置，分别是_____、_____、_____、_____、_____、_____、_____。
6. 双离合器自动变速器（DCT）采用双离合器及两个子传动定轴齿轮系，其中_____用于汽车起步，也实现换档控制，换档装置采用手动变速器的_____装置，利用液压或电动机实现操纵，其换档速度_____，动态性能优越；目前批量生产的主要是_____和_____双离合器自动变速器。
7. 无级变速器（CVT）采用_____与 V 形轮，组成一体称为 Variator（无级变速单元），依靠_____传递动力，通过压力调节金属带在主从 V 形轮上半径比例可无级变速；目前无级变速器基本采用博世公司的推力钢带，LUK 公司的_____带近几年也在推广中。CVT 的起步部件主要采用液力变矩器，单级_____实现前进、后退及空档的转换；CVT 换"档"平稳舒适，动态性能较好，与其他变速器不同，CVT 由于换档时特别是加速换档时发动机转速_____变化，驾驶人主观动感不强。

（二）选择题

1. 本田飞度无级变速器前进档和倒档都工作的执行元件是（   ）。
   A. 前进档离合器　　　　　B. 倒档制动器　　　　　C. 起步离合器
2. 本田飞度无级变速器有前进档无倒档，发生故障的执行元件是（   ）。
   A. 前进档离合器　　　　　B. 倒档制动器　　　　　C. 起步离合器
3. 本田飞度无级变速器有倒档无前进档，发生故障的执行元件是（   ）。
   A. 前进档离合器　　　　　B. 倒档制动器　　　　　C. 起步离合器
4. 本田飞度无级变速器的行星齿轮机构用来改变（   ）。
   A. 速度　　　　　　　　　B. 方向
5. 本田飞度无级变速器的带轮用来改变（   ）。
   A. 速度　　　　　　　　　B. 方向
6. 本田飞度无级变速器（   ）液力变矩器。
   A. 有　　　　　　　　　　B. 没有
7. 本田雅阁自动变速器的 1 档离合器在（   ）档工作。
   A. 所有前进　　　　　　　B. 1

（三）问答题

1. 起步离合器上为什么要有大流量液体孔道？
2. 前进档的传动路线是怎样的？
3. DSG 发展前景怎样？有何优点？
4. 本田雅阁自动变速器的单向离合器装反会出现什么样的故障现象？

项目七
自动变速器电液控制系统检修

案例链接（一）丰田卡罗拉所有档位都不能起步

[经过] 由于出现汽车自动变速器在所有档位都不能起步的故障，进入维修厂进行维修。根据维修接待和车间检测结果，确认是一个油路故障。为了诊断与排除自动变速器综合故障，对汽车自动变速器进行了油压试验故障诊断。

[故障分析] 油泵有故障会影响自动变速器所有档位，个别档位故障与油泵无关。发动机不运转时，油泵不工作，自动变速器内无控制油压，所以发动机和车轮之间无法传递动力。因此安装自动变速器的汽车不能靠牵引起动发动机。由于自动变速器内没有润滑油，所以此时车辆的牵引距离与速度都受到影响。长距离牵引车辆必须抬起驱动轮。

[油泵常见故障] 油泵常见故障有油泵齿轮磨损、泵壳裂纹、衬套磨损、油泵泄漏、油封破损及油泵端面起槽。

[油泵故障能引发的现象] 如果油泵出现故障，在前进档和倒档，会出现车辆不能移动、前进档和倒档起步无力、自动变速器打滑、叶片泵故障能引起换档冲击、异响。当故障车辆被牵引时，发动机不工作，自动变速器的油泵也不工作，因此，工作油液没有输送到变速器。如果故障车辆被高速或长距离牵引，各种旋转零件上的润滑油膜就会消失，并会引起变速器被卡死。所以，故障车辆应在低速条件下牵引（≤30km/h）并且每次牵引距离不能超出80km。如果变速器本身有故障或开始严重泄漏工作油液，则牵引车辆时应抬起驱动轮，使其脱离地面，或者将传动轴脱开。

任务一 A341E、U341E 电路图 01M/01N 油路检修

一、A341E/A342E 电路图

图 7-1-1 是丰田 A340E/A341E/A342E 型自动变速器相关电气元件位置图。

丰田 A340E/A341E/A342E 型自动变速器有 4 个前进档，一个倒档。这款自动变速器搭载于皇冠3.0、雷克萨斯400、切诺基吉普车上。它使用三行星排辛普森行星齿轮机构，变矩器带锁止离合器，有10个（包括一个单向离合器 F2 在内）换档执行元件。

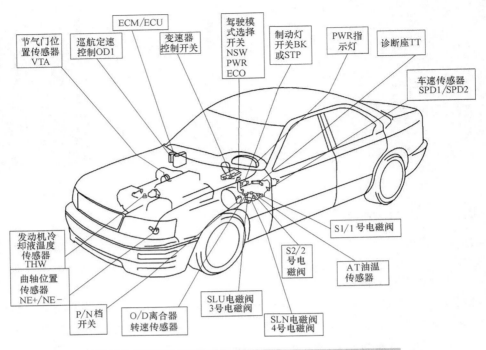

图 7-1-1　A340E/A341E/A342E 型自动变速器元件位置图

1. 换档主要信号

控制系统和发动机共同使用一个电控单元。电控单元根据两个主要信号——节气门开度和车速传感器信号对自动变速器进行换档控制和锁止离合器控制。用两个电磁阀操纵 3 个换档阀，一个电磁阀用于控制锁止离合器，另一个电磁阀用于控制主油路背压。主油路油压由节气门阀控制，节气门阀油压作用在初级调节阀下端，而便于主油路压力随节气门开度而变化。因此必须十分注意调整节气门拉线长度，否则会导致主油路压力过高或过低。

A341E、A342E 这两种自动变速器是电子智能控制，变矩器采用特大流量并且带有锁止离合器，使变矩器传动效率大大提高。行星齿轮机构换档执行元件的结构和布置方式及换档执行元件的数量、在不同档位的接合与 A340E 完全相同。

2. 辅助信号

电控系统与 A340E 相比，有较大改进。它的控制系统和发动机控制系统仍然共用一个电控单元。控制系统的功能除了换档控制和锁止离合器控制之外，还增加了改善换档质量控制和强制降档控制两项主要内容。

辅助信号如果出现制动灯亮、节气门位置处于怠速、发动机冷却液温度低于 60℃、变速器油温低于 50℃、OD/OFF 开关（关闭）、模式开关控制，则自动变速器将会有下列应对：改善换档质量（包括推迟点火时间、降低发动机转矩）借以减小换档冲击；强制降档控制（降低换档执行元件中油压增长速度），来减小换档冲击；电控单元将指令锁止离合器分离；无超速档；锁在故障档。

换档主要信号和辅助信号如图 7-1-2 所示。

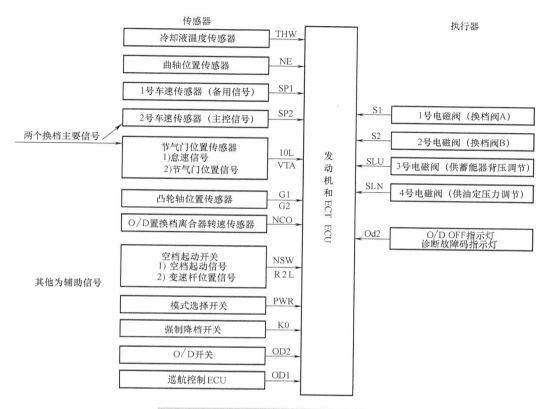

图 7-1-2 换档主要信号和辅助信号

该自动变速器有两个车速传感器，一个用于车速表，一个用于电控单元换档控制。当用于换档控制的传感器损坏时，电控单元会自动用车速表传感器信号进行换档控制。电控单元还能根据档位开关、超速档开关、制动灯开关信号以及冷却液温度信号，选择不同的控制程序，以满足不同道路条件对自动变速器的要求。当超速档主开关接通且变速杆在 D 位时才可以进行超速档行驶；但如果冷却液温度低于 60℃、变速器油温低于 50℃，则禁止进入超速档。当汽车以巡航方式超速档行驶，如果其实际车速比巡航设定车速低 4km/h 时，便退出超速档，直到实际车速达到巡航设定车速时才可能重新换入超速档。

控制单元还设有模式选择开关，电控单元会根据模式开关信号按不同模式进行换档控制。电控系统使用 4 个电磁阀，其中两个（1#、2#）用于换档控制，另外两个（3#、4#），一个用于锁止离合器控制，另一个用于油压控制。用于油压控制的油压电磁阀是线性脉冲式电磁阀，以控制前进档减振器活塞背压，减缓换档执行元件的油压增长速度，减小换档冲击。

电控系统还增加了输入轴转速传感器，它能更精确地测定转速，使换档和锁止过程更加准确。例如。线性脉冲式锁止电磁阀控制锁止离合器的接合力，使接合过程更加柔和，减小接合时的冲击力。

A341E 和 A342E 型自动变速器的差别仅在于超速行星排齿轮参数和超速档传动比不同，其他方面完全相同。所以，皇冠 3.0 的 A340E 型自动变速器和雷克萨斯 LS400 的 A341E、A342E 型自动变速器在结构上是相同的，维修方法也基本相同。雷克萨斯 LS400 的 A341E/A342E 电路图如图 7-1-3 所示。

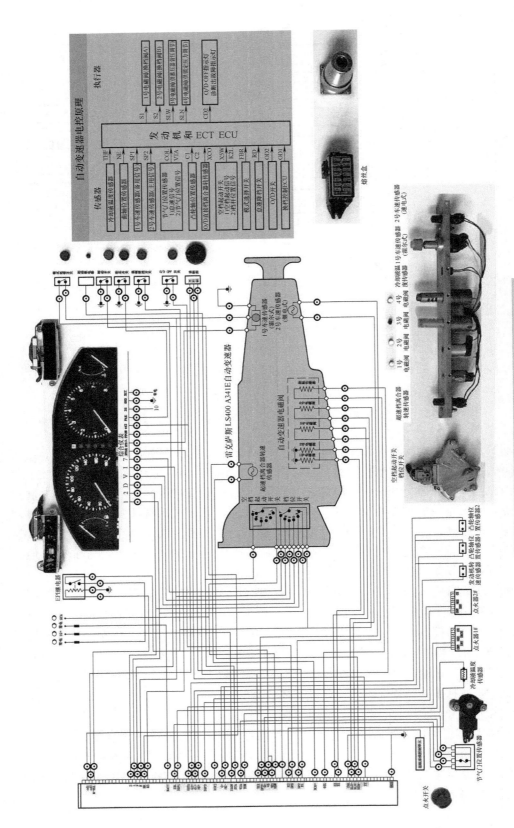

图 7-1-3　雷克萨斯 LS400 轿车 A341E/A342E 电路图

二、油泵检修

油泵由液力变矩器外壳延伸套驱动（有细轴驱动的，还有链条驱动的）。发动机不工作时，油泵不工作，自动变速器内无控制油压。自动变速器常用的是内啮合的齿轮泵。较小的内齿轮是主动齿轮，安装在较大的外齿轮中。外齿轮是从动齿轮，偏心地安装在泵体中。在内外齿轮之间安装一个月牙形的隔块，将内外齿轮之间的容积分为两部分，因此这种泵俗称月牙泵。机油泵主动齿轮由变矩器驱动，在齿轮转动时，月牙形隔块一侧的容积因齿轮退出啮合而增大的是进油腔，另一侧容积因齿轮进入啮合而减小的是出油腔。在进油腔产生一定的真空度将自动变速器油吸入机油泵内，油液充满齿槽在齿轮转动时被带入月牙形隔块的另一侧，在出油腔内因齿轮进入啮合，齿轮之间的间隙减小，容积减小使油液压力增加，从出油口排出进入液压回路。

主动齿轮转动一圈，油泵输出的油量是固定的，因此齿轮泵是一种定量油泵。由于机油泵由变矩器驱动，其转速与发动机转速完全相同，则机油泵的输出油量和压力实际上是在很大的范围内变化，在某些转速下机油泵的输出压力可能高于变速器工作需要的压力，这时除了机油泵消耗的发动机功率会增加以外，过高的油压还会引起油液渗漏。

为避免这种现象出现，现在有些公司生产的自动变速器在主油道上设置了限压阀。

注意：当采用手动变速器的车辆起动系统发生故障时，可借用外力推车或溜车的方法起动发动机。

但是，这个方法不适用于采用自动变速器的车辆。因为尽管推动车辆能使输出轴转动，但是油泵不会对液压控制系统供给工作油液压力。因此，行星齿轮装置不会接受到工作油液的压力。即使变速杆置于D位，但变速器油泵仍处于空档状态（不转），输出轴的动力无法传递至发动机。图7-1-4是卡罗拉U341E油泵结构图。

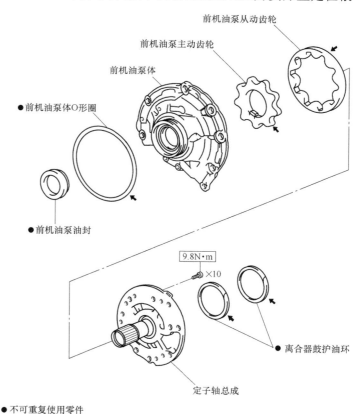

图7-1-4 卡罗拉U341E油泵结构图

1. 油压供应系统

油泵用于输送工作油液至液力变矩器，润滑行星齿轮装置，对液压控制系统提供工作压。U341E自动变速器油泵拆卸步骤见表7-1-1。

表 7-1-1　U341E 自动变速器油泵拆卸步骤

序号	分解步骤	图示
1	这是卡罗拉 U341E 油泵在自动变速器上的安装位置	
2	油泵的主动齿轮转动时，主动齿轮与从动齿轮的轮齿在月牙形隔离墙的一侧不断地脱离啮合，在另一侧不断地进入啮合。主、从动齿轮在脱离啮合的一侧容积增大，从而产生真空，油液被大气压力压入直到充满整个容积；在进入啮合的一侧容积减小，从而产生挤压，不断挤压油液，迫使油液通过出口进入液压回路	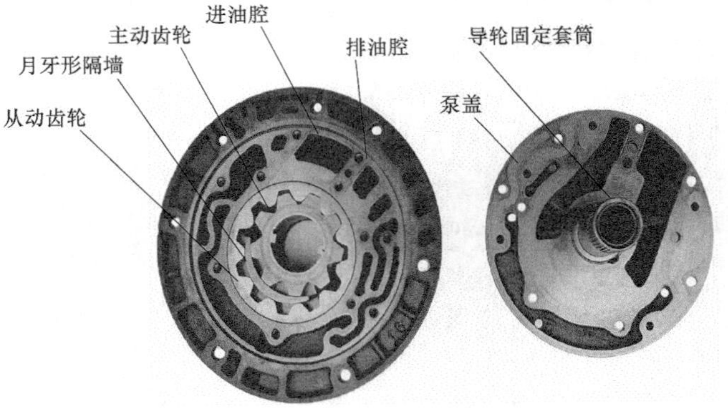
3	用 SST09308—00010 从机油泵体上拆下前机油泵油封	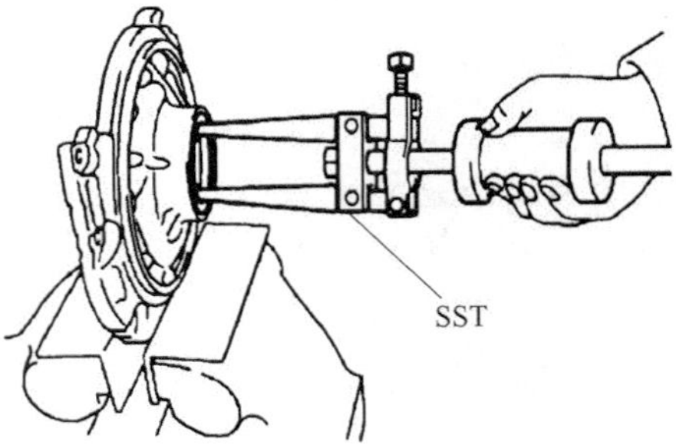
4	用 SST 将前机油泵油封安装至机油泵体 油封嵌入深度： -0.15~0.15 mm	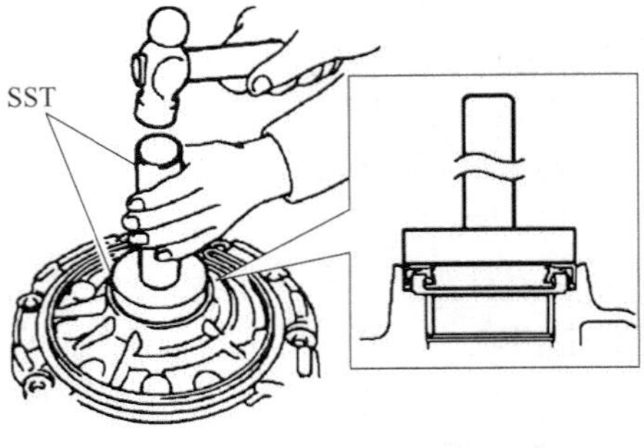

2. 油泵检测

油泵衬套的检测步骤见表 7-1-2。

表 7-1-2　油泵衬套的检测步骤

序号	检测及安装步骤	图　　示
1	取出封油环	
2	检查 3 个间隙	
3	检查从动齿轮壳体间隙 将从动齿轮推向壳体的一侧，用塞尺测量间隙 标准壳体间隙：0.07~0.15mm 最大壳体间隙：0.3mm 如果壳体间隙大于最大值，则更换主动齿轮，从动齿轮或泵体	
4	检查从动齿轮齿顶间隙 测量从动齿轮的齿顶与泵体月牙形件之间的间隙 标准齿顶间隙：0.11~0.14mm 最大齿顶间隙：0.3mm 如果齿顶间隙大于最大值，则更换主动齿轮、从动齿轮或泵体	

（续）

序号	检测及安装步骤	图示
5	检查两齿轮端面间隙 使用直尺和塞尺测量两齿轮端面间隙 标准端面间隙：0.02~0.05mm 最大端面间隙：0.1mm 如果端面间隙大于最大值，则更换主动齿轮、从动齿轮或泵体	
6	检查油泵体衬套 使用千分表测量油泵体衬套内径 最大内径：38.19mm 如果内径大于最大值，则更换油泵体	
7	检查泵盖衬套 使用千分表测量泵盖衬套内径 最大内径：前端 21.58mm 　　　　　后端 27.08mm 如果内径大于最大值，则更换泵盖	

3. 主油路油压测试

油压测试在项目三中已介绍，这里不再重复。

为确保自动变速器及时而准确地自动升降档，并为改善换档质量，还要重点检查自动变速器内的许多阀，这些阀分别装在几个阀体总成内。这些阀可划分为调节液压的调压阀；打开或关闭油道的开关阀、手控制阀；改善换档质量的节流阀、单向球阀、辅助调压阀；控制换档的换档阀电磁阀、锁止离合器、主油压和背油压用的电磁阀。另外还有减压阀、泄压阀、滑行调节阀等，见表7-1-3。

主油压和背油压试验如图7-1-5所示。主调压阀工况检测如图7-1-6所示。

表 7-1-3 液压控制系统主要油压油路的功能

油 压 名 称	功 能
主油路油压	主油路油压由主调压阀调节，是自动变速器中最基本、最重要的油压。它的作用是使变速器中所有离合器和制动器工作，而且也是自动变速器中其他所有油压（如调速器油压、节气门油压等）的来源
变矩器和润滑油压	变矩器和润滑油压由次调压阀产生，为变矩器供应变速器油，润滑变速器壳体和轴承等，并将油送至油冷却器
节气门油压	节气门油压由节气门阀调节的节气门油压，随加速踏板踩下的程度相应增加或减小。调速器阀调节的调速器油压则与车速相对应。这两个油压之差，是决定换档点的因素

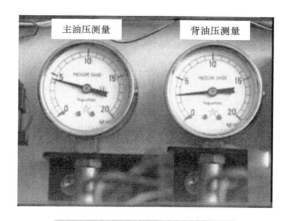

图 7-1-5 主油压和背油压试验

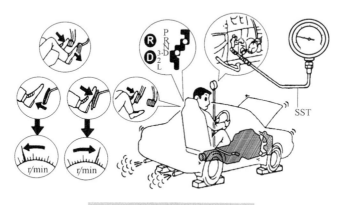

图 7-1-6 主调压阀工况检测

4. 主调压阀工作原理

1）油泵是由发动机带动的，发动机转速升高，油泵油压也会随之升高，油压过高会对液压系统产生破坏性，因此需要用主调压阀来将超过规定值的高压油进行降压调整以达到其符合规定的工作油压。至于发动机在急速时主油路油压低于工作油压，主调压阀是不能够将其调高的。也就是说，主调压阀只能降压而不能升压。

2）工作油压的油道都是并联在从油泵出来的主油道上，在整个主油路中只要有一个缺口泄油整个主油路压力也会随之下降。

3）从表 7-1-1 可知，油泵将油送入主调压阀，主调压阀一端作用着弹簧弹力和节气门油压，另一端则作用着主油道压力油经节流孔送入的主油压，两端压力的抗衡调整出随节气门开度和车速变化而变化的主油压。该主油压送入手控阀，节气门阀或其他调压阀调压，以满足自动变速器对各种油压的要求。

U341E 主油路油压规定值见表 7-1-4。若主油路油压测量值与规定值不相符，可以在表 7-1-5 中查找可能的原因。

表 7-1-4　U341E 主油路油压规定值

速　度	主油路油压/kPa	
	D 位	R 位
怠速	372~412	553~623
失速	1120~1230	1660~1870

表 7-1-5　主油路油压测试故障检查表

分　析	可能原因
如果所有档位上的测量值都较高	·换档电磁阀 SLT 故障 ·调压器阀故障
如果所有档位上的测量值都较低	·换档电磁阀 SLT 故障 ·调压器阀故障 ·机油泵故障
如果只有 D 位的压力低	·D 位油路漏油 ·前进档离合器故障
如果只有 R 位的压力低	·R 位油路漏油 ·倒档离合器故障 ·1 档和倒档制动器故障

三、液压控制原理及检修油路的升、降档规律

1）液压控制原理。液压控制原理如图 7-1-7 所示。

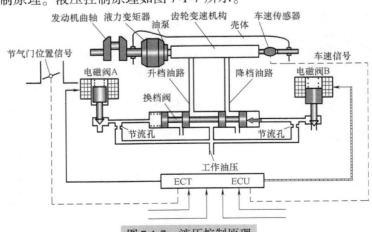

图 7-1-7　液压控制原理

2）发动机起动，直接离合器 C0 就通油接合，C0 油路不经过手动阀而是直接在主油路上取油，这样就可以缩短进档时间。当变速杆在所有前进档时，只接合一个执行元件。C1 油路不经过换档阀，而要经过手动阀。1 档要经过手动阀但不经过换档阀。升 2 档要经过 1 档/2 档换档阀。升 3 档要经过 2 档/3 档换档阀。升 4 档要经过 3 档/4 档换档阀。4 个前进档有 3 个换档阀、1 个手动阀。

3）增加 1 个档位就增加 1 个执行元件，每减少 1 个档位就减少 1 个执行元件。3 档进 4 档 C0 油路与 B0 油路交换；反之，则正好相反。后面保持 3 档油路不变。

4）手动 1、2 档与 D 位 1、2 档也只增加 1 个执行元件，也就具有经济模式和手动模式交换 1 个执行元件。下面根据这个油路规律来将几个不同型号的自动变速器举例说明。图 7-1-8 是（辛普森式）丰田 A341E 自动变速器升、降档油路规律。

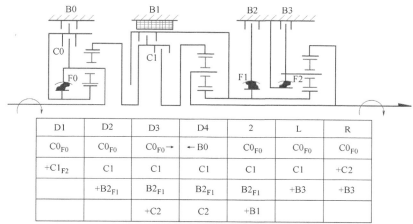

	D1	D2	D3	D4	2	L	R
	$C0_{F0}$	$C0_{F0}$	$C0_{F0}\rightarrow$	$\leftarrow B0$	$C0_{F0}$	$C0_{F0}$	$C0_{F0}$
	$+C1_{F2}$	C1	C1	C1	C1	C1	+C2
		$+B2_{F1}$	$B2_{F1}$	$B2_{F1}$	$B2_{F1}$	+B3	+B3
			+C2	C2	+B1		

注：1. 表中只是离合器 C、制动器 B 需要油压。单向离合器 F0、F1、F2 都不需要油压，在分析档位时，唯独 F2 在 D1 档时充当了执行元件的"角色"。
2. "←→"表示交换一条油路；"+"表示增加一条油路。图 7-1-9～图 7-1-11 同。

图 7-1-8 （辛普森式）丰田 A341E 自动变速器升、降档油路规律

5）神龙富康 AL4 自动变速器升、降档油路规律，如图 7-1-9 所示。

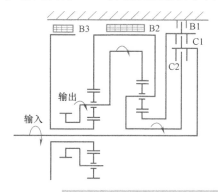

	D 位				R 位
	D1/L	D2/2	D3/3	D4/4	倒
	C1 ←→ C2	C2	C2		+C1
	B3	B3 ←→ C1		→B1	+B2

图 7-1-9 （辛普森改进型）神龙富康 AL4 自动变速器升、降档油路规律

6）上海大众 01V（5HP19）自动变速器升、降档油路规律，如图 7-1-10 所示。

7）ZF9HP48 自动变速器升、降档油路规律，如图 7-1-11 所示。

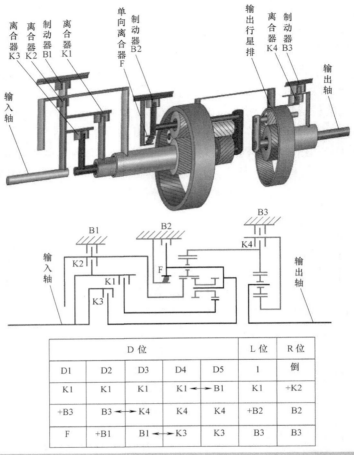

	D 位				L 位	R 位
	D1	D2	D3	D4	D5	1	倒
	K1	K1	K1	K1 ←→ B1	K1	+K2
	+B3	B3 ←→ K4	K4	K4	+B2	B2
	F	+B1	B1 ←→ K3	K3	B3	B3

图 7-1-10 （拉维娜式）上海大众 01V（5HP19）自动变速器升、降档油路规律

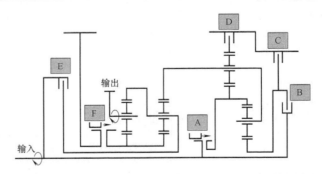

档位	D1	D2	D3	D4	D5	D6	D7	D8	D9	R
执行元件	A	A	A	A	A	A ←→ C	B	B	B
	F	F	F	F ←→ E	E	E	E	E	E	+F
	+D ←→ C ←→ B ←→ E				B ←→ C ←→ D			D	D	D
传动比	4.7	2.48	1.9	1.38	1	0.8	0.7	0.58	0.48	R:3.8

注：表内的 F 不再表示单向离合器，而是表示执行元件接合套。

图 7-1-11 （复合式）ZF9HP48 自动变速器升、降档油路规律

8）各种阀的工作原理

① 主调压阀工作原理（辛普森式自动变速器配套）如图 7-1-12 所示。

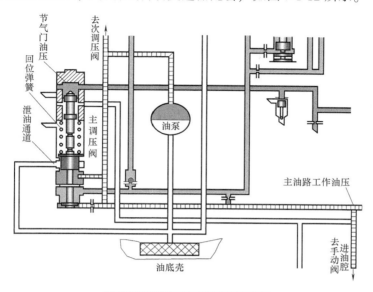

图 7-1-12　主调压阀工作原理

② 次调压阀工作原理如图 7-1-13 所示。次调压阀是把主调压阀从主油路泄出的压力油，经次调压阀调节出变矩器油压和经节流后的变速器润滑油压，次调压阀一端作用着弹簧弹力，另一端作用着变矩器油经节流孔送入的节气门反馈油压，两者的抗衡调节出一个随主油压变化而变化的变矩器油压和润滑油压。

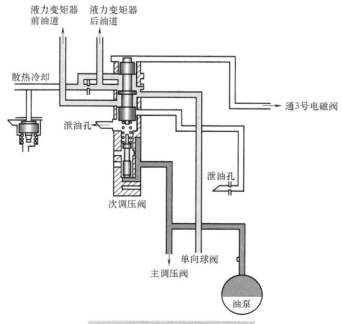

图 7-1-13　次调压阀工作原理

③ 节气门工作原理如图 7-1-14 所示。节气门是将主油压经调节，调出节气门油压，主油压送入节气门后，节气门一端作用着节气门开度的力，另一端作用着反馈回来的节气门油压和节气门油压经减压后的油压，几种压力的抗衡调出随节气门开度和车速变化的节气门油压。调出的节气门油压送入主调压阀的一端，参与主油压的调整。另一方面，送入减压阀，经减压阀调压后，回馈给节气门油压调节阀，以便根据汽车负荷及车速修正节气门油压。节气门油压还送入储能器调压阀，以便将主油压调节成随节气门油压变化而变化的储能器背压。

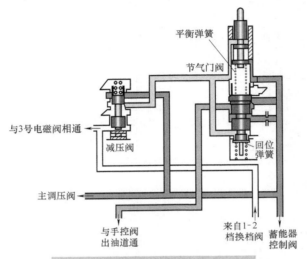

图 7-1-14　节气门、减压阀工作原理

④ 减压阀工作原理如图 7-1-14 所示。减压阀把节气门油压调节成反馈给节气门的修正油压，以便根据车速和负荷修正节气门油压以达到修正主油压的目的。它的一端作用着弹簧弹力，另一端作用着主油路的压力油，两者抗衡决定了反馈给节气门的修正油压的大小。这个反馈油压在低档或倒档时油压减低，以增大节气门油压，修正主油压，使主油压相应增高。

大众 01N 电控自动变速器调压原理如图 7-1-15 所示。

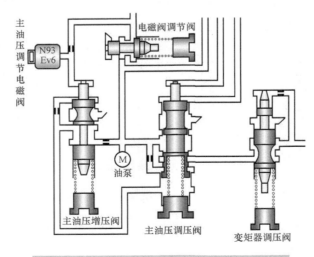

图 7-1-15　大众 01N 电控自动变速器调压原理

> **重要提示：**
>
> 最初的辛普森式自动变速器用节气门（机械）拉索来调整节气门阀液压，后来自动变速器不再采用（机械）拉索，但节气门开度信号与换档匹配液压是一个重要液压信号还必须保留。它的属性改为电磁阀控制液压阀门，如果换档品质不好，应重点检查这个阀。

9）电控自动变速器换档控制原理。换档控制框图如图 7-1-16 和图 7-1-17 所示。电控自动变速器增加了控制 ECU 和与之相关的传感器和执行器，车速和发动机负荷被车速传感器和节气门位置传感器分别转换成电信号输入 ECU，ECU 经过分析、对比、运算后发出相应的电压信号给液压控制系统，再由液压控制系统（电磁阀）控制换档阀进行档位的变换。

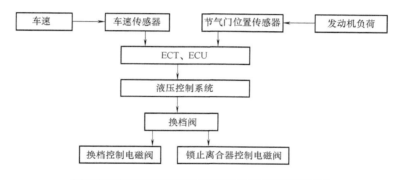

图 7-1-16　电控自动变速器换档控制框图（一）

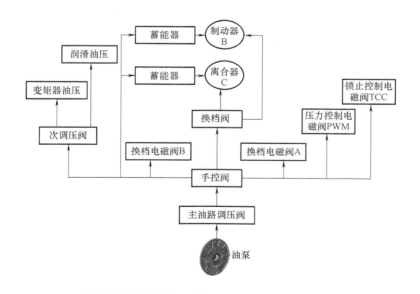

图 7-1-17　电控自动变速器换档控制框图（二）

四、大众 01M/01N 各档油路分析

1. 01M 阀体

01M 阀体中有 17 个滑阀，重要的滑阀有主调压阀、主油压增压阀（出厂时已调好，一般不需要拆卸此阀）、液力变矩器压力调节阀、手动阀、K1 换档阀、K3 换档阀、B2 换档阀、换档平顺阀、液力变矩器锁止离合器控制阀以及各协调阀。3 个换档电磁阀 N88、N89 和 N90 分别控制每个换档执行元件；N88 控制 1 档/3 档离合器 K1，N89 电磁阀控制 2 档/4 档离合器 B2，N90 电磁阀控制 3 档/4 档离合器 K3。剩下的两个执行元件倒档离合器 K2 和低倒档制动器 B1，则是由手动阀来控制的。N88、N89、N90 为换档电磁阀；N91 为锁止电磁阀；N92、N94 为换档平顺控制电磁阀；N93 为主油压电磁阀。

在 01M 自动变速器各种常见故障中，液压系统里的电磁阀问题较多。因此在维修时一定要注意检查电磁阀的性能。N90 电磁阀密封不良也是实际维修时经常出现的问题（如果电气性能正常，是不会出现故障码的），使 K3 处于半接合状态，造成档位运动干涉，导致换 2 档时有倒拖的感觉。上、下阀体分解分别如图 7-1-18 和图 7-1-19 所示。

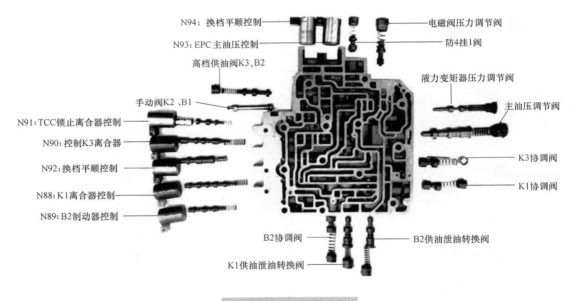

图 7-1-18 上阀体分解

2. P 位油路

变速杆在 P 位时手动阀油路是关闭的，控制 ECU 对 3 个换档电磁阀（N88、N89 和 N90）的指令是："101"（由于电磁阀是供电的，1 表示 ECU 控制搭铁；0 表示未控制），也就是 ECU 对 N88 和 N90 两个电磁阀发出搭铁指令。由于 01M 自动变速器所有 7 个电磁阀都是在断电状态下泄油的，就是电磁阀在 ECU 不控制时泄油孔始终是处于打开状态。因此当 ECU 对 N88 和 N90 两个电磁阀发出搭铁指令后，两个电磁阀的泄油孔关闭，此时 N88 电磁阀作用的 K1 换档阀和 N90 电磁阀作用的 K3 换档阀处就有了电磁阀调节压力，该压力能够克服两个滑阀上端的弹簧压力而位移，N89 电磁阀没有受到控制，其泄油孔是打开的，所以

在其所作用的 B2 换档阀处没有电磁阀调节压力。由于手动阀处于关闭状态，因此，在 K1、K3 和 B2 换档阀处不能形成系统油压，所以变速器所有元件不工作，也就没有动力输出，此时变速器的机械锁将变速器输出轴锁住不能移动。P 位油路如彩图 1 所示。

3. D1 档油路

当变速杆置于 D 位时，由于手动阀开启 3 条油路：一条通往 B1 供给阀，传递到 K1、K3、B2 协调阀没有弹簧的一侧，该油路由 N92 电磁阀来控制以改善换档质量；另一条则通过高档供油阀接通 B2 换档阀和 K3 换档阀。此时，ECU 对 3 个换档电磁阀的指令由 P 位的 "101" 状态改为 "001" 状态，变化

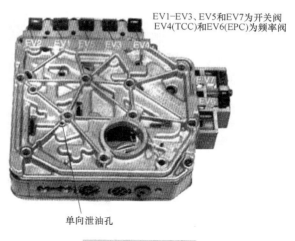

图 7-1-19 下阀体

的电磁阀是 N88。当 N88 电磁阀由通电状态变为断电状态时，N88 电磁阀泄油孔打开，将 K1 换档阀下端电磁阀的调节压力释放掉，K1 换档阀在弹簧弹力的作用下回到原始位置，此时来自手动阀处的主油路油压经 K1 换档阀→K1 供油↔泄油转换阀→K1 协调阀及一个节流球接通到 K1 离合器上，这样便形成 D 位的 1 档动力传递。电磁阀 N89 断电，作用在 B2 换档阀下端的电磁阀调节压力被 N89 泄油孔释放掉，B2 换档阀在弹簧弹力的作用下保持在最下端，这样来自手动阀的主油路油压被截止；N90 电磁阀通电泄油孔关闭，此时在 K3 换档阀下端便形成电磁阀调节压力，该压力克服 K3 换档阀上端弹簧弹力推动滑阀上移，切断了来自手动阀的主油路油压。D1 档油路如彩图 2 所示。

4. D2 档油路

当 ECU 指令换档电磁阀实现 2 档时，3 个换档电磁阀的指令由 1 档时的 "001" 状态变为 2 档时 "011"。此时变化的电磁阀为 N89 电磁阀，当电磁阀由断电状态变为通电状态时泄油孔关闭，此时，在 B2 换档阀下端建立起电磁阀调节压力，该压力克服 B2 换档阀上端弹簧压力推动滑阀上移，此时来自手动阀的主油路油压被接通，通过 B2 换档阀→B2 供油↔泄油转换阀→B2 协调阀→B2 制动器。这样由于 N88 电磁阀仍然处于断电状态而打开 K1 离合器的油路，K1 工作动力从后太阳轮输入，制动器 B2 工作固定了前太阳轮实现 2 档动力传递。N90 电磁阀通电，K3 换档阀处的主油路油压仍然处于截止状态。

如果 N90 电磁阀密封不良，就会部分接通 K3 油路，使 K3 处于接合和半接合状态，所以在换 2 档时会出现严重的档位干涉故障。D2 档油路如彩图 3 所示。

5. D3 档油路

当 ECU 指令换档电磁阀实现 3 档时，3 个换档电磁阀的指令由 2 档时的 "011" 状态变为 3 档时 "000"。此时 N89、N90 两个电磁阀均由通电状态变为断电状态，N89 电磁阀断电，作用在 B2 换档阀下端的电磁阀压力被电磁阀泄油孔释放掉，B2 换档阀在上端弹簧力的作用下又回到原始位置，这样就把去往 B2 制动器的油路切断，B2 制动器停止工作；N90 电磁阀断电又将 K3 换档阀下端的电磁阀调节压力通过泄油孔释放掉，因此 K3 换档阀在上端弹簧弹力的作用下回到最下端，这样便把来自手动阀的主油路油压经过 K3 换档阀，再经过

K3 协调阀接通到 K3 离合器上。N88 电磁阀仍然处于断电状态而打开 K1 离合器的油路，K1 和 K3 两个离合器接合便形成直接档 3 档油路。

如果在 2 档换 3 档时，K3 和 B2 切换油路，当变速器的工作压力调整稍微有些偏差时，易造成 2—3 档正时问题，产生动力干涉和动力中断故障。D3 档油路如彩图 4 所示。

D3 档锁止离合器接合油路：

当发动机以液压方式传递动力时，ECU 未对锁止离合器的 N91 电磁阀发出控制指令。

变矩器的液压油路如下：

变矩器压力调节阀→变矩器锁止离合器控制阀→输入轴→变矩器释放压力油路（A 油路）→锁止离合器活塞前方→回油油路。当变速器实现动力 3 档控制时，ECU 便对 N91 电磁阀发出控制指令，这样 N91 电磁阀的泄油孔会由原来的全开状态逐渐地变为全闭状态，因此，在 TCC 锁止控制阀的下端逐渐建立起电磁阀调节压力，该压力会逐渐改变 TCC 锁止控制阀的位置，这样就会改变变矩器的工作油路，此时，由变矩器压力调节阀调节出的变矩器工作压力会经过变矩器锁止离合器控制阀（位置改变）→变矩器 TCC 锁止控制油路→锁止离合器活塞后方→回油油路。此时，发动机转速和输入轴转速（即变矩器的泵轮和涡轮转速达到同步转速）形成动力 3 档。

如果 01M 变速器油路中，与 N91 电磁阀紧挨着的 TCC 锁止阀的套管内侧易产生磨损，从而造成锁止力矩偏差或干涉的故障出现。D3 档锁止离合器接合油路如图 7-1-20 所示。

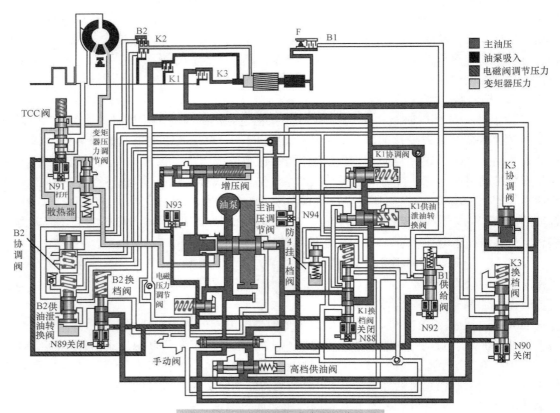

图 7-1-20　D3 档锁止离合器接合油路

6. D4 档油路

当 ECU 指令换档电磁阀实现 4 档时,3 个换档电磁阀的指令由 3 档时的"000"状态变为 4 档时"110"。此时变化的为 N88 和 N89 两个电磁阀,电磁阀 N88 由断电状态变为通电状态,此时电磁阀 N88 的泄油孔由原来的打开状态变为关闭状态,这样在 K1 换档阀的下端便建立起电磁阀调节压力,该压力克服换档阀上端弹簧压力推动滑阀上移切断了去往 K1 离合器的油路,K1 离合器停止工作;N89 电磁阀由断电状态变为通电状态时,泄油孔由打开状态变为关闭状态,这样在 B2 换档阀的下端又建立起电磁阀调节压力,该压力克服 B2 换档阀上端弹簧压力推动换档阀上移,来自手动阀的主油路油压接通到 B2 制动器上;N90 电磁阀仍然处于断电状态,K3 离合器油路仍然在接通。因此就形成了 K3 离合器由行星架输入、前太阳轮被制动器 B2 固定的超速档。

如果手动阀位置不正确,将会直接影响 4 档。在打滑的同时一般会出现 01192 和 00652 故障码。D4 档油路如彩图 5 所示。

D4 档锁止离合器接合油路:

当发动机以液压方式传递动力时,ECU 未对锁止离合器的 N91 电磁阀发出控制指令,因此变矩器的液压油路为:

变矩器压力调节阀→变矩器锁止离合器控制阀→输入轴→变矩器释放压力油路(A 油路)→锁止离合器活塞前方→回油油路

当变速器实现动力 4 档控制时,ECU 便对 N91 电磁阀发出控制指令,这样 N91 电磁阀的泄油孔会由原来的全开状态逐渐地变为全闭状态,因此在 TCC 锁止控制阀的下端逐渐建立起电磁阀调节压力,该压力会逐渐改变 TCC 锁止控制阀的位置,这样就会改变了变矩器的工作油路,此时由变矩器压力调节阀调节出的变矩器工作压力会经过变矩器锁止离合器控制阀(位置改变)→变矩器 TCC 锁止控制油路→锁止离合器活塞后方→回油油路。此时,发动机转速和输入轴转速(即变矩器的泵轮和涡轮转速达到同步转速)形成动力 4 档。

如果 01M 变速器油路中,N91 电磁阀是占空比型电磁阀,从 2 档开始,TCM 便根据车速和负荷来实现 TCC 锁止,以提高传动效率。D4 档锁止离合器接合油路如图 7-1-21 所示。

7. R 位油路

当变速杆置于 R 位时,通过改变手动阀位置打开两条油路;一条经一个节流球迅速接通到 K2 离合器上,另一条也是经一个节流球通过 B1 供给阀阻尼孔接通到低/倒档制动器 B1 上。K2 离合器工作驱动前排太阳轮顺时针转输入,B1 制动器固定了行星架,这样便在前排实现了齿圈逆时针转输出的倒档。R 位油路如彩图 6 所示。

五、自动变速器阀体的真空测试法

自动变速器阀体一直是修理者感到比较麻烦的部分,一般都是以置换阀体总成了事。其问题关键还是阀体故障的诊断难以掌握,在很多情况下,修理工只知道更换阀体后故障就解决了,却不知道到底是阀体的哪部分出了问题。一般来说,阀体检测需要价值高昂的阀体测试仪,但它有 3 个缺点因而无法被广泛应用。

1)阀体测试仪价格昂贵,而且每种阀体都需要配备专用的阀体测试板,成本不菲,这是一般小型修理厂无法承受的。

2)也是最主要的原因,阀体测试仪将阀体作为一个总成来测试,如果要确认阀体内具

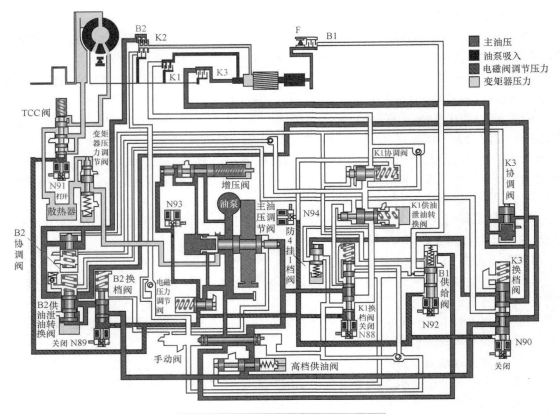

图 7-1-21　D4 档锁止离合器接合油路

体的失效部位,则需要操作人员从总体的测试数据中具体分析,这是一般的一线修理工所难以做到的。

3) 或是由于具体的阀体测试仪的问题,或是由于操作人员的问题,国内很多有阀体测试仪设备的修理厂都反映阀体测试仪在测试比较新款的电控变速器时并不太准确。基于这些现实问题,美国索奈克斯公司整理出一套利用真空来测试阀体磨损情况的方法,简单有效,特别适合于小型修理厂和一线操作人员。

以国内最常见的大众 01N/01M 阀体为例,在图 7-1-22 中已经标出了所有需要测试的测试点。如果排除人为因素,阀体的自然磨损是有规律可循的,随着里程数增加,阀体内可能出现磨损失效的地方不外乎有限的几个地方,只要针对这些地方抽真空,然后和标准值进行比较,就能快捷地判断出阀体某个位置的状态。

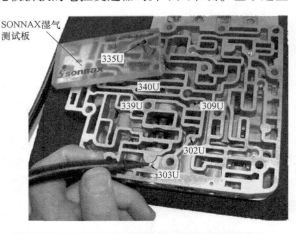

图 7-1-22　大众 01N/01M 阀体的正面测试点

检测故障解释

310L—换档电磁阀供给油路没有换档。310L—5TCC 电磁阀供给油路 TCC 锁止故障。341L—TCC 增压阀套 TCC 锁止故障。335U—TCC 作用阀 TCC 打滑。301L—作用在主调压阀上的电磁阀调节阀信号换档冲击。320L—作用在主调压阀上的降压油路（在 P 位时作用）高主油压，入档冲击，D 位怠速时发动机熄火。303U—作用在主调压阀上的增压信号换档疲软。340U—主调压阀上的平衡油路 D 位或 R 位时主油压过高，发动机熄火，换档冲击，变矩器故障。302U—增压调节阀上的主油路入口（测量时需移动阀的位置以封闭测量油路），升档时发动机空转（出现空档）。309U—增压调节阀的平衡油路换档冲击，主油压过高。301L2—电磁阀调节阀油路（测量时需移动阀的位置）换档问题。305L—电磁阀调节阀的平衡油路换档问题。339U—变矩器调节阀平衡油路变矩器压力过高。

图 7-1-23 是大众 01N/01M 阀体的反面测试点图。如果仔细分析，会发现所有这些标出的测试点都和这几个阀有关：主调压阀、增压阀、电磁阀调节阀及处于一个阀孔内的 TCC 锁止阀和锁止增压阀，以及各个封堵油路的端塞（俗称堵头）。TCC 锁止增压阀和阀套是最经常出现磨损和卡阀的地方，同一孔内的锁止阀也会使阀孔磨损。现在用真空测试法，通过测试图 7-1-22 中的 335U 节流孔就可以知道其阀孔的磨损情况。此外，主调压阀也是常出现问题的地方，但是一般由于此处的磨损用眼睛看比较难以发现，因此很多人并不注意这个地方。如果主油压的变化不稳定，或者入档时档位啮合滞后，或者怠速时发动机熄火，很多情况下都和这个主油压调节阀孔有关。用真空测试法，立刻就可以测出这个阀孔的磨损状态，然后决定是否需要修复。对几个滑阀端塞的检测也很重要，如果这些端塞不彻底掉出阀体，一般不会注意它们是否漏油，也没有简单合适的方法去测量，但是这些端塞的泄漏会直接影响到变速器的换档质量。它们分大号（用于主调压阀上）、中号、小号以及带棘齿的可调端塞（用于增压阀）。在里程数比较大的阀体中，由于这些端塞是塑料材质，容易老化变性，因此最好更换以 SONNAX 的铝制端塞，密封效果会更好。

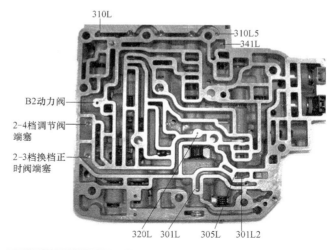

图 7-1-23　大众 01N/01M 阀体的反面测试点图
310L—换档电磁阀供给油路没有换档
310L5—5TCC 电磁阀供给油路 TCC 锁止故障
341L—TCC 增压阀套 TCC 锁止故障
301L—作用在主调压阀上的电磁阀调节阀信号换档冲击
320L—作用在主调压阀上的降压油路（在 P 位作用）
高主油压，入档冲击，D 位怠速时发动机熄火
301L2—电磁阀调节阀油路（测量时需移动阀的位置）换档问题
305L—电磁阀调节阀的平衡油路换档问题

如果用量程为 101.6kPa 的真空压力表来测量真空，67.72kPa 以上的测量读数为可用。

原厂新件的读数一般在74.5~77.9kPa，用SONNAX改进型阀的读数一般在77.9~84.7kPa，57.6~64.3kPa的读数说明阀孔或阀有磨损，而54.2kPa以下则说明严重磨损。这里需要注意的是，美国用的量程为101.6kPa的真空压力表相当于我国用的0.1MPa的真空压力表。这个标准不但适用于大众01M/01N阀体，也普遍适用于其他阀体。图7-1-24是真空测试设备的制作和校验。此设备可以自制，所有部件都可以从市场上购得。它们包括一台真空泵、一个0.1MPa的真空压力表、T形头和一个带调节口的连接管、塑料软管、一个橡皮头以及一个滤网。可以使用各种各样的真空泵，但要有效使用真空测试法，泵的真空容量必须达到3CFM，真空容量太小的泵会影响准确性。真空泵的读数会随着使用时间而发生变化，因此需要在每次使用前都进行校验。具体方法是取下塑料软管上的橡皮吸头，装上另一个橡皮头或其他任何堵头，只要其带有一个0.9mm直径的小孔，这时打开真空泵，看看真空读数是否能到20.3kPa，如果偏离了，就需要调整图7-1-24中所示金属连接管上的节流孔（这个管子可以在五金店买到现成的），直到读数回到20.3kPa，这样就完成了真空泵的校验，然后换上原来的橡皮吸头就可以进行真空测试了。有时候在使用过程中，阀体上的ATF以及其他杂质会被吸入软管中影响真空读数，因此，建议在使用真空测试法时，先吹干阀体，同时再在软管上接一个滤网，这样不但可以提高测量准确度，而且也会延长设备使用寿命。

图7-1-24　真空测试设备的制作和校验

真空测试法在其他阀体上的应用。真空测试法可以应用在很多阀体上，如果测试点像大众01M/01N阀体上的小节流孔，那就可以使用橡皮吸嘴来进行测试。如果测试点是不规则形状，则需使用SONNAX湿气测试板，板上有小孔，可以将橡皮嘴插入这个小孔对油路抽真空，而湿气测试板则封闭其余的区域。

图7-1-25所示为湿气测试板和真空测试用的橡皮吸嘴。图7-1-26检测5HP—19阀体上的TCC控制阀。

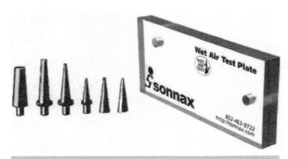

图7-1-25　湿气测试板和真空测试用的橡皮吸嘴

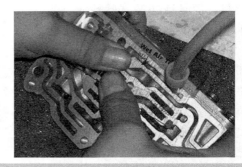

图7-1-26　检测5HP—19阀体上的TCC控制阀

AFL 阀孔很容易磨损，进而导致电磁阀工作不正常，很多人会忽略检查这个阀孔而误认为是电磁阀出了问题。现在只有在小节流孔处用真空吸一下就可以知道这里的磨损情况了。图 7-1-27 为测试 4T65E 阀体盖板上的 AFL 阀。

4T65E 阀体中还有几个常见的故障点可以用真空测试法来测量，效果很好，它们是图 7-1-28 中的增压阀；图 7-1-29 中的 TCC 锁止作用阀和图 7-1-30 中的 TCC 锁止调压阀。增压阀的磨损表现在阀套内部，用眼睛难以观测。它的磨损既会导致倒档冲击，也会导致升档乏力（尤其是 1—2 档），这主要是由于其阀套内部磨损区域的不同所造成的。因此，既需要测量其倒档油路，也需要测量其 EPC 油路以及低速/1 档油路。

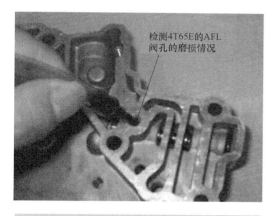

图 7-1-27　测试 4T65E 阀体盖板上的 AFL 阀

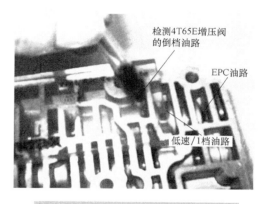

图 7-1-28　测试 4T65E 的增压阀油路

图 7-1-29　测试 4T65E 的 TCC 锁止阀油路

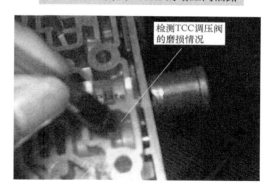

图 7-1-30　测试 4T65E 的 TCC 调压阀油路阀体

4T65E 的 TCC 调压阀油路阀体测试方法有很多，但目前还是真空测试法最实用和最有效。

任务二　ZF6HP×× 变速器 D 制动器设计原理、典型故障诊断与排除

一、ZF6HP×× 变速器 D 制动器设计原理

多年来，随着市场使用中信息反馈的变化，ZF 公司从结构与控制中（软件与硬件）也

经历了一次重大更新。因此在后市场维修中从 2006 年开始划分界限，也就是 2006 年前的 6HP—×× 为老款型号。2006 年后为新款型号。无论是新款还是老款，发现在 6HP—×× 变速器 5 个元件当中唯独制动器 D 在设计中出现了 D1、D2 两个制动器油缸，而且 D1、D2 两个制动器都设计了制动器控制阀和保持阀（相当于一个元件由 4 个阀门来控制），那么，这两个制动器（D1、D2）是基于什么设计理念，变速器在运行时 D1、D2 又是如何工作的，这是大家当前想要知道的问题。因此接下来就通过从该元件的作用、结构以及电子控制等几个方面充分解析制动器 D 的设计原理。

首先来认识一下制动器 D 这个元件在该变速器中的作用。在 6HP—×× 系列自动变速器中的制动器 D，也称 D1/倒档制动器，该制动器在 P—R—N—D1 位参与工作（图 7-2-1 和表 7-2-1）；它负责后排拉维娜行星齿轮机构行星架的制动与释放过程，当制动器 D 参与工作行星架被制动时，即可实现 D1/倒档的动力传递功能。

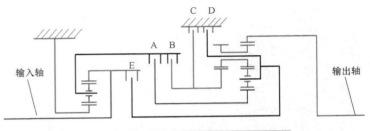

图 7-2-1　6HP××1 档、倒动力传递简图

表 7-2-1　6HP×× 档位分析

D1	D2	D3	D4	D5	D6	R
A	A	A	A	B	B	B
D	C	B	E	E	E	D

在电子控制中，6HP×× 系列变速器均具有打滑自适应功能，而这一功能的实现恰恰又是借助于制动器 D 来完成的。在车辆停止而发动机怠速运行时，会进行充油压力的自适应，即 ECU 慢慢降低离合器（或制动器）控制压力，直至识别出一定的打滑量，使变矩器的输出转矩以刚能"拉转"离合器或制动器为基准；通过压力的自适应适配，可以补偿换档执行元件摩擦系数的变化，并抑制冲击和挫车现象的出现，最终 ECU 通过学习并存储一个最佳值。具体来讲，当变速器未处于动力档（P 位/N 位）时，发动机刚刚起动后车辆静止状态（此时一定是制动停车状态），由于制动器 D 的工作会给输入轴（变矩器涡轮）一个轻微转矩的扰动，这一点微妙的变化瞬间就会被 ECU 识别到，因此这时 ECU 就进行了初期时的制动器 D 的自适应过程，而真正所谓的"打滑自学习"是发生在换动力档车辆未起步前。这也是经常所说的 N-D 和 N-R 的入档品质自学习，由于在没有换动力档之前制动器 D 早早就接合了，换前进档时离合器 A 通过调节来接合，换倒档时离合器 B 通过调节来接合。为了使每一次的换档感觉都能舒适地完成，在 6HP×× 系列变速器当中出于技术原因，制动器 D 就是借助打滑自适应来完成其最佳工作状态的学习过程，并通过不断地调节来满足自适应条件；当制动器 D 打开到一定打滑量出现程度时，执行元件就会再闭合。打滑自适应条件是，故障存储器内无故障存储、发动机怠速、ATF 温度在 75～100℃ 之间、踩下制动器并由 N 位入 D 位、车辆停止（识别出无车速的时间必须超过 6s），利用同样的方法来完成倒档位置的制动器 D 的自适应过程。为使打滑自适应学习值能被精确、快速计算出来，并在一定界限范围内得到快速的补偿修正；6HP×× 系列自动变速器的制动器 D 在设计中采用了

D1、D2两个控制液压缸，D1工作容积大，对压力反应较慢；而D2工作容积小、对压力反应较快；D1、D2在EDS-4电磁阀控制下同步工作，可使制动器D迅速完成打滑自适应过程。这一过程也体现在2-1档、停车制动时，是引发1-2档、2-1档、停车时冲击的根本原因之一。

另外，6HP××系列变速器还具有换档过程中的充油压力自适应功能（换档点自适应功能），除了制动器D没有此项功能外，其他4个元件（A、B、C、E）均具备充油压力的自适应功能，也是通过涡轮转速曲线，即所谓的切入点与转速梯度来确定自适应压力值。这是因为当变速器换档传动比改变时发动机转速都会有微量的变化，继而对输入轴（涡轮）转速也形成转速上的变化，这样，ECU在完成换档品质控制功能的基础上也完成了参与的换档执行元件本身的自适应，而在6HP××系列自动变速器5个元件中的制动器C，还具备最明显的快速自适应元件。那么，这一功能的实现完全是借助于该变速器对终端换档执行元件的控制，采用一对一功能来实现的（老款仅有EDS4电磁阀既控制制动器D，还要控制离合器E）结果。其实就是在6HP××系列变速器中的各离合器或制动器控制压力与各个对应电磁阀的控制电流之间的关系，在设计上是由电磁阀工作特性曲线和随动液压滑阀来确定的，这些特性曲线取决于某些部件的实际公差，并随使用程度而不断变化并适时得以修正。

总而言之，无论是打滑自适应功能，还是换档自适应功能，ECU总是要学习电磁阀电流与阀门弹簧硬度以及终端元件所确定的压力之间的对应关系。制动器D打滑量由TCM根据输入轴转速传感器G182信号，通过精确计算涡轮转速获得，并由TCM控制电磁阀EDS-4的控制电流，使打滑量与电磁阀EDS-4控制电流之间，形成一个较完美的比例关系，这就算完成了打滑自适应学习过程（在维修时可观察相应的数据流组验证）。自动变速器在行驶过程中，除了换档点自适应外，还会进行换档元件A、B、C和E的脉动自适应，也就是说，各换档元件根据实际控制需要，将以脉动形式即有节奏地激活工作；由于离合器E负责输入轴与后排那维拉行星齿轮机构行星架的连接与释放，离合器E接合时方可实现4/5/6档动力传递功能，与制动器D没有条件冲突。因此老款6HP—××变速器的制动器D可与离合器E公用电磁阀EDS-4控制；那么ECU则采用分段记忆、档位激活的法则工作（通过该变速器油路图可知）。接下来，通过制动器D的实物结合其工作油路再次进行学习总结。

目前，一些新型自动变速器的离合器结构有所变化，那就是通过使用一个俗称"副活塞"（在6HP里翻译过来叫挡板）的元件与离合器主活塞间形成动态离心压力腔（也叫压力平衡腔），注意这个"副活塞"仅有外部密封圈并没有内部密封圈，由于离合器属于旋转部件，因此借助于两个活塞之间的离心压力来实现元件接合时的缓冲及释放过程，最终目的是改善换档质量（利用平衡腔内的动态离心油压为主活塞内的油压实现缓冲）。而在6HP××变速器当中A、B、E均是带有压力平衡腔的离合器，但在制动器上使用两个活塞目前还是首例。而在6HP××变速器里制动器D就是使用两个活塞（一大一小），如图7-2-2和图7-2-3所示。

在制动器D未解体之前，进行该元件的加压试验，如图7-2-4所示。从整个结构（小活塞D2安装在大活塞D1里面，然后是碟形回位弹簧及卡簧）及压力试验后的结果看到主活塞（大活塞）D1工作后的复位过程是靠碟形弹簧来实现的，而通过D2活塞供油孔给小活塞D2打压再次释放后碟形弹簧并不能使D2复位，必须再次给D1加压后一起使D1和D2同时回位。

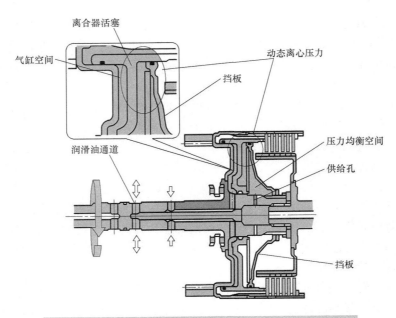

图 7-2-2　新式离合器的结构原理图（6HP 中的 E 离合器）

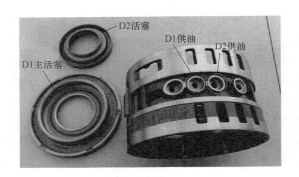

图 7-2-3　制动器 D 结构实物图

图 7-2-4　制动器 D 活塞 D1 和 D2 供油孔位置

与离合器不同的是，活塞 D2 内外均有密封圈，否则是不会动作的，它不像离合器那样能够旋转并借助动态离心压力来实现缓冲能力。D2 活塞的外密封圈安装在活塞 D1 的内侧，内密封圈安装在制动器 D 鼓上，这样在 D1 和 D2 之间就形成一个密封空间，当有油压进入时 D2 就会在 D1 上动作。D2 动作后并不能使制动器 D 摩擦组件接合产生摩擦力。只有当油压作用到 D1 活塞室里，制动器 D 摩擦组件才能正式工作，产生足够的摩擦力将行星排中的行星架制动，才能实现前进 1 档和倒档功能。很明显，假如 D2 油缸先进油或与 D1 同时进油，当 D1 动作时，D2 内的平衡压力就会给 D1 活塞移动时一个缓冲作用，最终得以使该行星排中的行星架平稳制动，这在变速器进行 2-1 档时起到了换档平顺的效果。另外，D1 单独工作时，D2 也不受影响，同时即使 D2 始终进油也不影响变速器各档位的切换，因此在制动器 D 进行打滑自适应和 2-1 档时，D2 都发挥了极其重要的作用，如图 7-2-5 和图 7-2-6 所示。

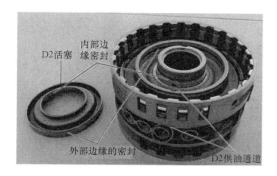

图 7-2-5　制动器 D 活塞 D2 及供油

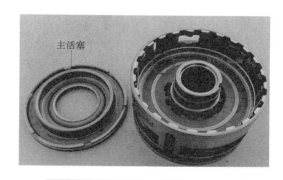

图 7-2-6　制动器 D 活塞 D1 及供油

接下来从液压油路方面看一下制动器 D 在不同档位下的工作状态。其实 6HP×× 系列变速器液压油路方面有 4 个版本（大体是各有两个版本即新款和老款）：老款两种即电子变速杆和非电子变速杆；新款两种即电子变速杆和非电子变速杆。最关键的并不是带不带电子变速杆，而在于新款和老款的 5 个换档执行元件与之对应控制的高频率电磁阀上的区别，那就是老款的 6HP 中 EDS4 号电磁阀既控制制动器 D，同时还控制离合器 E，而新款的 6HP 当中制动器 D 是由 EDS6 号电磁阀控制，离合器 E 仍然是由 EDS4 号电磁阀来控制，所有元件均采用独立控制式。就制动器 D 来说，早期的 EDS4 是一个反比例控制类型的高频率电磁阀。而新型的 EDS6 则是一个正比例控制类型的高频率电磁阀。因此不同时期的制动器 D 的油路控制区别还是比较大的。

在老款 6HP 系列变速器中并没有对制动器 D 的 D1 和 D2 有过多的描述，无论是从制动器 D 机械结构还是从其液压油路进行分析，都要比新型 6HP 系列（D 是独立控制）中"D"制动器的控制策略差得很多。所以说制动器 D 的 D1 和 D2 更容易在新型 6HP 当中显而易见地暴露出其设计原理来。这样，就分别从制动器 D 的老款与新款油路中来探索其设计上的真正用意。早期 6HP 的制动器 D 油路的接合与释放过程，从换档执行元件工作状态表可知，制动器 D 是在 P、R、N、D1 位置工作的，见表 7-2-2，如图 7-2-7 所示，而在其他档位均是分离状态，同时也并没有对制动器 D 的 D1 和 D2 有任何说明。在 P 或 N 位起动发动机时，制动器 D 瞬间接合由于无其他元件参与，因此无动力传递过程，不必考虑其因压力的高低或与接合速度的关系而引起车身的振动，但由于制动器 D 的工作加之车辆输出部分是处于静止状态，因此也会给输入部分的涡轮一个很小的转矩扰动，这样 ECU 也会对制动器 D 的接合有一个压力调节的自适应过程。

表 7-2-2　老款非电子变速杆式 6HP 换档元件与电磁阀工作状态表

位置/档位	电磁阀工作逻辑									离合器工作逻辑					
	MV			P – EDS						传动离合器				制动离合器	
	1	2	3	1	2	3	4	5	6	A	B	E	WK	C	D
P = 驻车档位							x	-x-							•
R = 倒车档位	x	x	x				x	-x-			•				•
N = 空档位	x	x	x				x	-x-							•
D1 档	x	x	x			x		-x-	-x-	•		•			•
D2 档	x	x				x		-x-	-x-	•			•		
D3 档	x				x			-x-	-x-	•	•				
D4 档	x							-x-	-x-		•	•			
D5 档		x		x				-x-	-x-		•		•		
D6 档		x						-x-	-x-			•	•		

x　已启动；
-x-　视情况而定的控制；
●　已关闭。

换前进档或换倒档后，如果变速器在未满足打滑自适应要求时，制动器 D 处于一个保持状态，其工作压力处于满足前进 1 档或倒档的起步转矩就足够了；如果在满足变速器打滑自适应要求（油温、怠速、从 N 位开始信息、制动时间保持信息、故障存储器状态等）执行该项目操作时，ECU 会逐渐提高 EDS4 电磁阀的控制电流，以降低制动器 D 控制压力，一直到其有滑转（微量打滑在 5～20r/min）然后逐渐降低 EDS4 电磁阀的控制电流，使制动器 D 再接合（信息监控是通过输入轴转速传感器 G182 精确计算到的），通过反复的接合与分离过程，ECU 最终确定并得到一个最佳精准自适应匹配值，同时也完成了制动器 D 打滑自适应的过程。

当变速器离开倒档和前进 1 档进入 2、3、4、5、6 档后，制动器 D 一直处于分离状态，如图 7-2-8 所示，也就是 D1 压力腔和 D2 压力腔均没有油压保持。

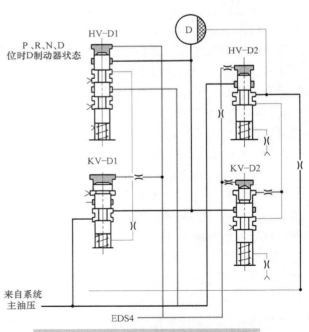

图 7-2-7　制动器 D 起动发动机后的状态

项目七 自动变速器电液控制系统检修 | 273

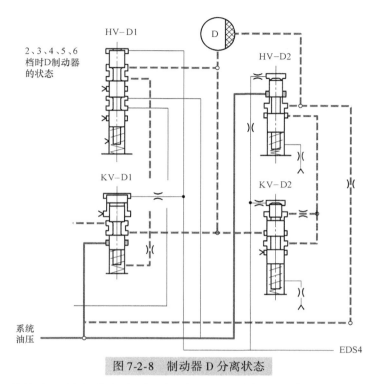

图 7-2-8 制动器 D 分离状态

从制动器 D 的接合及分离状态来看，似乎看不出该制动器使用 D1 和 D2 两个油腔的真实用意，其实并不是这样，刚才只是看了制动器 D 的初期接合过程和其他档位的释放过程，但并没有去学习它再次重新起动过程，那就是当变速器执行 2-1 档时和前面已经讲过的原地打滑自适应过程，如图 7-2-9 所示。当变速器执行 2-1 档时，制动器 D 首先要完成其预充油过程，这个过程是变速器即将要切换到 1 档前来完成的，此时制动器 D 的 D1 油路完成的基础油压（预充油）还不能足以使活塞 D1 动作，恰恰是处于要动作的临界点，这时，由 ECU 对 EDS4 电磁阀的电流控制的 D2 油腔也充入了一点压力油，当切换 1 档的瞬间 ECU 要通过 EDS4 完成制动器 D 的快速充油时间，此时由于 D2 油腔有预存油压力，该压力便给 D1 内的系统工作压力实现一个缓冲，制动器 D 完成平

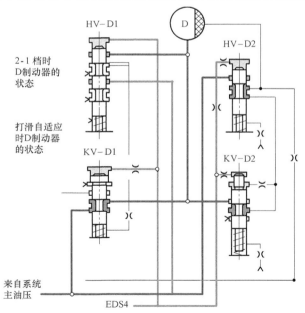

图 7-2-9 制动器 D 重新起动过程
（并不是重新起动发动机过程）

稳接合过程，这样就避免了2—1档时的冲击。当该变速器打滑自适应学习时（N—D 或 N—R），ECU 也是不断通过改变 EDS4 电磁阀电流大小来实现这一过程的，那么在改变电磁阀电流大小过程中，就会使"D"制动器 D2 腔进油，因此当制动器 D 每一次重新接合时 D2 腔的平衡压力也会给 D1 压力腔的油压一个缓冲，同时由于反作用力的原因也加快了制动器 D 的打滑自适应过程，让制动器 D 尽快完成自学习（注意：在 2—1 档及打滑自适应方面的缓冲控制并不理想，这是因为 D2 腔并没有提前的预充油过程）。

综上所述，我们基本掌握了老款 6HP 系列变速器在制动器 D 中使用 D1 和 D2 两个压力腔的设计原理。大体来讲，D1 是工作腔而 D2 是平衡腔，因此其真正目的不是要尽快完成制动器 D 的打滑自适应功能，而是要保证变速器 2—1 档时的换档品质，但由于设计上的问题，ECU 对 EDS4 不能采用分段记忆控制功能，换句话讲，就不能让一个 EDS4 分别控制 E 和 D 两个元件，这样大家便会知道早期车辆常犯的 2—1 档冲击故障原因了。

最后来看一下新款 6HP 系列变速器对制动器 D 的控制，根据其换档执行元件工作状态表便可知道制动器 D 的 D1 和 D2 两个油压腔在不同档位时的状态，见表 7-2-3。

表 7-2-3　新款非电子变速杆式 6HP 换档元件与电磁阀工作状态表

档位	压力控制逻辑 P-EDS							离合器逻辑 离合器				制动器		
	1	2	3	4	5	6	7	A	B	E	WK	C	D1	D2
P = 驻车档	0	0	0	0	0	1	0	0	0	0	0	0	1	0
R = 倒档	0	0	1	0	0	1	+/−	0	1	0	0	0	1	0
N = 空档	0	0	0	0	0	1	0	0	0	0	0	0	1	1
D1	1	+/−	0	0	0	1	+/−	1	0	0	+/−	0	1	0
D2	1	+/−	0	0	1	0	+/−	1	0	0	+/−	1	0	1
D3	1	+/−	1	0	0	0	+/−	1	1	0	+/−	0	0	1
D4	1	+/−	0	1	0	0	+/−	1	0	1	+/−	0	0	1
D5	0	+/−	1	1	0	0	+/−	0	1	1	+/−	0	0	1
D6	0	+/−	0	1	1	0	+/−	0	0	1	+/−	1	0	1
紧急倒档	0	0	1	0	0	0	1	0	1	0	1	0	1	0
紧急3档	0	0	1	0	0	0	1	1	1	0	1	0	0	1
紧急5档	0	0	1	0	0	0	1	0	1	1	1	0	0	1

在新款 6HP 系列变速器当中，对制动器 D 的 D1 和 D2 有了详细的说明，与老款 6HP 系列变速器相同的是，当变速器处于 P、R、D 1 档时，油压仅通过 D1 油压腔进入使其工作的，如图 7-2-10 所示，而不同的是当变速器执行在其他前进档位时以及变速杆处于 N 位时，D2 腔内是有预存油压的，同时独立控制制动器 D 的 EDS6 是一个正比例控制类型的电磁阀，控制油路也有所不同。

当变速器离开前进 1 档切换进入到 2、3、4、5、6 档后，虽然制动器 D 是分离状态（D1 压力腔无工作油压），但 D2 腔内仍然建立着预存油压力，如图 7-2-11 所示。这样，当变速器再次启动 2—1 档时，制动器 D 的接合一定相当平顺，提高了变速器的 2—1 档感觉。

当变速器变速杆处于 N 位时，ECU 驱动 EDS6 电磁阀又是在一个范围内的控制电流，此时系统油压即可进入制动器 D 的 D1 油压腔内，同时也进入到 D2 油压腔内，如图 7-2-12 所示，这种设计恰恰是为了尽快满足该变速器对制动器 D 的打滑自适应，也恰好弥补了老款变速器在这方面的不足。

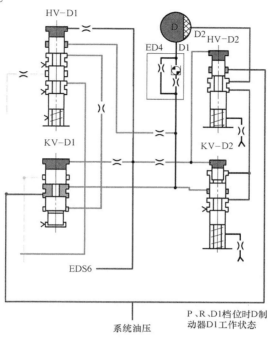

图 7-2-10 制动器 D 在 P 位起动发动机后及换入 R 位或 D 位 1 档时的状态

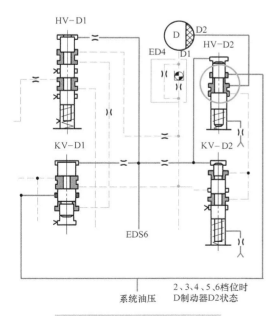

图 7-2-11 制动器 D 在其他前进档位时的状态

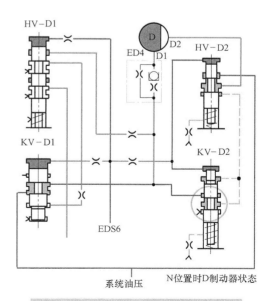

图 7-2-12 制动器 D 在 N 位时的状态

[小结] 新款6HP系类变速器的制动器D采用D1和D2两个油压腔的设计，既保证了自动变速器2—1档的平顺性，同时也真正满足了该变速器的打滑自适应要求。因此在维修中大家就会发现2—1档冲击的故障在新款6HP中不见了，并且大修变速器或更换变速器主要部件后的自适应很快就完成了。

从老款到新款，6HP变速器制动器D采用D1和D2两个油压腔的设计在新款中表现更为突出。

二、自动变速器典型故障诊断与排除

汽车自动变速器在使用中随着技术状况的下降会出现一系列故障，常见的故障会通过一定的现象特征表现出来，不同车型由于结构不同，其故障原因也会不同，但故障产生的常见原因和诊断排除方法是基本相同的。

1. 汽车不能行驶故障的诊断

（1）故障现象

1）无论变速杆位于倒档、前进档或前进低档，汽车都不能行驶。

2）冷车起动后汽车能行驶一小段路程，但热车状态下汽车不能行驶。

（2）故障原因

1）自动变速杆油底渗漏，液压油全部漏光。

2）变速杆和手动阀摇臂之间的连杆或拉索松脱，手动阀保持在空档或停车档位置。

3）油泵进油滤网堵塞。

4）主油路严重泄漏。

5）油泵损坏。

（3）故障诊断与排除

1）检查自动变速器内有无液压油。其方法是拔出自动变速杆的油尺，观察油尺上有无液压油。若油尺上没有液压油，说明自动变速杆内的液压油已漏光。对此，应检查油底壳、液压油散热器、油管等处有无破损。如漏油严重，应修复后重新加油。

2）检查自动变速器变速杆与手动阀摇臂之间的连杆或拉索是否松脱。如果松脱，应予以装复，并重新调整好变速杆的位置。

3）拆下主油路测压孔上的螺塞，起动发动机，将变速杆拨至前进档或倒档位置，检查测压孔内有无液压油流出。

4）若主油路测压孔内没有液压油流出，应打开油底壳，检查手动阀摇臂轴与摇臂间有无松脱，手动阀阀芯有无折断或脱钩。若手动阀工作正常，则说明油泵损坏。对此，应拆卸分解自动变速器，更换油泵。

5）若主油路测压孔内只有少量液压油流出，油压很低或基本上没有油压，应打开油底壳，检查油泵进油滤网有无堵塞。如无堵塞，说明油泵损坏或主油路严重泄漏。对此，应拆卸分解自动变速器，予以修理。

6）若冷车起动时主油路有一定的油压，但热车后油压明显下降，说明油泵磨损过甚。对此，应更换油泵。

7）若测压孔内有大量液压油喷出，说明主油路油压正常，故障出在自动变速器中的输入轴、行星排或输出轴。对此，应拆检自动变速器。

汽车不能行驶的故障诊断与排除流程如图 7-2-13 所示。

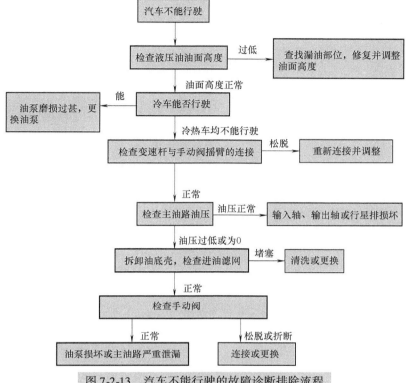

图 7-2-13　汽车不能行驶的故障诊断排除流程

2. 无前进档故障的诊断

（1）故障现象

1）汽车倒档行驶正常，在前进档时不能行驶。

2）变速杆在 D 位时不能起步，在 S 位、L 位（或 2 位、1 位）时可以起步。

3）前进离合器严重打滑。

4）前进单向超越离合器打滑或装反。

5）前进离合器油路严重泄漏。

6）变速杆调整不当。

（2）故障诊断与排除

1）检查变速杆的调整情况。如果异常，应按规定程序重新调整。

2）测量前进档主油路油压。若油压过低，说明主油路严重泄漏，应拆检自动变速器，更换前进档油路上各处的密封圈和密封环。

3）若前进档的主油路油压正常，应拆检前进离合器。如摩擦片表面粉末冶金有烧焦或磨损过甚，应更换摩擦片。

4）若主油路油压和前进离合器均正常，则应拆检前进单向超越离合器，按照自动变速器维修手册所述方法检查前进单向超越离合器的安装方向是否正确以及有无打滑。如果装反，应重新安装；如果打滑，应更换新件。

自动变速器无前进档故障诊断与排除流程如图 7-2-14 所示。

3. 无倒档故障的诊断

（1）故障现象

汽车在前进档时能正常行驶，但在倒档时不能行驶。

（2）故障原因

1）变速杆调整不当。
2）倒档油路泄漏。
3）倒档及高档离合器或低档及倒档制动器打滑。

（3）故障诊断与排除

1）检查变速杆的位置。如果异常，应按规定程序重新调整。

2）检查倒档油路油压。若油压过低，则说明倒档油路泄漏。对此，应拆检自动变速器，予以修复。

3）若倒档油路油压正常，应拆检自动变速器，更换损坏的离合器片或制动带。自动变速器无倒档故障诊断与排除流程如图7-2-15所示。

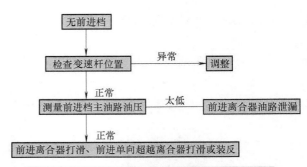

图7-2-14　自动变速器无前进档故障排除流程

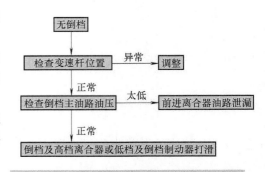

图7-2-15　自动变速器无倒档故障排除流程

4. 自动变速器打滑故障的诊断

（1）故障现象

1）起步时踩下加速踏板，发动机转速很快升高，但车速升高缓慢。
2）行驶中踩下加速踏板加速时，发动机转速升高，但车速没有很快地提高。
3）平路行驶基本正常，但上坡无力，且发动机转速很高。

（2）故障原因

1）液压油油面太低。
2）液压油油面太高，运转中被行星排剧烈搅动后产生大量气泡。
3）离合器或制动器摩擦片、制动带磨损过度或烧焦。
4）油泵磨损过度或主油路泄漏，造成油路油压过低。
5）单向超越离合器打滑。
6）离合器或制动器活塞密封圈损坏，导致漏油。
7）减振器活塞密封圈损坏，导致漏油。

（3）故障诊断与排除

打滑是自动变速器常见故障之一。虽然自动变速器打滑往往都伴有离合器或制动器摩擦片严重磨损甚至烧焦等现象，但如果只是简单地更换磨损的摩擦片而没有找出打滑的真正原因，则会使维修后的自动变速器使用一段时间后又出现打滑现象。因此，对于出现打滑的自动变速器，不要急于拆卸分解，应先做各种检查测试，以找出造成打滑的真正原因。

1）对于出现打滑现象的自动变速器，应先检查其液压油的油面高度和品质。若油面过低或过高，应先调整至正常后再做检查。若油面调整正常后自动变速器不再打滑，可不必拆修自动变速器。

2）检查液压油的品质。若液压油呈棕黑色或有烧焦味，说明离合器或制动器的摩擦片或制动带有烧焦，应拆修自动变速器。

3）做路试，以确定自动变速器是否打滑，并检查出现打滑的档位和打滑的程度。将变速杆拨入不同的位置，让汽车行驶，若自动变速器升至某一档位时发动机转速突然升高，但车速没有相应地提高，即说明该档位有打滑。打滑时，发动机的转速愈高，说明打滑愈严重。

根据出现打滑的规律，还可以判断是哪一个换档执行元件产生打滑的：

① 若自动变速器在所有前进档都有打滑现象，则为前进离合器打滑。

② 若自动变速器在变速杆位于 D 位时的 1 档有打滑，而在变速杆位于 L 位或 1 位时的 1 档不打滑，则为前进单向超越离合器打滑。若不论变速杆位于 D 位或 L 位或 1 位时，1 档都有打滑现象，则为低档及倒档制动器打滑。

③ 若自动变速器只在变速杆位于 D 位时的 2 档有打滑，而在变速杆位于 S 位或 2 位时的 2 档不打滑，则为 2 档单向超越离合器打滑。若不论变速杆位于 D 位或 S 位或 2 位时，2 档都有打滑现象，则为 2 档制动器打滑。

④ 若自动变速器只在 3 档有打滑现象，则为倒档及高档离合器打滑。

⑤ 若自动变速器只在超速档时有打滑现象，则为超速制动器打滑。

⑥ 若自动变速器在倒档和高档时都有打滑现象，则为倒档及高档离合器打滑。

⑦ 若自动变速器在倒档和 1 档时都有打滑现象，则为低档及倒档制动器打滑。

4）对于有打滑故障的自动变速器，在拆卸分解之前，应先检查自动变速器的主油路油压，找出造成自动变速器打滑的原因。自动变速器不论前进档或倒档均打滑，其原因往往是主油路油压过低。若主油路油压正常，则只要更换磨损或烧焦的摩擦元件即可。若主油路油压不正常，则在拆修自动变速器的过程中，应根据主油路油压，相应地对油泵或阀根据具体情况进行检修，并更换自动变速器所有的密封圈和密封环。

自动变速器打滑故障诊断与排除流程如图 7-2-16 所示。

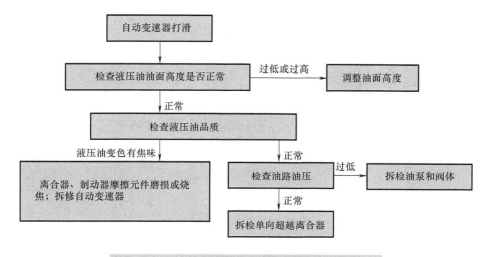

图 7-2-16　自动变速器打滑故障诊断与排除流程

5. 无发动机制动故障的诊断

（1）故障现象

1）在行驶中，当变速杆位于前进低档（S、L 或 2、1）位置时，松开加速踏板，发动机转速降至怠速，但汽车没有明显减速。

2）下坡时，变速杆位于前进低档，但不能产生发动机制动作用。

（2）故障原因

1）档位开关调整不当。

2）变速杆调整不当。

3）2 档强制制动器打滑或低档及倒档制动器打滑。

4）控制发动机制动的电磁阀有故障。

5）阀板有故障。

6）自动变速器打滑。

7）ECU 有故障。

（3）故障诊断与排除

1）对于电子控制自动变速器，应先进行故障自诊断，按所显示的故障码查找故障原因。

2）做道路试验，检查加速时自动变速器有无打滑现象。如有打滑，应拆修自动变速器。

3）如果变速杆位于 S 位时没有发动机制动作用，但变速杆位于 L 位时有发动机制动作用，则说明 2 档强制制动器打滑，应拆修自动变速器。

4）如果变速杆位于 L 位时没有发动机制动作用，但变速杆位于 S 位时有发动机制动作用，则说明低档及倒档制动器打滑，应拆修自动变速器。

5）检查控制发动机制动的电磁阀线路有无短路或断路；电磁阀线圈电阻是否正常；通电后有无工作声音。如有异常，应修复或更换。

6）拆卸阀板总成，清洗所有控制阀。阀心如有卡滞可抛光后装复。如抛光后仍有卡滞，应更换阀板。

7）检测 ECU 各端子电压。要特别注意与节气位置传感器、档位开关连接的各端子的电压。如有异常，应进一步检查。

8）更换一个新的 ECU 试一下。如果故障消失，说明原 ECU 损坏，应更换。自动变速器无发动机制动故障诊断与排除流程如图 7-2-17 所示。

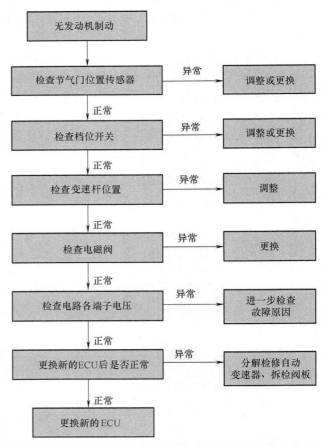

图 7-2-17　自动变速器无发动机制动故障诊断与排除流程

6. 无锁止故障的诊断

（1）故障现象

1）汽车行驶中，车速、档位已满足锁止离合器起作用的条件，但锁止离合器仍没有产生锁止作用。

2）汽车油耗较大。

（2）故障原因

1）液压油温度传感器有故障。

2）节气门位置传感器有故障。

3）锁止电磁阀有故障或线路短路、断路。

4）锁止控制阀有故障。

5）变矩器中的锁止离合器损坏。

（3）故障诊断与排除

1）对于电子控制自动变速器，应先进行故障自诊断，检查有无故障码。如有故障码，则可按显示的故障码查找相应的故障原因。与锁止控制有关的部件包括液压油温度传感器、节气门位置传感器、锁止电磁阀等。

2）检查节气门位置传感器。如果在一定节气门开度下的节气门位置传感器输出电压过高或电位计电阻过大，应予以调整。若调整无效，应更换节气门位置传感器。

3）打开油底壳，拆下液压油温度传感器。检测液压油温度传感器。如不符合标准，应更换液压油温度传感器。

4）测量锁止电磁阀。如有短路或断路，应检查电路。如电路正常，则应更换电磁阀。

5）拆下锁止电磁阀，进行检查。如有异常，应予以更换。

6）拆下阀板。分解并清洗锁止控制阀。如有卡滞，应抛光装复。如不能修复，应更换阀板。

7）若控制系统无故障，则应更换变矩器。

自动变速器无锁止故障诊断与排除流程如图 7-2-18 所示。

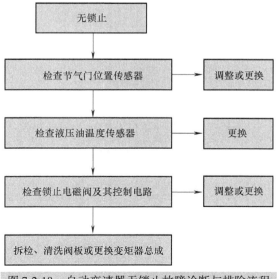

图 7-2-18　自动变速器无锁止故障诊断与排除流程

案例链接（二） 车辆行驶无力，热车时尤其明显

[车型] 丰田皇冠3.0，自动变速器型号是A340E。

[故障现象] 该车冷车时动力尚可，热车时行驶无力，一个小台阶要深踩加速踏板才能爬上去。在起步时，要深踩加速踏板，给油充分才可慢慢起步，行驶时车辆行驶无力，车速可达到80km/h。

[诊断与排除] 从故障现象上分析，故障应由液压油泄漏引起的。为进一步判断故障，通过对自动变速器做失速、时滞、液压试验，确定故障的具体部位。

起动发动机，让车辆上路运行，待发动机达到正常工作温度，自动变速油温达到70~80℃，检查自动变速器油面正常，调整发动机怠速转速（约为800r/min）；拉紧驻车制动器，并用垫木垫住4个车轮。

(1) 失速试验

左脚踩住制动踏板，起动发动机，将自动变速器变速杆换至D位，然后用右脚将加速踏板快速踩到底，读取发动机转速。标准值为（2350±150）r/min，而该车却达到2800 r/min；同样，试验R位失速转速也为2800r/min。R位和D位的失速转速均比标准值高的原因有自动变速器管路压力过低；O/D单向离合器故障。

(2) 时滞试验

起动发动机，踩住制动踏板，将自动变速器变速杆从N位分别换至D位和R位，用秒表记下从将变速杆移到档位到有振动感觉的时间。D位迟滞时间的标准值为1.2s，R位迟滞时间的标准值为1.5s。经检查，时滞时间均长于标准值。R、D位迟滞时间均过长的原因有自动变速器管路压力过低；O/D单向离合器故障。

(3) 液压试验

将液压油压力表接到自动变速器主油道上，起动发动机，分别记录下D位和R位在怠速和失速时的油压值。标准值：D位，怠速时为363~422kPa，失速时为902~1147kPa；R位，怠速时为500~598kPa，失速时为1236~1589kPa。实际测试值均比标准值低。

引起R位、D位油压值较低的原因如下：

1) 节气门拉线失调。
2) 节气门阀失效。
3) 调速阀失效。
4) 油泵失效。
5) O/D直接离合器失效。

分析失速、迟滞、液压试验结果，结合车辆道路试验的实际情况，可判定自动变速器油泵有故障。将自动变速器拆下，松开油泵总成固定螺栓后，取出油泵总成。解体油泵总成，取出卸压阀和弹簧，检查正常，对油泵进行检测，其中，油泵主、从动齿轮的间隙，标准值为0.07~0.15mm，极限值为0.3mm；油泵从动齿齿顶与月牙板之间的间隙，标准值为0.11~0.14mm，极限值为0.3mm；油泵主、从动齿轮与泵体的端隙，标准值为0.05~0.2mm，极限值为0.3mm。经检测，油泵的从动齿与油泵壳体之间的间隙、从动齿齿顶与月牙板之间的间隙均较大，但未超限；主、从动齿轮与泵体的端隙达到0.4mm，已超限。这样，就可确定故障是由油泵磨损引起的，而不需要拆检阀体、离合器、制动器等部件了。更

换油泵后，故障排除。

案例链接（三）雷克萨斯300，AT维修后不能行驶，熄火几分钟后又可行驶

[**车型**] 雷克萨斯300，自动变速器为A341E型。

[**故障现象**] 一辆雷克萨斯300的自动变速器在解体修理后，两天内行驶正常。两天后再行驶中突然出现发动机继续工作而车辆不能行驶的故障。此时，关掉发动机停5~6min后，再重新起动发动机，车辆又能正常行驶。但行驶一段时间后又重复上述故障。

[**诊断与排除**] 在检查中发现，正常行驶时油面正常，而不能行驶时油面指示偏高，观察油中有许多泡沫，油温也偏高。

拆下变速器油底壳，发现有许多金属磨粒和杂质，再仔细观察滤网，上面同样附有许多金属磨粒和其他杂质。首先对油质进行了检查。该车所用是DEXRON—IIATF220型油。发现其色泽与优质油差不多，但黏度和气味相差很大。于是，清洗滤网后更换了优质自动变速器油，该车一直运行正常。新修自动变速器正处于走合期，磨粒比较多，加上劣质油的作用，使磨损加剧。当油泵工作时，许多磨粒和其他杂质附着在滤网上，将滤网堵死，油泵不能将油泵入液压管路内，使车辆不能运动，而此时油流回油底壳，使油面增加。当关闭发动机后，附着在滤网上的一些杂质下沉；重新起动发动机后，油又能进入滤网，车辆又能正常行驶，直到滤网堵住。

案例链接（四）雪佛兰景程2.0（1档升2档提速缓慢，并且3档升不上4档）

[**报修**] 雪佛兰景程2.0，搭载4HP—16自动变速器，汽车已经行驶105 000km。故障诊断及检修见表7-2-4。

表7-2-4 雪佛兰景程1档升2档提速缓慢，并且3档升不上4档诊断及检修

序号	过程描述	图例
1	故障起因，在11月15日，车主曾经打过电话说：汽车出现提速慢现象。当时汽车在外地，12月1日回来做模拟路试；1-2档缓慢，2-3档正常，然后再升4档就出现"闯车"冲击，故障灯闪一下。如果均匀加速有4档，快加速不升4档并且上坡无力 诊断：接诊断仪，先外部电路检查。油压试验正常，时滞试验2档、4档有问题。做动态数据流分析时，发动机3000r/min、48km/h还在3档。存储故障码为P0783，清除后试车故障码又出现。查资料，3-4档故障 至此，决定将自动变速器解体检查。为了配件方便，需要查看自动变速器型号	查看自动变速器型号
2	从自动变速器里放出来的油变颜色了，是近期高温所致	这是雪佛兰景程高温故障自动变速器里放出自动变速器油颜色变成了凉茶色

（续）

序号	过程描述	图例
3	将液力变矩器剖开后发现摩擦材料也磨光了	压盘背面的摩擦材料都磨光了
4	发现2-4档制动器的活塞内裙上有10mm的一个破口。根据故障现象分析，考虑4HP16为辛普森改进型自动变速器确认制动器B1活塞出问题。这个制动器刚好就是在2档和4档时制动前太阳轮的，当活塞裙部漏油导致在2档和4档制动力矩不足而打滑。当然2档提速慢、也没有4档。后来更换了损坏零件，试车，故障排除	发现故障点是：2-4档制动器活塞内裙上有10mm宽的缺口

综合练习

（一）填空题

1. 自动变速器失速试验时，应把变速器油温升到并保持在正常油温，每次连续试验时间不超过_____s。

2. 主油路油压试验时，前进档油压_____倒档油压。

3. 自动变速器从低档换高档瞬间，发动机转速将_____，从高档换低档瞬间，发动机转速将_____。

4. 发动机只能在P位、N位才能起动，如果在P位、N位以外的档位能起动发动机，则应调整_____。

（二）选择题

1. 讨论检查ATF（自动变速器油）时，同学甲说："如果ATF呈深褐色并有烧焦的味道，那么ATF已经过热了。"同学乙说："若ATF呈乳白色，这说明发动机冷却液已泄漏到ATF的冷却器中。"请问谁正确？   （   ）
   A. 甲正确　　　B. 乙正确　　　C. 两人均正确　　　D. 两人均不正确

2. 甲同学说："自动变速器油面过低，则油泵在吸油时可能吸入空气，将使换档过程中出现打滑和接合延迟现象，并使变速器发热和加速磨损。"乙同学说："若油面过高，也将会因齿轮等零件部件搅拌而形成泡沫，同样也会产生过热和打滑，加速油液的氧化。"请问谁正确？   （   ）
   A. 仅甲正确　　　B. 仅乙正确　　　C. 甲和乙都正确　　　D. 甲和乙都不正确

3. 甲同学说："在具体进行自动变速器的故障诊断和维修之前，首先要搞清楚维修的是哪一类型（液力或电控）自动变速器。"乙同学说："不管是哪一类自动变速器，都要先拆解自动变速器。"请问谁正确？ （　　）

A. 仅甲正确　　B. 仅乙正确　　C. 甲和乙都正确　　D. 甲和乙都不正确

4. 甲同学说："就电控自动变速器故障诊断来说，首先要按照电子控制系统、液压控制系统和机械系统依次诊断，确定故障部位。"乙同学说："首先要进行自动变速器的基本检查和调整，然后按照电子控制系统，液压控制系统和机械系统依次诊断，确定故障部位。"请问谁正确？ （　　）

A. 仅甲正确　　B. 仅乙正确　　C. 甲和乙都正确　　D. 甲和乙都不正确

（三）问答题

1. 前进档和倒档均主油压偏低的原因是什么？
2. 如何检查自动变速器有无发动机制动作用？
3. 在6HP××系列自动变速器中的制动器D设计优点是什么？

参 考 文 献

[1] 薛庆文，闫冬梅. 汽车自动变速器原理与检修教程 [M]. 北京：机械工业出版社，2013.
[2] 徐家顺. 自动变速器动力分析与故障诊断 拉维娜式分册 彩色图解 [M]. 北京：机械工业出版社，2014.
[3] 徐家顺. 自动变速器动力分析与故障诊断 复合式分册 彩色图解 [M]. 北京：机械工业出版社，2014.

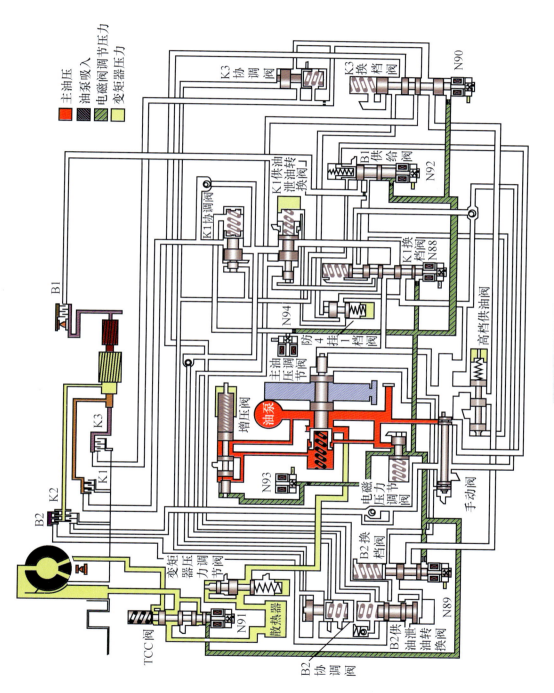

彩图 1 P 位油路

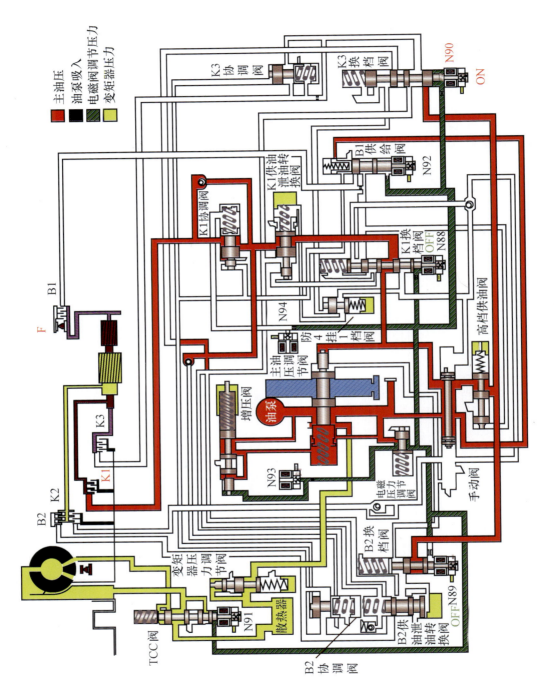

彩图 2 D1 档油路

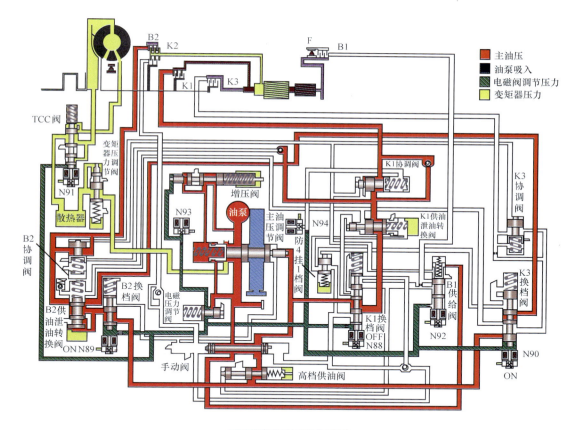

彩图 3　D2 档油路

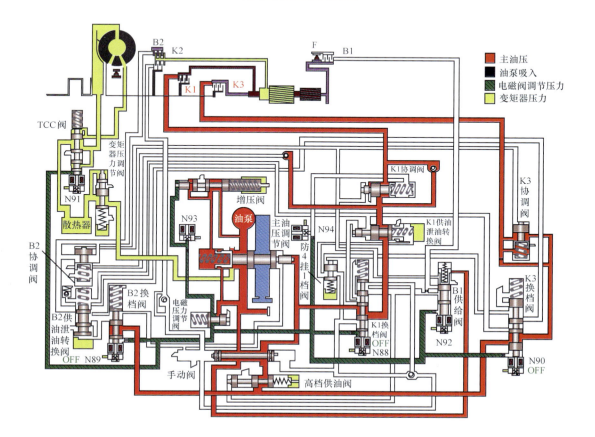

彩图 4　D3 档油路

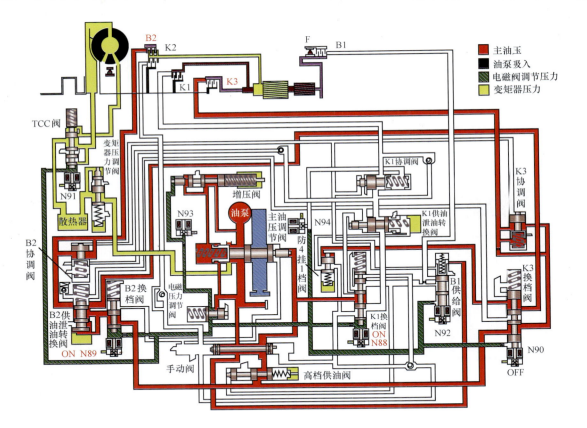

彩图 5 D4 档油路

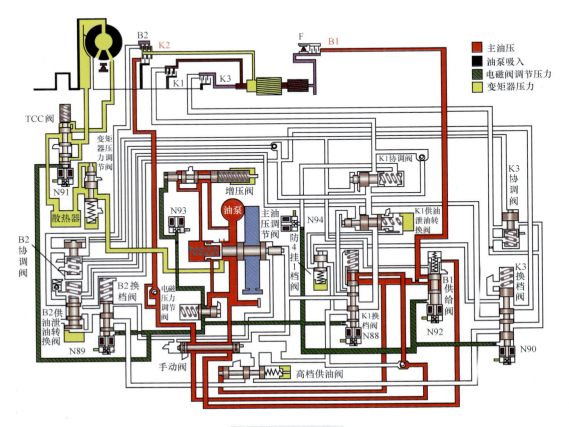

彩图 6 R 位油路